项目资助

本书获长春师范大学学术专著出版计划项目资助

乡村教师生活待遇政策执行研究

李宁 / 著

中国社会科学出版社

图书在版编目（CIP）数据

乡村教师生活待遇政策执行研究 / 李宁著 . —北京：中国社会科学出版社，2021.4
ISBN 978 – 7 – 5203 – 7935 – 9

Ⅰ.①乡… Ⅱ.①李… Ⅲ.①农村学校—教师待遇—教育政策—研究—中国　Ⅳ.①G451.2

中国版本图书馆 CIP 数据核字（2021）第 029212 号

出 版 人	赵剑英
责任编辑	赵　丽
责任校对	杨　林
责任印制	王　超

出　　版	中国社会科学出版社
社　　址	北京鼓楼西大街甲 158 号
邮　　编	100720
网　　址	http://www.csspw.cn
发 行 部	010 – 84083685
门 市 部	010 – 84029450
经　　销	新华书店及其他书店
印　　刷	北京明恒达印务有限公司
装　　订	廊坊市广阳区广增装订厂
版　　次	2021 年 4 月第 1 版
印　　次	2021 年 4 月第 1 次印刷
开　　本	710×1000　1/16
印　　张	16.5
插　　页	2
字　　数	222 千字
定　　价	89.00 元

凡购买中国社会科学出版社图书，如有质量问题请与本社营销中心联系调换
电话：010 – 84083683
版权所有　侵权必究

前　　言

乡村教师是乡村教育工作的组织者和维护者，属于基层社会精英。长期以来广大乡村教师工作任务繁重、工作压力较大，生活待遇较低，乡村教师流失现象较为严重。特别是那些在边远、贫困地区工作的乡村教师更处在社会的边缘地带，整体生活状况及生存处境堪忧。如何切实解决乡村教师"下不去、教不好、留不住"的现实问题，缩小城乡间师资差距，加强乡村教师队伍建设是当前亟须解决的重要议题，需要政府从政策层面加以支持和保障。改革开放以来，中国乡村教师社会地位逐渐恢复，中央政府先后出台多项政策以改善乡村师资状况，有关乡村教师生活待遇的规定和要求也散见于这些政策文本中。2015年6月《乡村教师支持计划（2015—2020年）》出台，该计划曾多次提到要提高乡村教师生活待遇，让更多乡村教师看到了党中央、国务院对乡村教师的关怀以及对乡村教育的高度重视。乡村教师生活待遇系列政策出发点是很好的，但政策本身是否存在不足，政策在执行过程中又能否有效落实，依然值得深入研究和思考。

要想将政策理想转变为政策现实，实现政策目标的要求，就必须科学地选择和使用政策工具。研究政策工具是为了帮助政策决策者和执行者更好地选择合适的工具以解决具有广泛影响的社会问题。尽管一直以来人们较多地将政策工具研究聚焦在政策执行阶段，但事实上政策本身就是一种决策的手段。政策决策的科学性、全面性和可行性也直接影响着政策执行的有效性。基于对这些现实问题的审思以及对学界相关研究成果的分析，本书将聚焦点定位在乡村教师生活待遇政策本身。在乡村教师生活待遇被高度关注且现行政策目标尚未完全实现的背景下，适时运用政府可以选择的政策工具来识别、分析和研究政策，进而对其进行恰当的选择、匹配及组合，能够切实提高政府教育治理的实效，加强中国乡村教师队伍的整体建设，促进城乡义务教育师资的均衡发展。本书共分为六章内容：

第一章为导论，对乡村教师生活待遇政策研究缘起、研究意义、现有研究状况等进行分析，界定相关概念，进而确定了本书的核心内容；设计整体研究框架，即从研究主题入手，基于对政策发展历程梳理的事实分析和政策工具分类的理论分析，对当前中国乡村教师生活待遇政策内容及执行情况进行文本分析和实证分析，对其问题诱因进行因果分析，在借鉴国外乡村教师生活待遇政策执行经验的基础上，结合中国国情对乡村教师生活待遇政策执行情况进行改进策略分析。同时明确研究方法，详细解释说明研究设计过程，以确保研究的真实有效。

第二章对我国乡村教师生活待遇政策目标和政策体系进行梳理。澄清及确认政策目标是政策制定者所要解决的首要问题，是政策价值分析的重要环节。加强乡村教师队伍建设，从政策层面上来看，关键之处在于提高乡村教师生活待遇。乡村教师生活待遇政策的主要目标在于改善乡村教师生活困境、激发乡村教师工作热情以及增强乡村教师职业吸引力。诚然，任何一项政策的制定及其完善都不是一蹴而就的，都是具有周期性的。乡村教师生活待遇政策也是在经历了一定政策周期后逐渐形成较为完整的、内部协调一致的政策系统。本书对乡村教师生活补助、住房保障、社会保险以及医疗保障待遇内容，分别从国家政策的宏观要求和地方政策的配套衔接两个方面进行了历史梳理及分析。

第三章对乡村教师生活待遇政策工具选择及使用进行分析。如何切实提升乡村教师生活待遇水平，激励其更好地从事乡村教育工作，在很大程度上取决于制定什么样的政策以及如何有效执行政策。尽管国内外学者对政策工具概念的具体表述有所不同，但在工具分类的认识上还是比较一致的。相比较而言，麦克唐纳尔的政策工具分类属性特点更为鲜明，具有更强的针对性和可操作性。因此，本书主要运用麦克唐纳尔的政策工具分类对当前乡村教师生活待遇政策文本工具选择情况进行分析，建立了生活待遇政策内容与政策工具的二维结构分析框架，分析当前乡村教师生活待遇政策文本工具选择情况及其使用特点。

第四章基于政策工具研究视角对乡村教师生活待遇政策执行情况进行实证研究，结合量化和质化研究结果分析政策执行的主要成效及存在的现实问题。对J省四个县域的部分乡村教师进行问卷调查、对当地教育行政部门主管领导、乡村学校校长及教师进行个别访谈。通过调查研究发现，当前乡村教师工资收入水平有所提高，住房保障得到改善，医疗保障取得进展，社会保险进一步规范，生活补助范围也在不断扩大，乡村教师整体职业期待正在提升。在正视成绩的同时，我们也必须清醒地意识到乡村教师生活待遇政策在执行过程中还存在一定的现实问题，从政策工具视角进行分析主要表现在命令性工具受到阻碍，报酬性工具作用有限，权威重组性工具形式单一，职能拓展性工具易被忽视，劝告性工具执行力度不足等。

第五章对乡村教师生活待遇政策执行问题进行归因分析。影响乡村教师生活待遇政策执行既有内部因素的直接性影响，又有外部环境的综合性影响，具体表现在乡村教师生活待遇政策工具差异性与工具选择复杂性，政府资源有限性与政策对象需要无限性，政策对象对组织的权威性期待与政策执行低效性现实，政策环境良性需求与现实偏差性影响之间存在矛盾冲突，影响了政策的有效执行。

第六章在对国外乡村教师生活待遇政策对比分析的基础上，结合我国乡村教育实际提出适合于本土的乡村教师生活待遇政策发展执行路径。在漫长的历史长河中，各国都非常重视乡村教育的发展，均将其作为本国政府决策的重要领域。国外乡村教师生活待遇政策及其保障制度也值得我们深入探究和学习。因此，本书在借鉴国外乡村教师生活待遇政策执行先进经验的基础上，结合中国乡村教育实际提出适合于本土的乡村教师生活待遇政策执行策略。从政策制定到政策执行全过程进行系统阐释，分别从政策目标与工具选择、生活待遇与保障机制、责任意识与权力配置、政策宣传与环境创设、多中心治理与增强职业吸引力等方面进行深入探讨，并提出相应的改进策略。希望通过研究能够为中国乡村教师生活待遇政策的有效落实提供政策建议，全方位提升政策的执行成效。

本书是本人多年来理论分析和实践调查的研究成果，书稿的完成除了笔者的努力和付出外，还得益于诸位领导和专家的点拨及启迪。本书从撰写到完成的整个过程，受到东北师范大学杨颖秀教授高屋建瓴的专业指导，得到长春师范大学科研处和研究生院的大力支持，中国社会科学出版社的鼎力相助；还得益于所有为本书调查研究部分提供便利的各位教师同仁，在此向他们表达诚挚的谢意！

由于政策研究需要追踪式调查才能发现执行中的现实性问题。因此，本书虽已成稿，但关于乡村教师生活待遇政策的系列研究理应持续进行，本人也会一如既往地进行追踪研究。此外，受研究时间和研究水平所限，书中难免存在疏漏和不足之处，敬请各位读者和教师同仁批评指正！

目　录

第一章　导论 ……………………………………………… (1)
　　一　研究缘起与意义 …………………………………… (1)
　　二　研究综述 …………………………………………… (8)
　　三　核心概念 …………………………………………… (35)
　　四　研究思路与框架 …………………………………… (41)
　　五　研究方法 …………………………………………… (42)
　　六　研究创新与不足 …………………………………… (50)

第二章　乡村教师生活待遇政策目标及体系 ………… (53)
　　一　乡村教师生活待遇政策目标 ……………………… (54)
　　二　乡村教师生活待遇政策体系 ……………………… (56)

第三章　乡村教师生活待遇政策工具选择及使用 …… (77)
　　一　政策工具的分类及选择 …………………………… (78)
　　二　麦克唐纳尔政策工具分类及其解析 ……………… (80)
　　三　乡村教师生活待遇政策工具选择偏向 …………… (86)
　　四　乡村教师生活待遇政策工具使用特点 …………… (98)

第四章　乡村教师生活待遇政策执行成效及问题 …… (102)
　　一　乡村教师生活待遇政策执行调查样本选择 ……… (102)

二　乡村教师生活待遇政策执行的成效……………………（107）
　　三　乡村教师生活待遇政策执行的现存问题………………（120）

第五章　乡村教师生活待遇政策执行问题的归因分析…………（165）
　　一　政策工具差异性与工具选择复杂性的冲突……………（165）
　　二　政府资源有限性与政策对象需要无限性的冲突………（169）
　　三　对组织的权威性期待与低效性现实的冲突……………（178）
　　四　政策环境良性需求与现实偏差性影响的冲突…………（181）

第六章　乡村教师生活待遇政策执行的改进建议………………（185）
　　一　他山之石，借鉴国际共识………………………………（185）
　　二　明确政策目标，科学选择政策工具……………………（198）
　　三　提高生活待遇，加强社会保障制度建设………………（203）
　　四　增强责任意识，均衡配置组织权力……………………（219）
　　五　注重政策宣传，创设良性政策信息舆论环境…………（223）
　　六　倡导多中心治理，提升乡村教师职业吸引力…………（225）

结　语………………………………………………………………（228）

附　录………………………………………………………………（232）

参考文献……………………………………………………………（246）

第一章 导论

教育是关系国计民生的大事,是老百姓最为期待和关注的首要问题。一直以来,中国城乡社会生活及教育环境差距较大,优质教育资源向经济发达地区和城市地区聚集,乡村地区教育资源相对匮乏。近些年乡村教师的大量流失,严重影响了乡村教育教学质量。提高乡村教育质量,振兴乡村教育的关键在于加强乡村教师队伍建设。因此,提升乡村教师社会地位和待遇,增强其职业吸引力,有利于激发乡村教师的工作热情,提高乡村教师从教的幸福感、成就感和荣誉感,激励其更加积极主动地投身于乡村教育事业。

一 研究缘起与意义

乡村教师是乡村教育工作的组织者和维护者。在广大乡村地区,特别是在边远、贫困地区工作的乡村教师更处在社会的边缘地带。如何切实解决乡村教师所面临的现实问题,缩小城乡间师资差距,加强乡村教师队伍建设是当前亟须解决的重要议题。

(一)研究缘起

1. 乡村教师生活待遇问题研究的必要性

对乡村教师来说,最核心的问题就是要提高他们的地位和待遇。长期以来广大乡村教师工作任务重、条件艰苦、福利待遇低、生活压力大，加之编制混乱、上升机制不畅等原因使得乡村教师岗位的吸引力日渐趋弱。如乡村教师收入还低于当地公务员的平均水平，个别地区乡村教师工资拖欠现象也时有发生。乡村教师住房公积金、社会保险及各种补贴等生活待遇在具体落实中尚存问题。中国青少年发展基金会组织曾对中西部乡村小学教师进行过实证调查，研究发现近九成以上的乡村教师感觉生活上有压力，其原因主要来自工资收入低，同时伴有配偶失业、子女求学、家人求医以及买房租房等费用支出的负担。① 近七成的乡村教师希望能够得到上级部门的相应资助，并期望资助额度能够有所提升。很多青年教师不愿意从事乡村教育工作，即便是接任了也会想方设法再逃离出去或转任其他工作，导致乡村教师队伍极度不稳定。出现这种现象的主要原因并不是教师职业本身没有吸引力，而是由于乡村学校在整个教育领域内外缺乏一定的竞争力。从现有教师资源来看，广大城镇教师也不愿意主动到乡村学校任教或者交流，即便有"自上而下"的流动，也往往是政策影响或者硬性要求。教师不是通过"个人的自主择业"，而是通过"国家行政力量的控制"来完成任教任务，这种主动流动与被动流动对教师专业发展及学校教育的影响是有较大差异的。② 从后备教师资源来看，广大师范类毕业生主动去乡村任教的意愿也比较低。《中国教育报》曾做过调查统计，2013年华中师范大学60%的毕业生在地级市以上城市任教，59.95%的免费师范生在地级市以上城市就业。同期陕西师范大学60.64%的免费师范生在地级市以上学校就业，仅有39.36%的免费师范生选择了在县级以下地区就业。尽管自国家出台"免费师范生"（2018年后改称为"公费师范生"）政策后，按照政策要求一些

---

① 姚晓迅、元昕：《边缘化的打工者》，社会科学文献出版社2014年版，第272—273页。
② 操太圣、吴蔚：《从外在支援到内在发展：教师轮岗交流政策的实施重点探析》，《全球教育展望》2014年第2期。

师范毕业生回到乡村从事教育工作，但从整体上看，从教比例依然比较低。大部分师范类毕业生的首选工作区域还是经济发展态势比较好的、个人发展空间比较大的东部沿海城市或者省会城市。当前部分"公费师范生"也会在毕业之际放弃履行当年的协议要求，重金违约后进行重新选择。与一、二线城市地区相比，乡村教师工作岗位吸引力明显不足。关注乡村教师生活待遇问题，切实提高乡村教师社会地位，解决其生活困难，有利于增强乡村教师的职业吸引力，激发乡村教师的工作热情，端正其工作态度，吸引更多的优秀教师主动为乡村教育服务。

2. 乡村教师生活待遇政策研究的迫切性

当前中国义务教育的战略性任务在于均衡发展。实现义务教育均衡发展，离不开教师队伍的均衡化。乡村教师队伍是推进中国义务教育均衡发展的重要力量，必须把乡村教师队伍建设摆在优先发展的战略地位。如何才能真正解决乡村教师"下不去、教不好、留不住"的现实问题，就需要政府从政策层面加以支持和保障。政府之所以能存在的一个基本原因在于它可以缓和并解决社会冲突，从而维护正义、秩序和稳定。[①] 因此，政府可以通过制定和执行政策来体现它的应有职能。改革开放以来，中央政府和各地方政府逐渐意识到发展乡村教育的重要性，相继出台了一些加强乡村教师队伍建设的政策，其中也有涉及改善乡村教师生活困境的内容。2015年6月《乡村教师支持计划（2015—2020年）》出台，该计划提出八项具体举措来加强乡村教师队伍建设，其中有一项重点提到要提高乡村教师生活待遇，这让很多乡村教师看到了党中央、国务院对乡村教师的关怀以及对乡村教育的高度重视。2019年6月《关于深化教育教学改革 全面提高

---

① ［澳］欧文·E. 休斯：《公共管理导论》，中国人民大学出版社2004年版，第119页。

义务教育质量的意见》发布，进一步指出要制定教师优待办法，保障教师享有体检、住房等优待政策，进一步加强乡村校园周转宿舍建设以及落实生活补助等重要内容。诚然，这些政策出发点是很好的，但政策在制定层面是否存在一些不足？政策在执行过程中又能否有效落实？是否会出现"雷声大雨点小"或者"干打雷不下雨"的政策执行偏差现象？这些问题不仅是广大乡村教师，也是政策决策者和执行者担忧之处。因此，在当前乡村教师生活待遇被高度关注且现行政策目标尚未完全实现的背景下，对政策进行系统分析，确保政策执行到位，获得预期的政策效果，就需要使用合适的政策工具，并对其进行恰当的识别、选择及组合，以提高政府教育治理的实效，促进中国乡村教师队伍的整体建设以及城乡义务教育师资均衡发展。政策工具属于公共管理学研究的重要内容，在社会科学领域特别是经济学、政治学以及行政学中应用较多。如在经济学领域，工资、价格、利率等往往被当作政策工具来加以看待；在政治学领域，信息、财政、强制权威以及组织等常也被当作政策工具。[①] 20 世纪 80 年代后，公共管理学领域陆续出现一些政策工具方面的论著，这些论著的作者大部分来自西方国家。相比而言，中国政策工具研究还刚刚起步，国内有关政策工具的研究比西方晚了近 20 年。在知网中以"政策工具"为题名，截至 2019 年 7 月底，共能搜索到 236 篇硕博士论文，其中 19 篇博士学位论文，217 篇硕士学位论文，研究内容涉及经济、政治、社会环境以及教育等领域。在现有以政策工具为主题的论文中，涉及教育领域的也比较少，仅有 11 篇是对教育领域的相关政策进行系统研究，包括 1 篇博士学位论文，10 篇硕士学位论文，分别对义务教育改革与发展政策、公费师范生政策、学前教育政策、普通高中多样化发展政策、少数民族教育政策、教师轮岗交流政策、民办教育政策、高中

[①] 陈振明：《政府工具导论》，北京大学出版社 2009 年版，第 1—2 页。

课程改革政策、教育治理政策等进行了研究。以"生活待遇"为题名，截至 2019 年 7 月底，共有 3 篇硕士学位论文，分别对离退休干部、中小学教师的生活待遇政策进行了分析和探讨，暂无博士学位论文。

可见，政策工具研究在中国教育领域中的本土化推进速度还比较缓慢，从政策工具视角分析乡村教师生活待遇政策目前还未有相关研究。因此，基于政策工具视角对乡村教师生活待遇政策及其执行情况进行系统分析和探讨，可以强化政府的政策导向，从政策层面确保乡村教师生活待遇落实到位，以助推乡村教师队伍建设的整体进程。

3. 个人对乡村教师政策研究兴趣的延续性

本人专业研究方向为教育管理、教育政策与法律，就读和工作期间曾阅读过大量的专业书籍和相关期刊文献资料，主持研究的省部级课题也均为基础教育领域内容，如城乡教师流动、城乡义务教育均衡发展、城乡中小学教师职称评审制度、义务教育阶段校内免费托管等主题，在课题研究过程中积累了较为丰富的现实资料，也渐渐加深了对乡村教师队伍建设的关注。此外，在承担教学工作的同时本人也承担着专业建设及学生管理工作，有机会与师范生进行面对面的沟通，与一线教育基地校领导、教师等进行较为深入的合作及交流。作为教师队伍的主要预备资源，师范生对从事乡村教师工作热情不高，动力明显不足，究其原因关键在于乡村教师的待遇问题。《乡村教师支持计划（2015—2020 年）》是改革开放以来第一个专门为乡村教师队伍建设出台的政策文本，引起了社会各界的广泛关注。研究者也更加关注这一政策文本，并对其中涉及乡村教师生活待遇的内容及举措尤为热衷，希望通过研究能够为这一政策的完善及落实提供些许建议。

基于上述研究背景及研究兴趣，研究者在知网中进行了较为详细的资料搜索。以"乡村教师"为题名，截至 2019 年 7 月底，可以搜索到 87 篇硕博士论文，其中 2015 年后相关硕博士论文增加速度明显加快,这与2015年有关乡村教师政策文本的出台有着密切的关系,广大教育研究人员开始关注乡村教育的发展以及乡村教师队伍建设问题。现有硕博士论文主要是围绕乡村教师文化意识及构建、乡村教师知识素养及教育信念、乡村教师学历资格、乡村教师流动、乡村教师信息化能力、乡村教师学习及培训保障、乡村教师专业发展、乡村教师身份社会认同及社会支持、乡村教师幸福感、乡村教师支持计划政策、乡村教师生活困境以及乡村教师生活叙事等主题展开研究。在生活困境研究中,4篇论文均为实证性研究,无相关理论及政策的梳理和分析。以"乡村教师生活待遇"为题名,暂无相关硕博士论文。在期刊库中再次进行搜索,以"生活待遇"为篇名,截至2019年7月底,共有101篇文献资料,其中有关于现役军人、退役士兵、环卫工人、地质工作人员、民警、离退休干部、司法官、外国文教专家、飞行员、研究生、农村干部、文艺工作者等生活待遇的研究,仅有9篇是有关教师生活待遇的文献,其中4篇涉及乡村教师生活待遇,且包括报道性文章。可见,对于乡村教师待遇问题,尤其是生活待遇系列政策的分析,尚未引发研究者的高度关注。要保障城乡教育质量均衡,重点是要加强乡村教师队伍建设,而重中之重就是要切实提高乡村教师社会地位及福利水平,只有这样才能确保乡村教师安心地为一线乡村教育服务。

(二) 研究意义

1. 理论意义

教师待遇涉及广大教师的切身利益。实质上来讲,有关待遇问题的研究是比较敏感的、复杂的,也是较难解决的,需要政策的支持与保障,因而需要对政策进行系统分析和探讨。学者们关于政策研究的二分法认为,政策研究包括"对政策的研究"和"为政策的研究"两大类。前者主要是描述和解释政策运作过程,以增进对政策现象及其生成、发展过程的理解；后者主要是通过考察政策目标、效果及其运作以改进现行政策或通过调查论证、比较研究等为政策问题提供新的政策方案。美国政治学家哈罗德·D.拉斯韦尔也指出，政策研究包括所有"为政策"的研究以及有关政策和政策过程的研究。[①] 因此，广义上的政策研究应既包括对政策本身的研究，又包括对政策执行过程的研究。本书对乡村教师生活待遇政策进行历史梳理，对政策文本内容进行归类分析，对政策执行成效及问题进行辩证分析，有利于科学全面地理解乡村教师生活待遇政策。

政策文本分析对于研究政策过程有着重要的意义。政策在具体执行过程中会受到多种因素的影响和制约，之前选定的政策方案并不一定能够按照决策者们的预期方向发展，在实施过程中难免会出现偏差现象。因此，如何制定政策？如何有效执行该政策？这一系列问题都需要被给予清晰的阐释和说明，这就需要立足于一个可行的研究视角，对政策全过程进行系统反思及探讨，探寻各组成要素之间的逻辑关系。那么，如何实现政策目标？如何获得预期的政策效果？这就需要用到政策工具，政策工具是达成政策目标的手段及方式。目前国内关于乡村教师生活待遇的专门研究并不多，仅有的一些研究也停留在现状等表面现象的分析和整理上，对政策目标及政策工具的选择和使用等问题并未进行深入探讨。本书基于政策工具视角对乡村教师生活待遇政策进行系统分析，对政策问题进行深入剖析，为进一步完善乡村教师生活待遇政策内容，推动政策有效执行提供可供借鉴的理论依据。

2. 现实意义

中国是典型的城乡二元结构社会，广大乡村教师长期处在教师群体的底层及边缘。本书基于政策工具视角，除对乡村教师生活待遇政策文

[①] 陈学飞：《教育政策研究基础》，人民教育出版社2018年版，第3页。

本进行分析以外，还对政策执行情况进行了实证调查研究，深入乡村教育实际，分析乡村教师生活待遇政策实施情况、面临的主要障碍等，有理有据、有针对性地提出政策改进建议。通过研究，一方面，可以让政府更为关注乡村教师生活待遇问题，将提高乡村教师生活待遇放在重要的政策议程上来，不断完善相应政策体系，切实解决乡村教师生活待遇难题。另一方面，提升乡村教师生活待遇，有助于切实减轻乡村教师的生活压力，提高生活待遇水平，激发乡村教师工作热情，增强乡村教师职业吸引力，让更多的乡村教师"下得去、教得好、留得住"。

此外，本书对国外乡村教师生活待遇政策执行举措进行了对比分析，结合中国现实国情提出了具有本土化特点的政策改进建议。关注政策制定到政策执行的全过程，将乡村教师生活待遇政策与社会保障制度建设有机结合，通过组织的系统变革和各部门之间的通力合作，提高政策执行的成效。本书不仅可以为政策决策者提供有价值的决策参考，而且对于政策执行者而言，也可以帮助其更好地分析政策执行的影响因素，合理配置有限的教育资源，有针对性地解决政策执行中的难题，以便于快速且高效地达成政策目标的要求。

二　研究综述

本书主要分析乡村教师生活待遇政策执行，首先对中国现行乡村教师生活待遇政策的历史发展进行整体梳理；其次对国内外研究现状进行综述，国外部分主要包括欧美国家及亚洲国家的相关研究；再次对有关政策工具研究进行文献综述；最后对已有研究做出评价。

（一）乡村教师生活待遇政策历史发展

对于一项政策而言，其制定过程是具有周期性的。按照政策活动的相关时间顺序排列而成，政策周期中的每个阶段都与下一个阶段相互衔接。乡村教师生活待遇政策是落实乡村教师政策的关键环节。改革开放以来,中国乡村教师社会地位逐渐恢复,中央政府先后出台多项政策以改善乡村师资状况,有关乡村教师生活待遇的规定和要求也散见于在这些政策文本中。① 乡村教师生活待遇政策也经历了不同的政策发展阶段。

1. 萌芽阶段

改革开放以后,中国教育秩序开始恢复和重建,中央政府先后出台了一些政策文本,以恢复乡村教师的社会地位,改善乡村教师的队伍状况。1981年国务院《关于增加中、小学民办教师补助费的办法》中指出改善中、小学民办教师(当时特指20世纪50年代至20世纪末出现的乡村中小学校中没有编制的教师)的生活待遇,按照"按人算钱、按钱包干、专款专用"的原则对中、小学民办教师进行补助,保证其报酬不低于中上等劳动力年均经济收入水平。② 1983年中共中央、国务院《关于加强和改革农村学校教育若干问题的通知》提到要提高教师政治地位、社会地位和工资待遇,改善工作条件和生活条件,实行教龄津贴制度,鼓励教师到老、少、山、边、穷地区任教,增加生活补贴。③ 1984年国务院《关于筹措农村学校办学经费的通知》指出要改变教师生活待遇偏低的状况,逐步做到不分公办和民办,为贫困地区农村教师增加工资。④ 这一阶段有关乡村教师生活待遇内容在国家相关政策文件中开始有所体现,尽管相关要求和表述还不够具体明确,但中央政府已经开始意识到要提高乡村教师社会地

---

① 李宁:《乡村教师生活待遇政策演变及相关研究述评》,《湖南第一师范学院学报》2017年第2期。

② 国务院:《关于增加中、小学民办教师补助费的办法(1981)》(http://www.beijing.gov.cn/zfxxgk/110001/szfwj/1981-11/12/content_8ffbd1fecf314e75bcc0433600079806.shtml)。

③ 中共中央、国务院:《关于加强和改革农村学校教育若干问题的通知(1983)》(http://www.chinalawedu.com/falvfagui/fg22598/11815.shtml)。

④ 国务院:《关于筹措农村学校办学经费的通知(1984)》(http://old.moe.gov.cn/public-files/business/htmlfiles/moe/moe_696/200408/954.html)。

位，改善其生活条件。

2. 发展阶段

随着城乡经济体制改革的不断深入，中国逐步确立了农村义务教育管理新体制。1985年中共中央《关于教育体制改革的决定》指出要提高教师的社会地位以及生活待遇，鼓励其终身从教。[①] 1986年《中华人民共和国义务教育法》（旧法）颁布，从法律层面指出改善教师物质待遇。1988年原国家教育委员会、财政部等《关于农村年老病残民办教师生活补助费的暂行规定》中要求对离岗后的农村年老病残民办教师发放生活补助，医疗保健待遇与原单位在职民办教师同等对待。[②] 在这一阶段中，改善教师物质待遇被首次提到法律层次，并给予立法保障。在其他相关政策文本的具体内容中除了提及给予教师生活补助外，也附带提及医疗保障待遇。

3. 深化阶段

随着社会主义市场经济体制的不断完善，中国政治体制和教育体制改革也在不断深化。这一时期有关乡村教师的政策也略带有市场化、现代化的特点。1993年《中国教育改革和发展纲要》指出要改善教师工作、学习和生活条件，提高工资待遇，在住房和其他社会福利方面实行优待政策，逐步建立医疗、退休保险等保障制度。[③] 同年10月《中华人民共和国教师法》在法律层面上再次做出规定，对到少数民族、边远贫困地区工作的教师予以补贴；对教师住房建设、租赁等实行优先优惠，为农村中小学教师住房提供方便；享受同等待遇

---

① 中共中央：《关于教育体制改革的决定（1985）》（http：//www.moe.gov.cn/jyb_sjzl/moe_177/tnull_2482.html）。

② 原国家教育委员会、财政部、人事部：《关于农村年老病残民办教师生活补助费的暂行规定（1988）》（http：//www.chinalawedu.com/falvfagui/fg22016/9454.shtml? from = singlemessage）。

③ 中共中央、国务院：《中国教育改革和发展纲要（1993）》（http：//www.moe.gov.cn/jyb_sjzl/moe_177/tnull_2484.html）。

第一章　导论　　*11*

的教师医疗,定期健康检查,医疗机构应当为教师就医提供方便。①1998年教育部《面向21世纪教育振兴行动计划》提出要继续加强中小学教师"安居工程"建设。②1999年中共中央、国务院《关于深化教育改革,全面推进素质教育的决定》提出要继续改善教师工作条件和生活待遇。③可见,与上一阶段政策内容相比,本阶段政策文本中关于教师生活待遇的内容更加丰富、具体,如在教师住房及医疗保障方面有了原则上的规定。当然也应看到,尽管在政策内容上有所丰富和扩展,但其中专门针对乡村教师的系列规定明显不足。

4. 凸显阶段

进入21世纪以来,关于加强乡村教师队伍建设的政策文本越来越多,发布频率也越来越密集。2003年国务院《关于进一步加强农村教育工作的决定》指出要落实对农村、边远、贫困地区教师的津贴和补贴。④ 2005年国务院《关于深化农村义务教育经费保障机制改革的通知》指出要不断完善教师工资保障机制,加大地方政府财政转移支付力度。2006年《中华人民共和国义务教育法》明确指出要保障教师工资福利和社会保险待遇,改善工作和生活条件,在民族和边远贫困地区工作的教师应享有补助津贴。⑤《国家中长期教育改革和发展规划纲要(2010—2020年)》中要求改善教师工作、学习及其生活条件,对长期在农村基层和艰苦边远地区工作的教师实行工资倾斜政

---

① 全国人民代表大会常务委员会:《中华人民共和国教师法(1993)》(http://www.moe.gov.cn/s78/A02/zfs_ _ left/s5911/moe_ 619/tnull_ 1314.html)。

② 教育部:《面向21世纪教育振兴行动计划(1998)》(http://www.moe.gov.cn/jyb_ sjzl/moe_ 177/tnull_ 2487.html)。

③ 中共中央、国务院:《关于深化教育改革,全面推进素质教育的决定(1999)》(http://www.moe.gov.cn/jyb_ sjzl/moe_ 177/tnull_ 2478.html)。

④ 国务院:《关于进一步加强农村教育工作的决定(2003)》(http://www.gov.cn/zhengce/content/2008-03/28/content_ 5747.htm)。

⑤ 全国人民代表大会常务委员会:《中华人民共和国义务教育法(2006)》(http://www.moe.gov.cn/s78/A02/zfs_ _ left/s5911/moe_ 619/201001/t20100129_ 15687.html)。

策，完善补贴标准，制定住房优惠政策，完善教师医疗等社会保障政策。① 2012年国务院《关于加强教师队伍建设的意见》指出应健全教师社会保障制度，按时足额缴纳社会保险及住房公积金，支持艰苦边远地区教师周转宿舍建设，将教师住房纳入地方住房保障范围。② 2013年《关于加快发展现代农业，进一步增强农村发展活力的若干意见》指出通过设立专项资金，对连片特困地区乡村教师给予生活补助。③ 自此乡村教师生活补助政策正式出台。2015年6月《乡村教师支持计划（2015—2020年）》发布，该计划提出要切实提高乡村教师生活待遇，主要包括落实集中连片特困地区乡村教师生活补助政策，按时足额缴纳住房公积金和各项社会保险费，做好重大疾病救助工作，加快乡村学校教师周转宿舍建设等。④ 2016年国务院《关于统筹推进县域内城乡义务教育一体化改革发展的若干意见》提出要改革乡村教师待遇保障机制，落实生活补助政策，保证工资水平不低于同职级教师及公务员的平均工资水平，加快乡村学校周转宿舍建设，将乡村教师纳入政府住房保障体系。⑤ 2018年1月中共中央、国务院《关于全面深化新时代教师队伍建设改革的意见》明确指出要大力提升乡村教师待遇，全面落实乡村教师生活补助政策，加强乡村教师周转宿舍建设，帮助乡村青年教师解决生活和工作困难。⑥ 2018年3月教育

---

① 中共中央、国务院：《国家中长期教育改革和发展规划纲要（2010—2020年）（2010）》（http：//www.moe.gov.cn/srcsite/A01/s7048/201007/t20100729_171904.html）。
② 国务院：《关于加强教师队伍建设的意见（2012）》（http：//jsfz.xhu.edu.cn/8c/b1/c4755a101553/page.htm）。
③ 中共中央、国务院：《关于加快发展现代农业，进一步增强农村发展活力的若干意见（2012）》（http：//www.gov.cn/jrzg/2013-01/31/content_2324293.htm）。
④ 国务院：《乡村教师支持计划（2015—2020年）（2015）》（http：//www.moe.gov.cn/jyb_xwfb/xw_zt/moe_357/jyzt_2015nztzl/2015_zt17/15zt17_gdssbf/gdssbf_sc/201601/t20160112_227672.htm）。
⑤ 国务院：《关于统筹推进县域内城乡义务教育一体化改革发展的若干意见（2016）》（http：//www.moe.gov.cn/jyb_xwfb/s7600/201607/t20160712_271509.html）。
⑥ 中共中央、国务院：《关于全面深化新时代教师队伍建设改革的意见（2018）》（http：//www.moe.gov.cn/jyb_xwfb/moe_1946/fj_2018/201801/t20180131_326148.html）。

部等五部门联合印发《教师教育振兴行动计划（2018—2022 年）》指出建立健全乡村教师成长发展支持服务体系。① 2018 年 5 月国务院《关于全面加强乡村小规模学校和乡镇寄宿制学校建设的指导意见》提出要落实乡镇工作补贴、乡村教师生活补助及各类津贴政策，将乡村教师纳入当地住房保障体系，在交通不便的村小建立教师周转宿舍，为走教教师提供交通帮助和支持等。② 2018 年 8 月国务院《关于进一步调整优化结构提高教育经费使用效益的意见》提出严格落实乡村教师生活补助政策，加强教师周转房建设。③ 2019 年 2 月中共中央、国务院《中国教育现代化 2035》发布，要求完善教师待遇保障制度，落实乡村教师生活补助政策，努力提高教师政治地位、社会地位和职业地位。④ 可见，自 21 世纪以来中央政府高度重视发展乡村教育，大力加强乡村教师队伍建设，对提升乡村教师生活待遇的关注度也越来越高，相关政策目标越来越明确，政策内容也越来越详尽。尤其是乡村教师生活补助政策已然形成独立政策体系，相比之下其他生活待遇政策内容和体系还不够完善。

（二）乡村教师生活待遇政策研究综述

1. 国内乡村教师生活待遇政策研究

目前国内关于乡村教师生活待遇政策的专门研究还比较少，暂无硕博士论文。在《乡村教师支持计划（2015—2020 年)》发布

---

① 教育部、国家发展改革委、财政部、人力资源社会保障部、中央编办：《教师教育振兴行动计划（2018—2022 年）（2018）》（http：//www.gov.cn/xinwen/2018 - 03/28/content_ 5278034. htm）。

② 国务院：《关于全面加强乡村小规模学校和乡镇寄宿制学校建设的指导意见 (2018)》（http：//www.gov.cn/zhengce/content/2018 - 05/02/content_ 5287465. htm）。

③ 国务院：《关于进一步调整优化结构 提高教育经费使用效益的意见（2018)》（http：//www.gov.cn/zhengce/content/2018 - 08/27/content_ 5316874. htm）。

④ 中共中央、国务院：《中国教育现代化 2035（2019）》（http：//www.moe.gov.cn/jyb_ xwfb/s6052/moe_ 838/201902/t20190223_ 370857. html）。

以前，关于生活待遇的内容还散见于乡村教师工资待遇研究的文献中，但数量也比较少。现将知网中可以查询到的相关文献资料进行综合整理和归类，根据研究内容和重点的不同可以大致划分为三类：第一类是对乡村教师生活待遇政策内容及其重要性的论述，主要研究成果为部分杂志及网络报道；第二类是对乡村教师生活待遇政策执行问题的研究，主要研究成果为部分期刊文献资料；第三类是对乡村教师生活待遇政策执行策略的研究，主要研究成果为部分网络和期刊文献资料。

（1）乡村教师生活待遇政策重要性的研究

乡村教育关系到国家的未来，发展乡村教育，教师是关键。中国是典型的城乡二元结构社会，城乡教育环境差异较大，各地教育资源配置不够均衡，乡村地区教育资源相对匮乏。振兴乡村教育，就需要加强乡村教师队伍建设，就需要增强乡村教师岗位吸引力。当前乡村地区留不住高质量教师，归根结底在于待遇问题。乡村教师是个特殊的职业，乡村教师不能也不应该成为待遇偏低的群体。事实上对于教师生活待遇的关注，早在民国时期就开始显露锋芒了。目前知网中可查的现有文献资料中，有研究者对民国时期的教育发展进行了论述，民国时期义务教育能否推行，取决于小学教师的薪俸问题能否得到合理解决，当时政府已认识到应该从"改良待遇"入手。[①] 20世纪80年代，有研究者对当时民办教师生活待遇给予了高度关注，认为改善民办教师生活待遇对于提高教学质量关系重大。20世纪90年代，有研究者对民族地区教师待遇进行分析，认为政府应该采取有效措施提高教师的社会地位和物质生活条件。由于政策具有较大的随意性，因此应该通过法律加以保护和监督，将少数民族地区教师社会地位和物

---

① 严奇岩：《民国时期教师生活待遇研究的回顾与反思》，《南通大学学报》（教育科学版）2006年第2期。

质生活条件提高到令人羡慕的程度。[①] 另有研究者认为提高知识分子的生活待遇是按劳分配原则的重要体现。实现按劳分配必然会出现不平等现象，也会出现生活条件上的差别。国家应该而且也有能力采取各种经济、法律、行政措施及政策，使这种不平等在一定的限度范围内。[②] 21世纪以来，涉及提高乡村教师生活待遇的政策文本越来越多，研究者们也对其重要性进行了更为全面深入的阐释。尤其是2015年《乡村教师支持计划（2015—2020年）》的发布，让很多乡村教师看到了党和国家对乡村教师的关注，国内一些研究人员也开始陆续关注政策出台的重要影响。如佛朝辉认为乡村教师岗位吸引力不足的主要原因在于乡村教师生活环境差、待遇低和发展难，要提高乡村教师岗位吸引力需要制度约束和政策倾斜。李凌认为保障乡村教师生活是真正的实事儿。袁桂林认为乡村教师生活补助是美好的政策开端。徐涛认为政策的有效落实将大大提升乡村教师职业吸引力，吸引更多优秀的人才到乡村长期任教。熊丙奇认为建设教师队伍要有现代人力资源理念，必须从职业保障、发展空间、个人价值实现等方面加以重视。政策实施也减轻了乡村教师的生活压力，解决了他们的后顾之忧，使得他们能够将更多的精力投入到教学中去。因此，落实乡村教师生活待遇政策，具有重要的意义和价值。

这一部分的研究主要是一种思辨式的分析，研究成果多为一些报道性文章，通过对乡村教师生活待遇的现实关注提升到对于相关政策的关注和期待，并希望在政策层面加以保障。研究不足之处在于，对于乡村教师生活待遇政策内容、政策执行过程等并未进行系统研究，缺乏理论和实践的有机结合，也缺乏一定的政策分析视角和分析

---

① 胡敬夫：《民族教育问题之一：提高教师待遇》，《广东民族学院学报》（社会科学版）1990年第1期。
② 田务寅：《再议按劳分配——兼谈提高知识分子生活待遇问题》，《辽宁大学学报》1992年第3期。

方法。

(2) 乡村教师生活待遇政策执行问题的研究

由于中国城乡教育投入的历史差距,乡村教师生活待遇一直较低。虽然国家出台了一系列政策对艰苦边远地区工作的乡村教师实行工资倾斜政策、完善相关补贴,但各地具体标准不一,实施情况也各不相同,乡村教师总体待遇水平仍然偏低。目前学者们探讨的主要问题在于:一是乡村教师生活补助待遇问题。有研究对乡村小规模学校教师生活补助情况进行调查,发现当前补助不足以支撑其相应成本,激励作用较弱,乡村教师对政策执行满意度不高。政策执行中"上级给政策、下级给资金""县、区财政埋单"的做法,使得县级财政收支压力过大,乡村教师生活待遇提升不上去。二是乡村教师住房保障待遇问题。有学者曾经对乡村教师住房做过深入调研,发现一些乡村教师住房多由旧教室改造而成,有些已经超过使用年限,乡村教师住房质量问题较为严重。尤其在乡村小规模学校教师住房问题尚未全部解决,乡村学校周转房数量不足。乡村教师无地置房、无力购房、无权享房、无处居房的现象依然存在。[①] 县级政府在教师住房保障等政策落实上困难重重、力度不够。三是乡村教师医疗保障待遇问题。与城市相比,目前乡村医疗定点机构位置不合理、技术水平低、医疗设备不足、医疗费用高、个人负担重、转诊和报销也不方便,这些问题成为乡村教师享受医疗保障待遇的主要障碍。乡村教师重大疾病救助政策也未能得到有效落实。四是乡村教师社会保险待遇问题。乡村教师社保缴纳不够及时,单位缴纳拖欠现象也时有发生,保险待遇在具体落实中也存在诸多问题。提高乡村教师生活待遇政策出发点是很好的,但政策后期的执行力,政策能否迅速变为广大乡村教师的实惠还

---

① 容中逵:《当前我国农村教师住房问题研究——来自浙江、河北、四川3省的调研情况》,《中国教育学刊》2013年第2期。

有待于进一步商榷。政策制定看起来很饱满，但没有硬性指标，到了地方可能会缩水，落实时可操作性可能会不强。

这一部分的研究主要是基于实证调查的问题分析，研究成果多为学术期刊和部分硕士学位论文，通过对乡村教师生活待遇政策执行的现实考察，分析其执行中存在的问题及遇到的阻碍。研究不足之处在于，多数研究仅从生活待遇的某一方面进行调查，并未进行全面系统的分析。对于问题的具体阐述，也多为表面问题的分析，尚未深入到政策分析层面，缺乏一定的理论支撑。

（3）乡村教师生活待遇政策执行策略的研究

要改变乡村教师高流失率的现状，增强乡村教师职业吸引力，让更多的乡村教师能够"进得来、留得住、干得好"，就需要积极有效的政策帮扶与支持。就现有研究来看，学者们主要是从以下几个方面进行策略探讨：一是提高乡村教师工资待遇和补助标准。要成倍提高乡村教师待遇，甚至让乡村教师待遇高于城镇教师，应把新增教育投入重点投向乡村教育。通过补贴和奖励等形式，保证乡村教师收入不低于同区域内教师平均水平，进一步扩大乡村教师生活补助的覆盖面和补助时长，使更多乡村教师从中受益。二是要安排专项资金，建好乡村学校教师周转房和自住房。通过公共租赁住房和周转宿舍建设，解决乡村教师居住难题，启动乡村教师住房基金，加快乡村教职工住房建设步伐。① 三是健全乡村教师医疗保险制度。打破传统定点医疗格局，加强对乡镇医疗机构的帮扶力度，对医师进行正规培训，加大对教师医疗保险经费投入，保障医保正常运转。四是强化政府责任意识。解决乡村教师生活困境，单靠发挥教师自觉性是远远不够的，要让政府部门积极作为。要加大省级统筹和中央介入的力度，中央政府

---

① 陈慧青：《改革开放 30 年来农村教师待遇问题研究述评》，《教育探究》2012 年第 1 期。

要监督和激励地方政府履行责任，办好乡村教育，不能将"地方为主"理解为"县、乡自主"。① 五是完善相关法律及配套措施。要有计划、有步骤地完善和实施中央财政综合奖励政策，保证差别化补助、住房公积金和各项社会保险费的及时缴纳，完善乡村教师重大疾病救助以及住房保障等政策。

这一部分的研究主要是针对上述问题而进行的策略分析，研究成果为学术期刊和部分硕士学位论文，针对政策执行中存在的问题进行策略探讨。研究不足之处在于，多数研究仅对问题和策略之间进行了逻辑上的分析，对导致问题出现的原因并未进行全面剖析，使得研究深度还不够，无法追寻问题的深层次诱因。此外，研究对策多以经验为主，忽略了制度的整体设计及政策体系的完善，也未从政策分析角度进行深入探讨。

2. 国外乡村教师生活待遇政策研究

这里对国外乡村教师生活待遇政策的研究主要包括两大类：第一类是对欧美国家乡村教师生活待遇政策及其执行的研究综述，分别对美国和澳大利亚的研究情况进行梳理；第二类是对亚洲国家乡村教师生活待遇政策及其执行的研究综述，分别对日本和韩国的研究情况进行梳理。之所以会分成这样两大类，主要是考虑到地理位置、教育行政体制的不同，这样分更容易做对比研究。之所以选择这些国家，主要是因为这些国家在世界教育发展中均属前列，各国对教育发展的重视程度较高，国内教育发展态势较好，有一定的优秀经验值得借鉴学习。

（1）欧美国家乡村教师生活待遇政策研究

美国和澳大利亚都属于联邦制国家，联邦政府和各州政府对教育发展高度关注。政府通过制定相关政策提升乡村教师生活待遇，并试图通

---

① 袁桂林：《农村教师生活补助是美好的政策开端》，《中国农村教育》2014年第4期。

过多种途径确保政策的有效执行。两国的乡村教师生活待遇政策具有一定共性特点：一是城乡区划界线清楚，标准明确；二是不断加大政府教育经费投入，切实缓解乡村教师生活压力，采取激励性措施鼓励其长期留任；三是注重人力资本投资与提升乡村教师生活待遇相结合。当然，两国具体政策内容及其执行也有所差异，以下分别对其进行梳理：

① 美国乡村教师生活待遇政策内容及执行研究

美国是世界上最发达的国家，有着雄厚的经济实力和教育实力。美国的工业化和城市化程度较高，但其国内也存在城乡发展不均衡的问题。在美国早期历史中，所谓乡村是指地理位置隔绝、面积较小、人口稀少、以农业发展为主的地方。有研究指出20世纪70年代美国采用比勒编码法，即以人口规模来划分城市地区和非城市地区，具体将城市地区划分为三类，将非城市地区划分为六类。根据该编码方法，乡村指的是第八类和第九类地区，即人口在2500人以下，靠近城市地区以及不靠近城市地区的乡村县域。[①] 2006年美国人口普查局创建了一种新的分类系统，即根据地理位置和人口规模将地区分为城市、郊区、城镇和乡村。[②] 其中，每一区域又被细分为三个类别，其中乡村包括边缘地区（距离城市化地区5英里以内）、偏远地区（距离城市化地区5—25英里）和遥远地区（距离城市化地区25英里以外）。[③] 自此，美国学术研究中所涉及的乡村，主要是指rural或者其以下的一些village（更小一些的居住点）。

有研究提到美国早期殖民地教育中，由于当时乡村教师还没有进入专业化发展的阶段，教师待遇和入职的标准比较低，也没有相应的

---

① U. S. Department of Education, *Urban/Rural Classification Systems* (http://nces. ed. gov/surveys/ruraled/definitions. asp).

② *Rural education in America definition* (http://nces. ed. gov/surveys/ruraled/page2. Asp).

③ National Center for Education Statistics, *Status of Education in Rural America* (https://nces. ed. gov/ pubs2007/2007040. pdf).

制度保障。当时乡村教师的社会地位较低，福利待遇较差，即使在经济条件较好的地区，乡村教师也需要在寒暑假额外打工以维持生计。仅有个别学校给教师提供土地、住房和其他生活必备品，有些地区还有额度较小的免税政策。19世纪末20世纪初，美国师范教育迅速发展壮大，教师教育进入到制度化建设时期。尽管在这一时期，乡村教师数量不足、质量不高的问题得到了一定程度上的缓解，但是教师待遇问题并没有特别明显的改善。与中国乡村地区一样，21世纪初期美国乡村教师流动率较高，教师流动量也较大，这些直接影响了乡村教师队伍的稳定。究其原因，主要是因为相较该国城市地区而言，乡村教师工资待遇低，乡村学校办学条件也较差，乡村教师职业缺乏一定的吸引力。

21世纪初期至今，美国联邦政府和各州政府先后出台了多项政策文本来有效解决乡村师资力量短缺等问题，加大了对乡村教师队伍建设的扶持力度。美国乡村教育的发展也成为美国政府关注的重点问题。2000年美国总统克林顿签署通过《乡村教育成就项目》（*Rural Education Achievement Program*），专门针对乡村教育进行拨款，其目的在于有效利用联邦政府资源，提高乡村教育质量。[①] 尽管项目主要资助的是学生，但允许乡村学校根据各自的实际情况，给予乡村教师一定的物质激励、完善学校信息技术设备等。2002年美国总统布什签署《不让一个孩子掉队法》（*No Child Left Behind Act*），该法案提出要加大对教师的资助，尤其是要通过经济上的资助或者较好的待遇吸引教师候选人到乡村学校从事教育工作。此外，还应积极改善乡村学校的整体状况，改善乡村教师的工作环境，以吸引更多的优秀人才到乡村学校任教。对于那些有意愿从教的老教师，也要鼓励他们能够继续

---

① Beeson Elizabeth and Strange Marty, "Why Rural Matters: The Need for Every State to Take Action on Rural Education", *Journal of Research in Rural Education*, Vol. 18, No. 1, August 2000.

或者返聘从教。2007年美国联邦教育部颁布《2007—2012年战略规划》，有针对性地提出了新时期教育改进的系列举措。在教师队伍建设上，要努力培养和奖励优秀教师，同时解雇和淘汰不合格的教师，鼓励地方改革教师薪酬制度，建立健全相关保障机制以吸引广大优秀教师到高需求的学校授课。2009年美国总统奥巴马签署《美国恢复与再投资法案》(American Recovery and Reinvestment Act)，该法案突出了建立和完善社会保障制度的重要作用，在劳动、健康和人权服务、教育等方面提高保障水平。在教育服务领域，提出联邦和州政府要提供多方面的激励，吸引优秀教师到乡村学校工作，包括住房补助、定居补助、住房贷款以及收入税收减免等，进而完善社会政策和推进制度建设。法案还重点关注改善民生、创造就业等项目，如公共交通、公共房屋等工程，在保障民生、增加就业的同时增加民众的劳动收入。2010年美国联邦政府出台《师资建设——改革蓝图是如何提高教育者素质的》(Built for Teachers—How the Blueprint for Reform Empowers Educators)，明确指出要增加乡村中小学的教育拨款，以满足乡村学校对优秀教师的需求。[1] 2008—2012年美国教育部教育科学院出台"人才流动激励"政策，该政策采取"自下而上"的设计理念，基于薄弱学校实际需求和教师自愿原则，实现教师供求之间的匹配。该政策提及为愿意流动到薄弱学校并至少服务2年的高质量教师提供20000美元的奖励。[2] 美国在缩小城乡学校差距的过程中，更注重给高质量教师更多的经济福利待遇，而不是硬性被动地执行相关政策。如美国有学者曾经对佛罗里达州的两个学区教师流动成本进行对比研究，发现虽然前者对地区基础设施等投入的成本增加了，但教师流动

---

[1] U. S. Department of Education, *Built for Teachers—How the Blueprint for Reform Empowers Educators* (https://www2.ed.gov/policy/elsec/leg/blueprint/teachers/publication.pdf).

[2] 蔡永红、雷军、申晓月：《从美国教师流动激励政策看我国城市薄弱学校的改进》，《比较教育研究》2014年第12期。

率却下降了，前者的教师平均流动成本明显低于后者。从全美地区来看，各州管理者为了提高乡村教师留任率，也积极出台一些地方政策，如提供留任补贴以保证高质量教师继续留任。当前美国很多州的乡村教师待遇已经高于城市教师，加之乡村生活成本又比较低，很多教师也就愿意主动到乡村地区任教。

② 澳大利亚乡村教师生活待遇政策内容及执行研究

澳大利亚是南半球发达国家之一，也是世界上城市化程度较高的国家。澳大利亚国内大部分城市都处于沿海地带，其中乡村区域面积比较大。有研究指出澳大利亚国内超过20%的人口居住在乡村和偏远地区，三分之一的孩子在乡村和偏远地区上学。[1] 澳大利亚乡村和偏远地区是按照标准地理分类、偏远性/服务可及性指标进行的划分。[2] 按照第一个标准，人口小于1000的区域为乡村地区；按照第二个标准，居住地距离服务地距离在5.92千米以上的为偏远地区，超过10.53千米即为超偏远地区。[3] 在澳大利亚乡村教育研究中，一般将在乡村和偏远地区从教的教师，统称为乡村教师。

受地理环境及经济发展的影响，澳大利亚城乡教育发展也呈现出一定的不平衡性。与去城市学校任教相比，许多有潜质的新教师不愿意在乡村任教。澳大利亚本土的一项调查显示，乡村教学缺乏能够促进教师专业发展的可利用资源，乡村教师生活条件和工作环境较差，并伴有一系列的文化障碍。[4] 澳大利亚政府在乡村教育发展的支持策略上有着自己独特的做法，为发展乡村教育事业，借助政府的政策支

---

[1] Baxter, J. Gray, M. Hayes, *Families in regional rural and remote Australia* (https://aifs.gov.au/publications/families-regional-rural-and-remote-australia).

[2] 丁娟:《澳大利亚农村中小学教育的特点与启示》,《现代教育科学》（普教研究）2012年第10期。

[3] Philip Roberts, "Staffing an Empty Schoolhouse: Attracting and Retaining Teachers in Rural, Remote and Isolated Communities", *Online Submission*, No. 2, January 2005.

[4] E. Sharplin, "Rural Retreat or Outback Hell: Expectations of Rural and Remote Teaching", *Issues in Educational Research*, Vol. 12, No. 1, October 2002.

持，有效推进了澳大利亚教育事业的健康发展。①

自20世纪70年代开始，澳大利亚政府提出了"贫困乡村地区计划"，加大对乡村学校的经济资助。澳大利亚联邦政府负责制定总体政策、监管计划落实情况，各州政府负责计划的具体执行。因各地实际情况不同，政策具体执行模式也有所不同。澳大利亚政府提出系列计划，在政策和资金上予以倾斜，以保证乡村教师质量，促进乡村教育质量的提升。21世纪以来澳大利亚一直致力于乡村教育质量的提升工程，形成了一套比较完善的乡村师资一体化保障体系。2000年澳大利亚人权和机会平等委员会发布了一份调查报告，指出澳大利亚乡村地区交通不便、教育环境较差等问题严重影响了乡村教师的留任率。针对这一问题，该报告提出要改善乡村学校环境、加大对乡村教师的资金投入。② 师资保障是影响乡村地区教育持续发展的重要因素。2005年澳大利亚政府实施了"职前教师乡村实习计划"，该计划高度重视师范实习生的乡村教育生活体验，为师范生乡村实习搭建了沟通平台。2008年澳大利亚研究委员会发布了《更新乡村教师教育：用持续性教育打造持续性未来》，指出要为乡村教育持续性发展做准备，要招募和挽留优秀师资力量。澳大利亚各州也积极出台相关支持性政策，对乡村偏远地区教师给予适当激励，如提供现金激励、资金补偿以及改善教学环境等。在奖学金制度方面设立教师培养担保奖学金，其发放金额与职前教师到乡村学校的服务年限相关，最高可达10000澳元。③ 在澳大利亚，对教师的聘任和管理是由各州教育部来具体负责，根据地方实际情况制定相应政策。例如在澳大利亚新南威尔士

---

① 赖炳根：《澳大利亚国家教师专业标准研究》，硕士学位论文，西南大学，2010年。
② Helen Stokes, John Stafford, Roger Holdsworth, *Final Report: rural and remote school education* (http://www.ptc.ac.fj/fastpage/downloads/Scoping_ Survey.pdf).
③ 杨妮：《澳大利亚农村教师招募与保留策略及其启示》，《教育导刊》2014年第4期。

州，乡村教师可享受三个档次的住宿补助，最高5000澳元/年的职位补助，以及休假、地方补助等其他待遇。在昆士兰州，所有的学校被分为7级，其中第4级到第7级代表乡村或偏远学校，在这些地区任教3—5年的教师可以获得更多的积分奖励。西澳大利亚也对在乡村及偏远地区工作的教师给予较高的生活补助。此外，澳大利亚各州政府也十分重视改善乡村学校的校舍和基本配置，大部分乡村小学教学设施齐备，尽管有些偏远学校的学生和教师人数都较少，但在教学设施上却是毫不含糊，致力于满足师生的教学需求。地方政府还会为乡村教师免费提供一些交通工具。在这一点上，澳大利亚各州政府的态度还是非常鲜明的。[①] 在澳大利亚北区，为帮助和支持来到偏远乡村任教的新老师，除开展一系列入职培训支持课程外，政府对乡村教师在生活和工作中所遇到的各种困难也给予政策支持。[②] 此外，澳大利亚政府还设置了乡村教学工龄津贴，根据服务时间期限长短发放额外的奖励津贴，鼓励乡村教师长期留任，以保证乡村教师队伍的稳定。

（2）亚洲国家乡村教师生活待遇政策研究

日本和韩国都属于单一制国家，两国在推动乡村教育振兴发展方面进行了一系列的实践探索，取得了显著成效。政府通过制定相关政策提升乡村教师生活待遇，并采取多重路径确保政策的有效执行。两国的乡村教师生活待遇政策具有一定共性特点：一是注重改善乡村教师生活及工作环境，激发乡村教师职业工作热情；二是为提升乡村教师生活待遇，政府给予了充足的资金支持；三是通过法律法规等保障政府资源的有效供给，缩小城乡教师待遇的差距。诚然，对两国政策及其执行过程的相关研究也有所差异，以下分别进行梳理：

---

① 刘玲：《21世纪澳大利亚农村学校师资保障策略研究》，博士学位论文，广西师范大学，2017年。

② 黄雪娜：《澳大利亚乡村教师入职培训的启示》，《辽宁教育研究》2003年第1期。

① 日本乡村教师生活待遇政策内容及执行研究

日本是世界上贫富差距较小的国家之一。同中国一样，日本也有着独具特色的东方文化。在文化传统、区域规划上有着同中国一样的现实状况。日本的行政区域包括都（东京）、道（北海道）、府（大阪府、京都府）、县（43个县），以上均为一级行政区，直接隶属于中央政府，其下设市、町（相当于中国的镇）、村。日本的行政区域划分也是以人口数量为标准进行区分的，人口集中区域为城市，其他区域为乡村。

在日本，教师拥有很高的社会地位，教师职业被认为是最为"神圣的职业"。当前日本教师社会地位高、工资待遇也比较高。日本中小学教师除工资外，还有多种形式的津贴，如抚养津贴、边远地区津贴、住房津贴、加班津贴、交通津贴、寒冷地区津贴等。当然，日本教师工资待遇能有这样一个水平和高度也是经历了一个历史演变的过程。日本中央政府高度关注乡村的振兴与发展，深知乡村建设离不开教育的推动及影响。早在明治时期，日本政府就开始任命都、道、府、县等地方政府酌情发放偏僻地区教师津贴补助，但当时落实的情况并不理想。1947年《教育基本法》拉开了日本战后教育改革的序幕，该法明确指出教师的身份为国家公务员，应该给予他们应有的待遇。之后，日本政府曾多次提高教师的工资标准，但收效甚微。20世纪50年代开始，日本实施了以偏僻地区教师为对象的倾斜性待遇政策。1954年《偏僻地区教育振兴法》中明确界定了日本偏僻地区的范围。该法提出政府负责偏僻地区教师的住宅建设和福利生活待遇配置，向偏僻地区教师支付生活补助，并考虑发放特殊岗位津贴。中央政府有责任通过国库资金支持这些地区的教师住宅及集会场所的建设。① 随后《偏僻地区教育振兴法施行规则》又对上述条件做出了更

---

① 张同彤：《为了留住乡村教师，日本做了哪些事？》（http://world.chinadaily.com.cn/2015-09/10/content_ 21837434.htm）。

为详细的解释和说明。日本各级政府相应地采取了系列具体举措，如对 2 级以上偏僻地区任教的乡村教师发放"特别增加津贴"，按时缴纳医疗保险，对教师及其家属发放偏僻地区医疗费和交通费，修建宿舍以及给予补助等。① 1974 年日本国会通过《教员人才确保法》，进一步将教师工资待遇高于一般国家公务员工资的方针固定下来，教师工资待遇随工作经验的积累而逐年增加。

从身份上来看，日本教师属于国家公务员，全国实行统一的工资标准和福利待遇。日本教师不仅职业收入高、福利待遇好，工作稳定，失业风险系数小，在乡村从事教育工作的人员还可以领到额外津贴，而且免评职称等级。通过系列政策举措，如今日本偏僻地区教师补助有了大幅度增加，住宅条件及周围环境等也有较大改善，城市和乡村中小学教师待遇基本没有差异，只有教龄长短的区别。在政策和法律的支持下，日本教师已从以往的地位弱势逐渐转变为地位优势，越来越多的教师愿意并主动申请到乡村学校任教。

② 韩国乡村教师生活待遇政策内容及执行研究

韩国地处亚洲，其行政区域划分为市或道、郡、面、邑、区和里。② 同中国一样，韩国也是典型的人多地少国家。如何构建完备的空间规划体系，实现城乡统筹，一直是韩国政府面临的重要课题。自 20 世纪 70 年代起，韩国社会发展的重点就在乡村地区。

在韩国，教师拥有很高的社会地位。韩国民众对教育的呼声和期望值也较高，这主要得益于韩国政府在保障教师待遇方面做出的不懈努力。早在 1953 年，韩国政府就颁布了《教育公务员法》，将教师身份定为国家公务员，明确教师的社会身份及其福利待遇。1964 年

---

① 吴晓蓉：《日本偏僻地区教育优先发展经验研究——以〈偏僻地区教育振兴法〉为鉴》，《当代教育与文化》2009 年第 4 期。

② 金次荣：《中韩行政区划改革比较研究》，硕士学位论文，东北大学，2012 年。

《教育公务员晋升法》《公务员报酬规定》《公务员年金法》等相继出台，从法律上保障了教师的职业地位。此外，韩国政府还出台了针对教师的专门法律——《提升教师地位特别法》，通过立法手段保障教师的福利待遇。对于发展乡村教育，加强乡村教师队伍建设，韩国政府也是出台了相关法律法规。如1967年《岛屿、偏僻地区教育振兴法》提出对在岛屿、偏僻地区学校的教师进行扶持，为从教人员提供住房、教学设备、教具和教材，为教师提供艰苦地区津贴等。1969年实施"有功教师晋升附加制度"，鼓励教师到乡村地区任教，公立学校教师必须每5年轮换一次，给予偏僻地区教师特殊津贴，改善膳宿条件。2004年《乡村、林区、渔村家庭生活质量提高及农渔村地区开发促进相关方案》指出要为农渔村教师增设工资、教学奖金，改建职工住宅，完善教学设施等。而后政府又相继出台了几个五年计划，提出改善乡村教育环境、减轻教育负担以及提高乡村教师待遇等内容。韩国政府重视偏僻地区教育的发展，规定义务教育经费投入要先保障经济困难地区，再保障其他地区；先保障乡村，然后保障城市。为改善教师福利，提供永久经济保障，韩国还成立了教职工共同基金会、工会、团体总联合会等组织，与韩国政府一起为解决乡村教育发展难题而努力。

（三）相关政策工具研究综述

20世纪80年代西方公共政策研究学界开始关注政策工具的研究。要想将政策意图转变为具体的管理行为，将政策理想转变为政策现实，就需要使用政策工具。[①] 政策工具研究源自社会实践的需要，目的是解决一定的政策问题。可以说，政策工具是达成政策目标的手

---

① 陈学飞：《教育政策研究基础》，人民教育出版社2018年版，第318页。

段。① 尽管一直以来人们较多地将政策工具的研究聚焦在政策执行阶段，认为政策工具作为一种手段、方式或方法，更能直观地体现在政策执行研究中。但事实上政策本身就是一种决策的手段，政策目标的实现关键在于执行，但政策制定层面也不可忽视，政策文本设计的科学性、合理性也将直接影响政策执行的有效性。

在知网中以"政策工具"为篇名进行搜索，截至2019年7月底，可以搜索到3510篇中外文相关文献资料。从刊发的时间来看，自2000年起关于政策工具的相关研究已呈现出上升的研究趋势，尤其是近几年涨幅速度加快，年均研究数量已超过200篇（见图1-1）。从研究的具体内容来看，有78篇对政策文本内容进行的分析，且近几年对于政策文本分析的研究也呈现出上升的趋势。另以"政策工具"为题名，截至2019年7月底，可以搜索到236篇硕博士论文（硕士学位论文217篇，博士学位论文19篇）涉及金融、公共管理、环境、教育等领域的政策研究，其中有15篇是基于政策工具视角对政策文本进行的分析，其余硕博士论文则重点关注政策工具在政策执行中的具体应用。

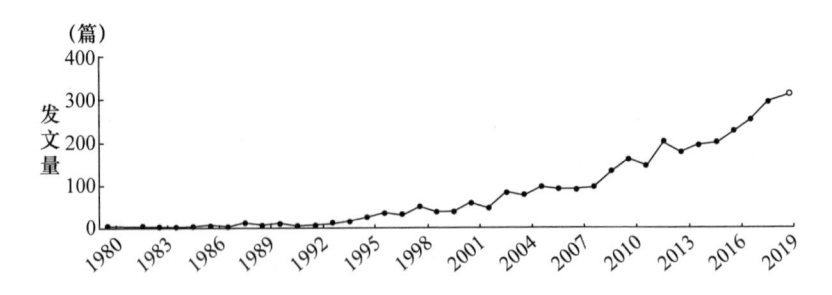

图1-1 以"政策工具"为篇名的期刊发文量总体趋势发展

---

① 陈振明等：《政府工具导论》，北京大学出版社2009年版，第6—12页。

教育政策隶属于公共政策，是公共政策的一种基本类型。公共政策执行的复杂性促使人们对政策工具的选择及使用进行反思。为了帮助政策决策者更好地选择政策工具，有必要对政策工具进行系统化的分析及阐释。在教育政策领域中，关注政策工具选择及其使用对于有效实现教育政策目标具有非常重要的意义和价值。目前国内有关政策工具在教育领域的研究并不是很多。在知网中以"政策工具"为篇名进行期刊搜索，再以"教育"为主题进行二次搜索，截至2019年7月底，共有111篇相关期刊资料；以"政策工具"为题名的236篇硕博士论文中，有11篇是有关教育政策的研究，其中博士学位论文1篇，硕士学位论文10篇，且年限均在2009年以后。从总体发文量的趋势来看，基于政策工具视角对相关教育政策的研究也呈现出上升的趋势（见图1-2）。

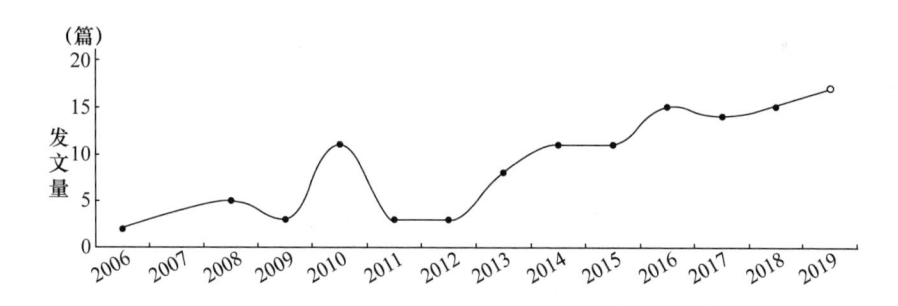

图1-2 基于政策工具视角分析教育政策的期刊发文量总体趋势发展

通过阅读和分析以上文献资料，发现目前国内对政策工具在教育领域的研究主要集中在两个方面：一是对政策工具概念、分类的分析和探讨；二是基于政策工具视角来分析具体教育政策文本及执行。

1. 关于政策工具概念、分类的研究

在公共政策学研究领域中，有关"政策工具"这一概念的表述还不够统一，大多数研究者将政策工具等同于政府工具或治理工具。如欧文·E. 修斯认为政策工具是政府的行为方式；莱斯特·M. 萨拉蒙认为政策工具是通过集体行动以解决公共问题的方法或者途径；国内学者张成福认为政策工具是把政策目标转化为具体行动，从而实现目标的手段或者机制；毛寿龙认为政策工具是政府实现管理职能的手段。[1]

虽然国内外学者对概念的具体表述有所不同，但大家在分析政策选择及运用的过程中，对政策工具分类的认识还是比较一致的。20世纪60年代早期，一些荷兰和德国的经济学家开始在经济学领域进行探索，研究发现有一些经济政策手段能够引发相应的政策效果，但受研究局限性影响，当时的研究并未对这些手段进行系统的归类。同期，美国政治学家罗伯特·达尔和查尔斯·林德布罗姆等人在政治学领域中也进行过类似研究，他们更倾向于将各类手段放入一个较为宽泛的二元分类体系中，如规制性工具和非规制性工具。[2] 20世纪80年代以来，国外公共政策领域的学者们对政策工具的分类依然依据工具特性来进行划分，影响较大且应用频率较高的政策工具分类研究主要包括以下几类：

英国公共政策学家克里斯托弗·胡德在其《政府工具》一书中曾将政策工具划分为信息工具、权威工具、财力工具和正式组织工具四大类。信息工具主要是为个体或者机构提供采取某种行为所需要的信息资源，通过信息的上传下达，确保政策宣传及时到位；权威工具是一种较为普遍的政策工具，主要是能够约束和支配个人和机构行为的规则及要求；财力工具主要是通过经济刺激的手段来诱导人们遵守或者鼓励人们做出某种行为；正式组织工具主要是通过可以利用的正式

---

[1] 陈振明等：《政府工具导论》，北京大学出版社2009年版，第3页。
[2] 陈振明等：《政府工具导论》，北京大学出版社2009年版，第8页。

组织机构以及结构的变化，来实现权力之间的转移和分配。美国公共政策学家范·德·狄龙将政策工具划分为法律工具、经济工具和交流工具三大类。[①] 其中法律工具主要是使社会成员行为规范化；经济工具同上述财力工具；交流工具也可以理解为信息工具。加拿大公共政策学家迈克尔·霍莱特与M. 拉梅什将政策工具分为自愿性工具、强制性工具和混合性工具三大类。[②] 其中自愿性工具相当于非强制性工具，一般是由一些自愿性组织或者私有市场来实施；强制性工具主要包括政府的管制以及提供的直接服务；混合性工具包括劝告、信息以及经济等手段。美国公共政策学家洛林·M. 麦克唐纳尔和理查德·F. 埃尔莫尔按照政策问题与政策目标、选择方案与具体执行问题之间的适切性将政策工具划分为五大类，主要包括命令性工具、报酬性工具、职能拓展性工具、权威重组性工具和劝告性工具。[③]其中职能拓展性工具主要是指为了物力、人力资源投资的目的而转付的资金，例如教育和培训等；权威重组性工具主要是为了将官方权威转移给个人或者机构，以改变以往单独政府提供服务的模式；劝告性工具主要用于鼓励人们遵守政策要求，通过一些例证、宣传等手段，激发人们执行政策的动机，以实现理想的政策目标。美国政治学家海伦·英格拉姆和安妮·施耐德等人在公共政策分析和设计研究中也将政策工具划分为五大类，主要包括权威性工具、激励性工具、能力建设工具、符号性工具以及学习性工具。[④] 其中学习性工具主要是指当行动者不知道或不确定该怎么去做的时候，就需要使用学习性工具，即提升他们的学习、反思以及判断能力。学习本身

[①] 陈振明等：《政府工具导论》，北京大学出版社2009年版，第8页。

[②] 黄忠敬：《教育政策工具的分类与选择策略》，《国家教育行政学院学报》2008年第8期。

[③] [美] 弗朗西斯·C. 福勒：《教育政策学导论》，许庆豫译，江苏教育出版社2007年版，第229—238页。

[④] 陈振明等：《政府工具导论》，北京大学出版社2009年版，第8—10页。

就是一个渐进性的、积累性的过程，因而学习性工具也体现在政策制定和执行的全过程中。

表 1-1　　　　　　五种代表性的政策工具分类

代表人物	政策工具分类				
胡德	权威工具	财力工具	信息工具	正式组织工具	
狄龙	法律工具	经济工具	交流工具		
英格拉姆、施耐德	权威性工具	激励性工具	能力建设工具	学习性工具	符号性工具
麦克唐纳尔、埃尔莫尔	命令性工具	报酬性工具	职能拓展性工具	权威重组性工具	劝告性工具
霍莱特、拉梅什	强制性工具	混合性工具	自愿性工具		

虽然学者们所用的政策工具分类有所不同，但都对政策工具的选择及使用进行了阐释，并提出要想让教育政策工具发挥实效，就必须对备选的政策工具进行优化组合。实践证明，没有哪一种政策工具是完美无缺的，每种政策工具均各有利弊，除了要科学设计外，还要提高其执行力并及时进行反馈和评估。

2. 关于政策工具在教育领域中的应用研究

目前国内外学者基于政策工具视角对不同阶段、不同类别的教育政策进行了研究。如基于政策工具视角对义务教育政策进行的研究；对高等教育改革与发展政策、高等教育"教育工程"政策进行的研究；对民办教育政策进行的研究；对成人教育政策进行的研究；对职业教育政策，包括区域职业教育发展和地方高职教育质量政策进行的研究；对特殊教育政策进行的研究；对学前教育包括民办学校教育政策进行的研究；对少数民族教育包括双语教育政策进行的研究。

同时，现有文献资料也对各类具体教育政策进行了相关研究。如从教育政策工具视角对义务教育师资均衡配置政策、农民工子女教育政策、流动儿童教育政策、农村中小学布局调整政策、农村义务教育专项资金政策、大学生思想教育政策、教育精准扶贫政策以及高校"双一流"政策进行了政策工具选择及使用的分析。还有少部分学者具体分析了美国的教育政策法令，如教育券政策、绩效政策、特许学校政策、学费贷款政策、儿童流动政策等。在上述现有研究文献中，既有对政策文本内容的工具选择分析，又有对政策执行过程中政策工具使用的具体分析。在政策工具的选择和使用上，一部分学者使用了加拿大学者霍莱特和拉梅什的强制性工具、混合性工具和自愿性工具进行分析，而另一部分学者则使用了美国人麦克唐纳尔和埃尔莫尔的命令、报酬、职能拓展、权威重组和劝告性工具进行具体分析。研究者的研究思路大多是通过介绍政策工具种类，分析政府在教育政策文本和执行中所使用的政策工具，并提出优化政府工具选择的相关建议。

（四）对已有研究的评价

在对上述有关乡村教师生活待遇政策及政策工具选择和使用的相关文献进行梳理和分析的过程中，不难发现已有研究为本书基于政策工具视角分析乡村教师生活待遇政策提供了前期的经验借鉴与参考，并为进一步分析乡村教师生活待遇政策执行的具体问题，完善乡村教师生活待遇政策体系提供了启示。诚然，受不同历史时期、不同国度背景、不同政策目标的影响，国内外关于乡村教师生活待遇政策执行的研究还存在如下不足：

第一，在研究视角上，已有研究多从教育公平与效率的视角分析乡村教师生活待遇政策执行问题，可供参考的文献和期刊数量较少。如有学者专门对乡村教师住房保障、医疗保障待遇状况进行调查，但这些研究仅仅是对调查结果进行了初步的整理，提出了一些改进建议，但并未进行深入的发掘和政策省思，在政策设计及执行层面上还少有研究。尤其是基于政策工具视角对乡村教师生活待遇政策执行进行系统分析和阐释，目前尚未有研究者进行较为深入的探讨。

第二，在研究内容上，与乡村教师队伍建设的其他内容相比，有关生活待遇尤其是生活待遇政策的研究内容还比较少，专门系统研究也比较匮乏。这与乡村教师生活待遇系列政策出台和实施的年限较晚有着密切的关系。在2013年乡村教师生活补助政策正式出台以前，有关乡村教师生活待遇的内容还被混在乡村教师发展的其他政策中一起被规定和要求，对乡村教师生活待遇关注度不高，研究的焦点也不够集中。自乡村教师生活补助政策出台后，尤其是《乡村教师支持计划（2015—2020年）》的发布及实施，乡村教师生活待遇政策被提高到前所未有的政治高度。各大媒体争相报道这一政策，但在学术领域中对政策的系统研究还比较少，可参考的专业文献也比较少。这既为本书提供了较好的契机，同时也提出了更高的要求，增加了本书的撰写难度，可以说在研究过程中机遇与挑战并存。

第三，在研究方法上，现有研究多是对乡村教师生活待遇政策执行现状进行的分类调查研究，少有对政策目标、体系建构、政策工具选择与使用、政策执行问题归因等方面进行的系统分析，也少有结合社会保障学内容提出有针对性的改进建议。此外，现有研究中也少有对政策文本内容进行的全面分析，使得研究缺乏一定的理论支撑和系统性。

第四，在研究对策的国际借鉴上，国外高度重视乡村教师生活待遇及乡村教师社会地位的提高，大多数国家均将教师列为国家公务员或地方公务员，并制定相关政策文本，加大各级政府的财政投入力度，以全方位保障乡村教师的生活待遇。在这样一种高度的政府责任意识影响下，国外乡村教师在生活待遇方面与城市教师相比差异不大。在有些国家从事乡村教育工作的福利待遇甚至要高于城市教师，这与中国目前乡村教师工作和生存状况相比有较大差异。在本书撰写过程中，主张对于国外已有的研究成果和实施成效，应结合中国乡村教育发展实际情况有选择性地加以学习和借鉴，取其精华弃其糟粕，学人所长补己之短。

因此，对中国当前乡村教师生活待遇政策进行历史梳理，基于政策工具视角对其政策文本进行内容分析，结合实证调查深入剖析其政策执行存在的主要问题，全面阐释问题的形成诱因，提出科学、合理、有针对性及可操作性的政策改进建议就成为本书的主要内容。

三 核心概念

根据研究主题及具体研究内容，以下对涉及的重要概念及其研究范围进行界定：

（一）乡村教师

本书主要调查对象为乡村教师，对这一特殊群体的界定需要从两个方面加以阐释。首先，在区域划分上，这里的乡村是相对于城镇而言的。根据国务院 2008 年发布的《统计上划分城乡的规定》，以行政区划为基础，以实际建设为依据来进行划分，中国地域主要包括城镇（城区、镇区）和乡村。城区是指在市辖区和不设区的市，区、市政府驻地的实际建设连接到的居民委员会和其他区域。镇区是指在城区以外的县人民政府驻地和其他镇，政府驻地的实际建设连接到的居民委员会和其他区域。在现有研究中我们常会看到有人将乡村简单等同于农村，其实两者之间虽有共通之处，但乡村是有别于农村的特殊概念。一般情况下，若无特殊说明，农村主要是指大农村，包括镇区和乡村。其次，就教师类别而言，一般包括正式编制教师和代课教师、特岗教师等非正式编制教师。

结合区域实际情况，为方便调查统计，本书中的乡村教师特指在乡中心校及以下村小、教学点的在编在岗的教师和特岗教师。之所以选择这个群体作为研究对象，主要是因为他们处在教师队伍的最底层，在工作条件及生活待遇等方面还处于弱势地位，迫切需要得到外界的更多关注。

（二）生活待遇

生活待遇属于待遇范畴，是待遇的重要组成部分。《新华词典》对待遇的界定：一是指对待人的态度或方式；二是指在社会上享有的权利和地位；三是特指工资福利等物质报酬。[①] 也就是说，对于劳动者而言，从事社会生产实践或劳动所享受的待遇主要来自物质上的报酬以及政治上的权利和地位。前者主要是生活待遇，用以保障劳动者生活所需，提高其生活质量，改善其生活条件的各种待遇，如工资、津贴、社会福利保障等；后者主要是政治待遇，用以保障劳动者的政治权利及其社会地位。《教育大百科全书》也曾对教师待遇进行过界定，即教师待遇反映的是教师社会地位问题，主要包括政治地位和生活待遇，其中生活待遇与职称等级有着密切的关系。[②] 中华人民共和国成立之后，国家对事业单位人员的生活待遇实行包干制，即发给一定数量的实物与货币，个人自行支配使用。学校属于事业单位，教师属于事业单位工作人员。中华人民共和国成立后政府对教师待遇给予了高度关注，并在法律层面给予保障，教师的社会地位和生活待遇有了大幅度提升。《乡村教师支持计划（2015—2020年）》的发布，再次明确指出提高乡村教师生活待遇，主要包括落实集中连片特困地区乡村教师生活补助、乡村教师工资待遇，缴纳住房公积金和各项社会保险费、做好乡村教师重大疾病救助、加快乡村学校周转宿舍建设、

---

① 《新华词典》，商务印书馆1985年版，第145页。
② ［美］W. L. 博伊德主编：《教育大百科全书（教育管理）》，高洪源译，西南师范大学出版社2011年版，第288页。

将乡村教师住房纳入当地住房保障范围。①

结合上述概念界定及政策文本相关内容，乡村教师生活待遇应主要包括用以保障劳动者生活所需的工资收入、生活补助、住房保障、社会保险和医疗保障待遇。这里需要解释说明的是，上述待遇中有些内容是在工资收入中体现的，包括基本工资和绩效工资、生活补助、住房公积金、社会保险费；有些待遇则有单独的表现形式，无法在工资收入中体现，包括住房条件及环境、医疗保障条件及服务等。可见，乡村教师生活待遇不仅包括工资收入，还包括工资以外的其他物质待遇。工资收入是乡村教师生活待遇的主体部分，受教龄和岗位等级因素的影响，工资尤其是基本工资收入具有相对的稳定性，而其他待遇则受到多种因素的影响会具有较大的差异性和波动性。因此，本书重点对生活补助、住房保障、社会保险和医疗保障进行了相关政策梳理。

生活补助主要是指除固定工资外，每月定期为教师发放的补助津贴。对于经济和文化发展相对落后的乡村地区来说，给予乡村教师一定的生活补助可以适当提高乡村教师的生活水平，改善其生活困境。本书中的生活补助既包括国家层面对连片特困地区乡村教师的生活补助又包括地方层面自主拨付的乡村教师生活补助。

住房保障属于社会保障制度范围。本书所指住房保障待遇主要包括享有住房公积金、提供保障性住房、建设教师周转住房等。住房公积金是保障住房需求的一种制度，是在职员工缴存的长期住房储备金。对于教师而言，单位和个人按照比例及时缴纳住房公积金是保障教师住房待遇的重要途径。为教师提供适当的保障性住房和符合规定条件的教师周转房不仅可以改善教师的住房条件，而且可以满足乡村

---

① 国务院：《关于印发乡村教师支持计划（2015—2020年）的通知》（http：//www.gov.cn/zhengce/content/2015-06/08/content_ 9833.htm）。

教师的基本生活所需。

社会保险是一种缴费性的社会保障。社会保险是为那些因不同原因而造成损失的居民提供收入或补偿，主要包括养老、医疗、失业、工伤以及生育保险等内容。对于教师职业而言，养老保险主要是为了解决退休教师的后顾之忧，医疗保险的目的在于减轻教师的医疗负担，失业保险可以缓解教师面临失业时的经济困难，生育保险主要是为适龄婚育的教师提供医疗服务和生育津贴。为便于进行专门探讨，本书将医疗保险放入医疗保障待遇部分进行分析。

医疗保障也属于社会保障制度范围。本书所指医疗保障待遇主要包括乡村教师医疗保险、健康体检、重大疾病救助等内容。为教师缴纳医疗保险，提供定期体检和重大疾病救助，不仅可以保障乡村教师的自身权益，促进教师的身心健康，还可以激发乡村教师工作的积极性和主动性，从生理和心理两个层面保障其更好地投入到教育工作中。

（三）政策工具

要想全面理解政策工具的基本内涵，就需要首先理解政策的概念界定。政策一词是从政治科学中引用过来的，事实上在西方话语体系中原本并没有这个词，只有政治（politic）一词。政治科学属于高度分化的学科领域，不同的学者对政策内涵的理解也有所不同。如政策科学创立者哈罗德·D. 拉斯韦尔认为政策是含有目标、价值与策略的大型计划;[①] 公共政策学家梅尔·J. 达布尼克认为政策是政府解决公共问题的意图以及实现这些意图的行动表述;[②] E. R. 克鲁斯克和

[①] 张乐天：《教育政策法规的理论与实践》，华东师范大学出版社2012年版，第17—18页。

[②] [美] 弗朗西斯·C. 福勒：《教育政策学导论》，许庆豫译，江苏教育出版社2007年版，第7页。

B. M. 杰克逊认为政策是政治系统的输出，以条例、规章、法律、行政决议等形式出现；[1] 托马斯·戴伊认为政策是政府选择去做或者选择不去做的事情；[2] 詹姆斯·安德森认为政策是行动者为解决问题所采取的相对稳定、有目的的系列行动。[3] 国内关于"政策"一词的理解还是带有较为鲜明的政治性。《辞海》中将政策界定为"国家、政党为实现一定时期的路线和任务而规定的行动准则"。[4] 从学术研究的视角来看，国内一些学者也曾对政策进行过相关概念界定。例如学者孙光认为政策是国家和政党为实现总目标而确定的行动准则，是对利益进行分配和调节的政治措施及其复杂过程；张金马认为政策是党和政府用以规范、引导机构和个人行动的准则和指南，包括法律规章、行政命令以及行动计划和策略等；[5] 陈振明认为政策是国家机关、政党及其他政治团体在特定时期为实现一定社会政治、经济、文化目标所采取的政治行为或行为准则，是法令、措施、办法、条例等的总称。[6] 我们可以大致将以上观点分为三类：第一类认为政策是有目的的价值分配，以处理问题或者实现既定目标；第二类认为政策是某些行为准则、法律、法规、文件、方案或者措施等静态"文本"；第三类认为政策是一个"动态"的活动过程，是由决策者为处理某一问题而进行的有目的的行为过程。

综上所述，对"政策"内涵的理解可以分为广义和狭义两个层

---

[1] [美] E. R. 克鲁斯克、B. M. 杰克逊：《公共政策词典》，唐理斌译，上海远东出版社1992年版，第31—32页。
[2] [美] 托马斯·R. 戴伊：《理解公共政策》，谢明译，中国人民大学出版社2015年版，第1页。
[3] 谢明：《公共政策导论》，中国人民大学出版社2018年版，第8页。
[4] 张乐天：《教育政策法规的理论与实践》，华东师范大学出版社2012年版，第17页。
[5] 张金马：《政策科学导论》，中国人民大学出版社1992年版，第19—20页。
[6] 陈振明：《政策科学——公共政策分析导论》，中国人民大学出版社2004年版，第5—9页。

面。广义上的政策包括个人、团体以及政府等为实现一定目标而提出的各种有计划的活动的总称;而狭义上的政策一般特指政府、政党和其他政治团体等在一定历史条件下,为实现政治、经济、文化、科技等不同发展目标而提出的一系列政治性行为依据及准则。从表现形式上来看,政策是系列计划、法律、措施、规章、规则、条例、策略、方法的总称。从这一意义上来看,狭义政策等同于"公共政策"。本书所讨论的政策也是指狭义层次上的政策,而且不仅限于其静态意义上的理解,还包括政策的动态发展过程。依据政策的基本概念界定,本书中的乡村教师生活待遇政策主要是指政府为保障乡村教师工资收入、住房、医疗、生活补助、社会保险等待遇发布的系列政治性的行为依据和准则及其动态发展变化的过程,既包括静态的政策文本,又包括政策的动态运行过程。

为了更有效地解决政策问题,政策制定者和执行者们就必须理解政策工具的基本内涵。研究政策工具是为了帮助政策决策者更好地选择适合的政策工具,以解决具有广泛影响的社会公共问题。当前国内外学者对于政策工具概念的表述还不够统一。亚瑟·里格林认为政策工具的焦点是影响和治理社会的过程;欧文·E.休斯认为政策工具是政府的行为方式,以及通过某种途径调节政府行为的机制;莱特斯·M.萨拉蒙认为政策工具是通过集体行动解决公共问题的方法或途径。此外,还有些学者特别关注政策工具的多样性和动态性研究。[1]国内学者张成福认为政策工具是把政策目标转化为具体行动,以实现政策目标的手段和机制;毛寿龙等认为政策工具是政府实现管理职能的手段。[2]可见,尽管国内外学者对政策工具的概念界定,具体表述有所不同,但均认为政策工具是实现政策目标的手段。如何将公共政

---

[1] 陈振明:《政府工具导论》,北京大学出版社2009年版,第7页。
[2] 陈振明:《政府工具导论》,北京大学出版社2009年版,第8页。

策意图转变为具体的管理行为,就需要通过政策工具来实现。政策工具是政府在部署和执行政策中的实际方法和手段。根据这些研究,不难发现在目前有关政策工具的研究中,为了实现政策的预期目标,一是通过政策工具来制定政策;二是通过政策工具使政策得以有效执行。也就是说,政策制定需要政策工具,政策执行也需要政策工具。在政策研究中,政策制定和执行是密不可分的,政策制定是前提,政策执行是关键。政策目标的实现既需要政策文本的约束及影响,同时也需要将政策文本付诸政策实践。因此,本书认为政策工具是政府为解决某种社会问题或达成一定的政策目标而采取的具体手段和方式,既作用于政策文本的制定,又作用于政策的具体执行。

四 研究思路与框架

政策执行是一个非常复杂的建构过程,除了需要明确政策目标以外,还需要各种资源的投入及其有效配置。政策执行效果依赖于政策工具的科学选择、匹配及优化组合,这种选择不仅体现在政策文本制定中,更重要的体现在政策执行过程中。因此,本书从政策工具视角分析乡村教师生活待遇政策工具选择及使用情况以及政策执行存在的主要问题、成因及其对策。研究的基本思路与整体框架设计如图1-3所示。

按照呈现问题—分析问题—解决问题的整体思路开展系列研究。具体表现在从乡村教师生活待遇政策体系入手,对其政策发展历程进行历史梳理,基于政策工具视角对乡村教师生活待遇政策文本内容和执行情况进行实证分析,总结其政策成效及其存在的主要问题,以期如实呈现政策执行现状及其面临的现实阻碍;结合实证调查分析结果,分别从内部治理和外部环境层面对现实状况进行归因分析,探讨其深层次的影响诱因;结合上述实证分析、成因探讨及其国际比较,

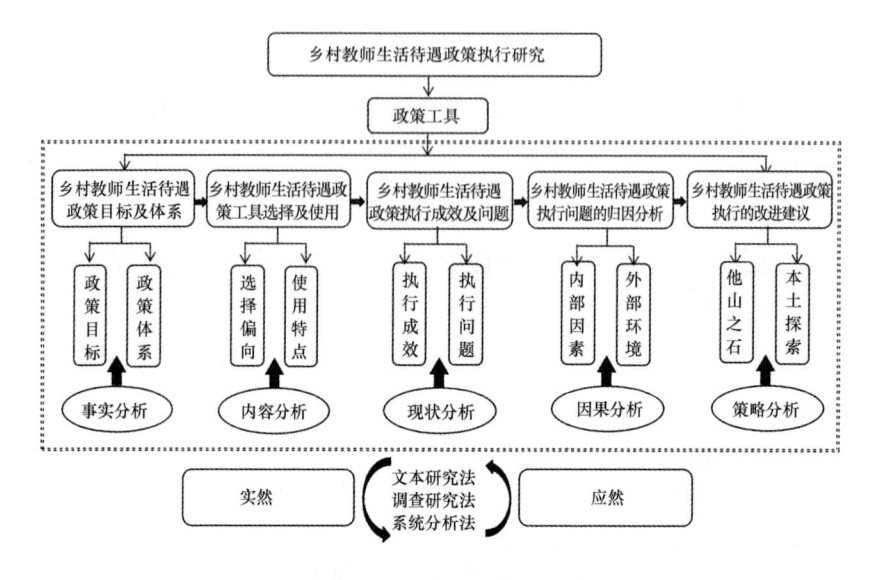

图 1-3 研究思路与框架

从政策制定和政策执行两个层面提出相关对策及建议，希望能够为中国乡村教师生活待遇政策有效落实提供些许参考。

五 研究方法

研究方法是在研究过程中发现新现象、新事物，提出新问题、新观点，从而揭示事物内在规律的具体手段。在实际研究过程中，受研究对象、研究内容等因素的影响，具体的研究方法也会有所不同。鉴于此，本书主要采用以下三种研究方法：

（一）文本研究法

文本研究法是对相关文本进行查阅、分析和整理，从而找出事物发展本质属性的方法。研究乡村教师生活待遇政策，首先就需要对相关政策进行收集、归类和整理。本书第一章使用文本研究法对改革开放以来的相关政策进行梳理，因 1978—1980 年没有相关的生活待遇政策，故政策梳理时间是从 1980 年 1 月开始。其次是对政策工具的相关理论进行解析。由于本书是基于政策工具视角的政策分析，故第二章对政策工具分类框架进行了较为详细的说明。再次由于乡村教师生活待遇政策不仅涉及教育学学科，同时涉及经济学、管理学等学科知识，对涉及的制度性内容也需要进行归类和整理。通过对文本内容进行系统分析，以了解现行乡村教师生活待遇政策出台的背景及政策要求等。最后在政策执行建议中，对国外乡村教师生活待遇政策及其执行情况进行了对比分析，总结出规律性认识，并提出可供借鉴的政策建议，其分析过程中也使用了文本研究法。

（二）调查研究法

调查研究法是学术研究中一种重要的、常用的研究方法。教育调查研究法，主要是指通过接触教育现状，对取得的现实资料进行分析，以发现其内在规律或倾向性的方法，主要包括问卷调查和访谈调查。[①] 本书主要目的在于了解当前乡村教师生活待遇的真实状况，进而分析政策的执行成效及其存在的主要问题。从利益相关者层面来看，不仅涉及乡村教师个体，同时也涉及所在单位及当地教育主管部门。因此，在对乡村教师个体进行问卷调查的基础上，为了对问题进行深入的分析和探讨，又对乡村教师个体、学校领导以及教育主管部门领导进行了个别访谈，以期配合问卷调查使研究结果更为全面、真实、有效。

1. 问卷调查

问卷调查主要是以书面形式提出问题进而搜集资料；从调查形式上来看，问卷调查是一种间接的调查方法，它可以不受时间、地

---

① 马云鹏：《教育科学研究方法》，东北师范大学出版社 2000 年版，第 89 页。

点和样本大小的限制。问卷调查的有效应用关键在于问卷编制、被试选择和结果分析上。本书中问卷调查法的设计和使用过程为：

一是选择合适的问卷形式。问卷调查一般包括量表式问卷以及非量表式问卷。量表式问卷更关注态度认知题，体现样本对事物的态度及其看法，通过各种变量之间的关系研究找出其中的逻辑关系；非量表式问卷则倾向于对某现状的真实情况和基本态度的调查，它更期望呈现出一种真实情况，即更关注事实现状的研究。本调查研究的主要目的是了解乡村教师生活待遇的真实情况、相关政策执行情况以及广大乡村教师对政策的基本态度情况，故适合采用非量表式问卷。

二是建立科学的理论构架。建立理论构架需要从调查研究的实际出发，确定调查的相关变量。本书调查主题为乡村教师生活待遇政策执行，围绕这一主题，将主要从乡村教师工资收入、医疗保障、住房保障、社会保险以及生活补助五个维度展开设计。

三是设计问题内容及题型。问卷题型主要有封闭式题型和开放式题型。封闭式题型可以在一定程度上约束作答者必须根据规定题目和可备选的答案来进行作答，但该题型无法进行深入分析和阐述，只能说明是怎样，而无法科学解释为什么会这样。为了保证研究资料的翔实、可靠，这里将两种题型有机结合起来，希望得到更有说服力的调查数据和资料。本书中教师调查问卷共设有58题，主要分为三大部分。第一部分为个人基本信息调查（1—14题），主要包括性别、年龄、学历、专业、职称等基本人口学统计问题，设计目的在于了解样本的基本背景情况。第二部分为生活待遇情况调查（15—56题），包括工资收入待遇（15—23题）、医疗保障待遇（24—34题）、住房保障待遇（35—40题）、社会保险待遇（41—46题）、生活补助待遇（47—52题）以及对政策执行的评价与满意度（53—56题）。此部分为调查问卷的核心内容，围绕乡村教师生活待遇政策的五个维度进行问题设计，目的在于掌握政策执行的基本情况。第三部分为其他建议（57—58题），主要是开放式题型，要求样本对象描述作为乡村教师的感受以及对政策执行情况提出建议，设计目的旨在进一步深入了解乡村教师的工作常态及其真实的工作感悟，并希望对后续原因和对策分析提供事实依据（见附录1）。

2. 访谈调查

访谈调查主要是通过与调查对象进行面对面的沟通与交流进而搜集资料。访谈调查是一种直接的调查方法，具有较强的灵活性和较高的作答率。为了更为全面、深入地了解乡村教师生活待遇政策执行现状，在问卷调查的同时又对乡村教师个体、学校领导和教育部门主管领导进行了个别访谈。根据乡村教师生活待遇政策研究的维度，对一些具体问题利用访谈的形式来进行深入了解。通过访谈调查可以进一步从政策执行者角度了解政策在执行中存在的现实性问题。之所以会出现这些问题，一方面可能是政策设计本身存在不足，另一方面可能是政策执行出现了偏差。因此，全面了解不同利益相关者对政策的认识及其行为表现，有助于避免那些简单、主观臆测式的评价，有利于对现行乡村教师生活待遇政策执行进行全方位多角度的分析和研究。

本书主要包括三份访谈提纲：教师访谈共14题，包括个人基本情况的具体描述、生活待遇现状及其感受、对政策的了解程度等；学校领导访谈共11题，包括学校的基本情况介绍、学校政策执行的情况以及执行中遇到的问题和困惑等；教育部门主管领导访谈共10题，包括本县的基本情况、县级教育主管部门政策执行的情况、县级教育主管部门的责任、态度及困惑等。访谈主要采取半结构化访谈方式，根据前期设计提纲进行询问，在对被访者进行提问的过程中随时进行调整，收集可用信息，然后逐一做好记录。访谈的具体形式包括面对面访谈、电话访谈和微信访谈三种，根据被调查者的实际情况选择适合的方式进行资料的收集（见附录2、3、4）。

3. 样本选择

表1-2　　　　　　　　访谈调查样本基本情况信息

县域代码	学校代码	类型	规模	领导代码	教师代码	教师问卷份数
T县	TL	小学	68人	TL-X	TL-J1/TL-J2	102份
	TG	小学	53人	TG-X	TG-J1/TG-J2	
	TW	小学	35人	TW-X	TW-J1/TW-J2	
	TF	小学	24人	TF-X	TF-J1/TF-J2	
	TA	小学	23人	TA-X	TA-J1/TA-J2	
A县	AS	中学	36人	AS-X	AS-J1/AS-J2	85份
	AJ	小学	90人	AJ-X	AJ-J1/AJ-J2	
	AY	小学	51人	AY-X	AY-J1/AY-J2	
	AG	小学	50人	AG-X	AG-J1/AG-J2	
	AL	小学	91人	AL-X	AL-J1/AL-J2	
J县	JT	九年一贯制	24人	JT-X	JT-J1/JT-J2/JT-J3	166份
	JL	九年一贯制	251人	JL-X	JL-J1/JL-J2	
	JD	九年一贯制	262人	JD-X	JD-J1/JD-J2	
	JW	小学	96人	JW-X	JW-J1/JW-J2	
	JY	九年一贯制	151人	JY-X	JY-J1/JY-J2	
Y县	YY	小学	12人	YY-X	YY-J1/YY-J2	96份
	YW	小学	86人	YW-X	YW-J1/YW-J2	
	YF	小学	21人	YF-X	YF-J1/YF-J2	
	YQ	中学	36人	YQ-X	YQ-J1/YQ-J2	
	YS	中学	45人	YS-X	YS-J1/YS-J2	

在确定调查方法以及研究整体设计后就开始对研究对象进行选择。运用抽样方法，即根据研究的需要对有关的人、时间、地点、事件、行为、意义等进行选择。为保证调查具有一定的针对性和可对比

性，本调查研究具体采用目的性随机抽样方式，对 J 省四个县域（T 县、A 县、J 县和 Y 县）内的 20 所乡村学校的一线乡村教师进行了问卷调查。之所以选择 J 省，一是 J 省处于中部地区，既没有东部地区得天独厚的经济发展条件，又没有西部地区的倾斜性政策支持，对于 J 省的调查可以代表与该省发展水平持平的区域的基本情况；二是研究者生活和工作在 J 省，有着便利的调研条件，便于收集第一手资料，以确保研究的可信性和可靠性。

本调查研究共发放问卷 500 份（个别村小及教学点教师数量偏少），回收 478 份，其中有效问卷 449 份，问卷有效率为 94%。前期两次试测中，第一次采用了纸质版问卷形式，第二次采用问卷星网络问卷形式。正式调查中，所有问卷均来自问卷星网络平台，根据网络后台的作答时间、内容等进行删选，剔除其中的无效问卷，保留有效问卷。在 T 县回收有效问卷 102 份，A 县 85 份，J 县 166 份，Y 县 96 份。对 41 位乡村一线教师（在编在岗教师和特岗教师）、20 位乡村学校校长（包括正校长和主管人事工作的副校长，还有一位合并校的主任）、4 位教育局主管领导进行了个别访谈（教育局分管相关工作的副局长，还有两位从事相关工作的主任）。为统计分析方便，以下对各县调研的学校、访谈的学校领导以及教师赋予人工代码。例如 TL 代表 T 县 L 学校（L 为学校首字母缩写），TL-X 代表 T 县 L 学校校长，TL-J1 代表 T 县 L 学校教师 1，以此类推（见表 1-2）。

问卷调查采用问卷星网络调查方式，将纸质版问卷输入问卷星后台系统，经过科学设计、排版以及三轮专家和同行的修改，两轮教师试测后正式启用。所有调查数据均录入到 SPSS21.0 数据分析统计软件，利用统计软件进行数据统计分析。访谈调查以及问卷调查的开放性试题部分，使用了 NVivo12.0 质化分析软件，对资料进行输入、编码以及建构关系，以便于呈现出更真实的资料，供后续研究所用。

4. 信度和效度分析

为了确保问卷设计的规范性和可信性，在问卷正式发放前，研究者已经做了三轮修改和两次试测。在问卷设计成型后，曾邀请五位同行教师进行第一轮修改，主要目的是考察问卷的设计是否科学，明晰考察维度。第一轮修改结束后，于2017年11月在C省、A省和C市三地做了第一次试测，回收问卷63份。在第一次试测中，研究者发现部分试题表述不够精准，选项设计不够全面，于是邀请部分被测乡村教师对试题选项进行意见反馈，并进行了第二轮修改。第二轮修改结束后，于2018年4月在J省G市两所乡村学校进行了第二次试测，回收问卷41份。第二次试测中，教师作答情况较好，试卷问题表述更加清晰准确，选项更加具有针对性，但部分试题需考虑地域性特点及文件要求，故邀请同行专家进行了第三轮讨论和修改，以保证问卷的真实可靠。此外，尽管选择了非量表式问卷，但其中也涉及一些等级选项试题，也可以对问卷试题进行统计学意义上的信度分析，经过计算信度系数值（Cronbach's Alpha）为0.731。在统计学中，一般情况下 $\alpha > 0.8$ 表示很好，$\alpha > 0.7$ 表示较好，$\alpha > 0.6$ 表示可以接受，$\alpha < 0.6$ 则需要修改，$\alpha < 0.5$ 则不适用。根据上述标准，本问卷试题具有较高可靠性。

本书访谈调查主要是从政策执行利益相关者角度对乡村学校教师、学校领导以及教育主管部门领导进行个别访谈，希望通过访谈获得更多的现实资料。在正式访谈之前，研究者也曾经邀请三位村小校长、一位曾任教育主管部门领导对提纲内容进行了讨论和修改，以确保访谈提纲能够为被访者所接受，使其愿意主动参与并做出切合实际的回答。当然访谈提纲只是提供访谈者和被访者一个基本的问题框架，在实际访谈中会因人、时间、空间和信息等资源的变化而随机调整，访谈内容也具有一定的弹性空间。为确保如实呈现访谈者的真实感受和态度，在征得被访者同意的前提下，所有访谈过程都进行了录音。(在访谈中,有四位老师、两位校长和一位教育主管部门领导并未同意录音,故访谈者尽量通过文字记录如实呈现访谈过程。)

本书将问卷调查和访谈调查有机结合,以期弥补各自研究的不足之处,期望能够全面地了解政策执行的现状,分析其执行中存在的问题,有理有据地进行阐释和说明。实证调查结束后,综合质性分析和量化分析对所有调查资料进行统计。

(三) 系统分析法

在政策科学研究中,系统分析法是根据辩证法与系统论原则,通过宏观与微观、静态与动态以及定性与定量相结合的方式来考察政策问题各个要素之间的相互联系、相互作用和相互制约的科学方法。[1] 系统分析法主要是把要解决的问题看作一个大的系统,对系统内的各要素进行综合分析,以便找出解决问题的可行性方案。系统是一个整体,不是各个要素的简单累加,而是各要素之间的相互协调、相互影响和相互作用。系统分析法尤为重视系统的整体性功能,强调不能离开整体去分析系统中的单一组成部分。本书将乡村教师生活待遇政策作为一项系统工程,基于教育政策工具视角对其政策目标、政策内容、政策环境及影响因素等进行系统分析,力求准确地诊断问题,揭示问题诱因,并提出有效的改进建议及方案,以确保政策执行的有效性。第二章对乡村教师生活待遇政策目标及体系进行了分析,结合政策目标的要求分别从生活补助、住房保障、社会保险和医疗保障待遇等方面进行了政策体系的梳理。第三章基于政策工具视角对政策文本的工具使用情况进行编码分析。第四章主要是通过调查研究分析政策执行的现状,力求运用定性与定

---

[1] 刘家顺、王永青:《政策科学研究》,人民教育出版社2000年版,第116页。

量、静态与动态相结合的方法，对政策执行状况进行深入分析，以确保研究的系统性和全面性。第五章分别从内部诱因以及外部影响两个方面进行了问题的归因分析。第六章在借鉴国外政策经验的基础上，根据中国基本国情提出政策建议，从宏观到微观角度对政策制定到政策执行整个过程进行系统探讨。

六　研究创新与不足

创新就是对某一领域的"知识发展作出了原创性的贡献"，这些贡献既可以是"发现了重要的新信息"，也可以是"发展了新理论或者方法，或者把已有方法用于新的研究材料之中"。[①] 在学术研究中，这种创新性既可以是视角独特，也可以是内容、方法或者观点独特。当然，这种创新并不一定是"前无古人，后无来者"的"彻底性"革新，往往有些时候是建立在对已有研究基础之上的"边缘性"或"整合性"调整。本书主题为乡村教师生活待遇政策执行，对这一政策的梳理和研究具有重要现实意义和价值。当然政策在执行过程中必然会受到多种因素的影响和制约，使得研究也会存在一定的不足之处。

（一）研究创新

一是研究选题有所创新。目前有关教师队伍建设的研究，多是关注教师专业发展及其补充配置，对教师待遇尤其是生活待遇的专门研究并不多。在为数较少的研究中，主要以城市教师为主体，有关乡村教师社会地位及其生活保障的分析探讨还不够深入。事实上，有关待

---

① 董泽芳：《博士学位论文创新的十个切入点》，《学位与研究生教育》2008年第7期。

遇问题的研究本身就比较敏感、复杂，尤其是涉及政策层面，更是会牵扯多方利益群体。但从实践层面来看，提升乡村教师生活待遇是加强乡村教师队伍建设的关键环节，是影响广大乡村教师从教意向的重要因素。因此，本书聚焦于乡村教师生活待遇政策执行，对政策目标、政策体系、政策内容及执行过程等进行系统分析和整体思考，并结合中国乡村教师队伍建设实际提出相应的政策改进建议。

二是研究视角有所创新。既然是政策研究，就应该立足于政策科学视角来考察政策问题。对于一项政策来说，从政策科学领域尤其是基于政策工具视角进行系统探索具有更强的理论价值，政策工具研究为公共政策分析提供了一个新的研究视角和框架。政策工具是政府赖以推行政策的手段，通过政策工具可以将政策意图转变为具体的管理行动。要想实现政策目标，一方面依赖于政策制定的科学性，另一方面依赖于政策的有效执行。事实上，政策过程不仅包括政策制定，还包括政策执行、政策评价以及政策调整等阶段，每个阶段之间都是相互影响、相互制约的。研究政策执行必须建立在政策制定研究的基础上，没有政策制定也就没有政策执行；但在整个政策过程中，最重要的是政策执行。因此，本书基于政策工具视角对乡村教师生活待遇政策执行进行系统分析，在对相关政策文本的工具选择分析的基础上，对政策执行过程进行了全面系统的调查，总结政策执行的成效及问题，并进行归因分析及策略探讨，力求使政策工具的选择和使用更加科学合理，切实提升政府对乡村教育治理的实效。

三是研究观点有所创新。之前对乡村教师生活待遇政策执行的研究主要是从缩小城乡教育差距、强调地方责任等方面来进行分析，并未把生活待遇与社会保障制度联系在一起。事实上，对于一项政策的研究，不应仅局限于某一单一学科领域，要想做出系统全面的分析一定是在多学科之间建立对话关系，试图发现新的解决问题的路径。保障乡村生活待遇离不开社会保障制度的完善，对乡村教师生活待遇问题的研究也不可能脱离社会保障学的相关研究。本书将乡村教师生活待遇政策与社会保障制度有机结合，在政策内容梳理、政策问题归因分析以及策略建议部分均有涉及社会保障学内容，并试图从强化社会保障制度层面进行相关策略探讨，以确保乡村教师生活待遇政策执行的实效性和针对性。

（二）研究不足

对于现任教师和后备教师资源来说，待遇是他们最为关心的问题，也是教师、学校和教育主管部门比较敏感和顾虑较多的问题。要保证乡村教师生活待遇政策执行到位，政府具有不可推卸的重要责任，同时也需要协调各利益主体之间的权利和关系。在对乡村教师生活待遇政策进行梳理的过程中，除了需要对中央政府相关政策进行梳理外，还涉及一些地方执行方案的梳理，有些地方文本并未公开发布，收集起来较为困难，阻碍也较大，一定程度上影响了研究的进一步深入。此外，在调查样本的选择上，本书仅对 J 省政策执行情况进行了调查，研究结果仅代表与 J 省同一经济、教育发展水平的局部地区情况，并不能代表全国的整体情况。将研究范围进一步扩大，使研究结果具有普遍性意义，也就成为研究者日后继续努力的方向和任务。

第二章　乡村教师生活待遇政策目标及体系

　　政策目标是政策制定者凭借一定的政策工具或者手段所要达成的目的。无论是总政策、基本政策还是具体政策都会有各自想要达到的目标。政策目标的确定需要注意两个问题：一是要基于社会现实，从实际出发；二是要符合社会成员的群体性价值观。① 在确定政策目标的过程中，往往需要把某些客观现实与其理想状态进行综合比较，进而进行价值判断。也就是说，政策目标既需要考虑其"实然状态"，又需要呈现其"应然状态"，不同的政策问题将会有不同的政策目标。受政治、经济、利益、道德、传统等因素的影响，不同个体或者利益集团也会做出不同的、利己性的价值判断。要想让政策目标获得利益群体性认同，解决社会共性问题，就需要依据一定的价值标准对相关利益进行一种分配和协调，即在个体价值判断的基础上做出一种集体选择或者政府选择并最终做出政策决策。② 政策目标是否清晰或明确将直接影响着后续的政策执行。因此，澄清和确认政策目标是政策制定者所要解决的首要问题，也是政策分析者进行政策价值分析的重要环节。

---

　　① 陈振明：《公共管理学——一种不同于传统行政学的研究途径》，中国人民大学出版社2004年版，第240—241页。
　　② 刘复兴：《教育政策价值分析》，教育科学出版社2004年版，第45页。

一 乡村教师生活待遇政策目标

乡村教师是盘活乡村教育的重要人力资源，是发展乡村教育的真正主角。一直以来中国城乡之间无论是在社会生活上还是在教育环境上差距都很大。从社会层面看，广大乡村教师处于社会"边缘地带"，其工作条件和生活环境还比较差。乡村教师职业流失率较高，教师队伍整体数量不足，教师专业质量不高。从个体层面看，乡村教师的职业认同感和成就感较低，在教育内部无法找到足够的尊严和自信，自我感觉处于弱势地位。基于这种社会现实，要发展乡村教育，实现城乡教育一体化就必须关注乡村教师队伍建设，帮助乡村教师改变其现实生活困境，给予其更强的职业认同感和成就感。从制度层面看，加强乡村教师队伍建设，其关键环节在于提高乡村教师待遇，保障乡村教师基本生活所需，并在此基础上不断提高其生活待遇水平，以激发乡村教师的内生实力。

（一）改善乡村教师生活困境

"社会人"人性假设理论认为人不仅仅是经济人，人更是社会人，人的生存和发展离不开社会环境的影响。好的环境可以激发人的生存欲望和行为动机，坏的环境则可以消磨人的意志甚至扭曲人性。乡村教师作为社会基本成员，与其他社会成员一样有着共同的社会需要，即物质需要和精神需要。物质需要是基础，只有满足了物质层面的需要才会有更多的时间和精力追求更高层次的精神需要。中国城乡教育发展差距较大，乡村教师特别是那些在边远贫困地区工作的乡村教师任务繁重，生活压力较大，同等的劳动付出并未获得同等的物质回报。乡村教师的社会地位和福利待遇还处于社会的边缘，生活处境较为艰难。因此，提高乡村教师生活待遇，满足其基本生活所需，体现了党和国家对乡村教育的高度重视，有利于改善乡村教师的生活窘境，切实提升乡村教师的社会地位。

（二）激发乡村教师工作热情

人是组织活动的具体参与者、组织者和执行者，人的行为会受到动机的影响。现代激励理论认为动机与激励的程度不同，人的工作成绩也会有所不同。例如马斯洛的需要层次理论提出人的五类基本需要（生理、安全、感情、尊重和自我实现需要）是从低到高逐级满足和实现的，没有维持生活等各种物质上的需要，就没有办法实现更高层级的精神需要。克莱顿·奥尔德弗认为生存是最基本的需要，包括饮食、住房和穿着等方面，这些需要通过货币才能得到满足，尽管生存需要不能完全决定更高层次的需要，但它会直接影响更高层次的需要的获得。赫茨伯格也指出激励因素和保健因素都会影响人的行为和积极性，金钱、地位、社会环境和个人生活等都属于保健因素，这些问题解决好了就有利于激发个体的积极性，提高工作热情，使其更好地完成工作任务。波特和劳勒曾提到人们在工作中的努力程度取决于获得报酬的价值以及所需的能力，即"人们估计能够成功地从事这类工作而需要作出努力，并且由此可知获得报酬的可能性时激励的程度就大"①。也就是说，当人们知道付出能带来回报时，工作就会更有主动性和积极性。这种回报越大，对人的激励作用就会越大，人的工作热情就会越高。激励理论为激发学校组织员工特别是乡村教师的工作积极性提供了理论基础。对乡村教师给予更多关注，从生活待遇层面对乡村教师工作给予物质激励，不设上限，不搞平均主义，有利于激发乡村教师的工作热情，激励其更好地为乡村教育服务。

（三）增强乡村教师职业吸引力

职业是伴随着社会分工的产生而不断发展的，是人们赖以生存的

---

① 郭咸刚：《西方管理思想史》，北京联合出版公司2014年版，第166—171页。

不同的生活方式。教师之所以能成为一种职业，一方面是由于社会分工后有一部分脑力劳动者可以从体力劳动中脱离出来，专门从事教育活动；另一方面是由于个体可以将教书育人活动作为谋生的基本手段。心理学家马丁·凯茨早在20世纪60年代就提出十种职业价值观，即高收入、社会声望、独立性、助人、稳定、多样性、领导性、兴趣、休闲和尽早工作。[①]根据马丁·凯茨的标准来评价中国乡村教师职业，除符合助人、稳定、多样性、领导性、兴趣和尽早工作等职业属性以外，其他标准如较高工资收入和社会声望等还未真正实现。当前乡村教师工资收入水平整体不高，也没有更多可以自由支配的收入，无法满足基本生活以外的其他消费支出和投资。在社会声望上，尽管教师职业一直备受青睐，是一部分年轻人希望从事的职业之一，但受实际生活等因素的影响，很多年轻人在最终做选择时还是会放弃或者中途转岗。事实上，并不是教师职业本身不具备一定的吸引力，而是乡村教师职业在整个教育系统内外缺乏竞争力。从教育系统内部来说，广大师范毕业生不愿意从事乡村教师工作，一些城镇教师也不愿意主动到乡村学校任教或者交流。从教育系统外部来说，与其他职业相比，乡村教师社会地位并未得到应有的提高，系统外部人力资源也很少转岗流入。因此，切实提高乡村教师生活待遇，有利于增强乡村教师职业吸引力。

二 乡村教师生活待遇政策体系

任何一项政策的制定及其完善都不是一蹴而就的，都是具有周期性的。按照政策出台的时间及其内容，我们可以把政策周期划分为不同的阶段，每个阶段都相互影响并逐渐形成政策体系。乡村教师生活

[①] 李玉华：《小学教师专业发展概论》，人民教育出版社2015年版，第9页。

待遇政策也在经历了这样的政策周期后逐渐形成较为完整、内部协调一致的政策系统。本书中涉及的乡村教师生活待遇政策体系内容如下：

(一) 生活补助政策体系

1. 国家政策的宏观要求

给予乡村教师生活补助是乡村教师生活待遇政策的重要内容。乡村教师生活待遇政策是落实乡村教师政策的关键环节。改革开放以来，乡村教师社会地位逐渐恢复，国家出台多项政策以改善乡村教师队伍状况，有关生活补助的要求也散见于其中（见表2-1）。

表2-1　　改革开放以来涉及乡村教师生活补助的国家政策

发布时间	政策文本名称	相关生活补助内容
1981年	《关于增加中、小学民办教师补助费的办法》	统一提高民办教师补助费；每人每年增加50元
1983年	《关于加强和改革农村学校教育若干问题的通知》	鼓励到老、少、山、边、穷地区任教；适当增加生活补贴
1988年	《关于农村年老病残民办教师生活补助费的暂行规定》	教师离岗后生活补助费按月发放；标准不作统一规定，但有最低标准
1993年	《中国教育改革和发展纲要》	改进民办教师的工资管理体制；增加补助费用，给予离职民办教师生活补助
1993年	《中华人民共和国教师法》	教师的平均工资水平不低于或高于公务员的平均水平；对少、边、贫困地区教师予以补贴
2001年	《关于基础教育改革与发展的决定》	中央财政对中西部困难地区农村中小学教师予以适当补助
2003年	《关于进一步加强农村教育工作的决定》	补发拖欠工资；对农村、边远、贫困地区教师给予津贴和补贴

续表

发布时间	政策文本名称	相关生活补助内容
2005 年	《关于进一步推进义务教育均衡发展的若干意见》	实现同区同类教师工资待遇基本相同；努力改善农村教师待遇
2006 年	《中华人民共和国义务教育法》	教师平均工资水平不低于当地公务员平均工资水平；民族、边远、贫困地区教师享有特殊补助津贴
2010 年	《国家中长期教育改革和发展规划纲要（2010—2020 年）》	对长期在农村基层、艰苦边远地区的教师，完善其津补贴标准，改善工作和生活条件
2012 年	《关于大力推进农村义务教育教师队伍建设的意见》	对长期在农村基层、艰苦边远地区的教师实行工资倾斜
2012 年	《关于深入推进义务教育均衡发展的意见》	对长期在农村基层、艰苦边远地区的教师实行工资、职称等方面的倾斜
2013 年	《关于加快发展现代农业，进一步增强农村发展活力的若干意见》	加强乡村教师队伍建设；落实集中连片特困地区乡村教师生活补助政策
2015 年	《乡村教师支持计划（2015—2020 年）》	落实连片特困地区乡村教师生活补助；实施差别化补助；地方自主与中央奖补相结合
2016 年	《关于加快中西部教育发展的指导意见》	全面加强乡村教师队伍建设；落实集中连片特殊困难地区乡村教师生活补助政策
2016 年	《关于统筹推进县域内城乡义务教育一体化改革发展的若干意见》	落实并完善乡村教师生活补助政策；扩大政策实施范围，越基层、越艰苦地区补助水平越高；乡村教师工资收入水平不低于同职级县镇教师工资收入水平
2017 年	《关于深化教育体制机制改革的意见》	落实艰苦边远地区津贴、乡镇工作补贴，乡村教师生活补助政策；完善贫困艰苦地区教师待遇政策
2018 年	《深度贫困地区教育脱贫攻坚实施方案（2018—2020 年）》	落实连片特困地区乡村教师生活补助政策；指导"三区三州"用好中央奖补，提高补助标准，自主扩大实施范围

续表

发布时间	政策文本名称	相关生活补助内容
2018 年	《关于全面深化新时代教师队伍建设改革的意见》	落实艰苦边远地区津贴政策，乡村教师生活补助政策；鼓励提高补助标准
2018 年	《关于全面加强乡村小规模学校和乡镇寄宿制学校建设的指导意见》	绩效工资总量向两类学校［乡村小规模学校（不足100人的村小或者教学点）和乡镇寄宿制学校］适当倾斜；落实乡镇工作补贴、乡村教师生活补助、艰苦边远地区津贴政策；扩大生活补助政策范围，鼓励提高补助标准
2019 年	《中国教育现代化2035》	落实集中连片特困地区生活补助政策；提高教师政治地位、社会地位和职业地位
2019 年	《关于深化教育教学改革全面提高义务教育质量的意见》	落实乡镇工作补贴、乡村教师生活补助、艰苦边远地区津贴政策；有条件的给予交通补助

从表2-1可以看出，如何提高乡村教师生活待遇一直是国家关注的热点问题，对乡村教师给予生活补助在乡村教师系列政策文本中曾被多次提及。20世纪80年代至20世纪末，有关乡村教师补助的内容主要是针对当时的民办教师。这些民办教师是在中国特定历史条件下形成的中小学教师成员，是当时乡村中小学教育的重要支撑性力量。1993年《中国教育改革与发展纲要》指出要改进民办教师工资管理体制及统筹办法，从以往单一关注补助费用转向深化工资管理体制改革。这恰恰说明了生活补助与工资待遇紧密相关，乡村教师工资待遇水平将直接影响生活补助的发放范围及标准。21世纪后中国民办教师逐渐退出历史舞台，补助重点也开始转向中西部边远、贫困、民族地区的乡村教师，并逐渐加强中央政府的财政补给力度，提出对长期工作在基层的乡村教师给予工资倾斜政策，改善其生活和工作条件。在这一阶段，给予乡村教师生活补助还散见于相关政策文本之

中，由于补助范围比较宽泛，各级政府责任不够明确，政策的实施效果并不显著。直到2013年中央一号文件中明确指出要落实好"集中连片特困地区"乡村教师生活补助政策，并相继出台政策的具体实施要求，乡村教师生活补助政策体系开始逐渐形成。2015年国务院办公厅正式印发《乡村教师支持计划（2015—2020年）》，再次高度强调全面落实乡村教师生活补助政策。2015年1月到2019年7月，国家相继出台多部有关乡村教育发展的重要政策文本，其中都有提及落实和完善乡村教师生活补助政策，并指出要逐步扩大政策的实施范围，并鼓励地方因地制宜地提高补助标准，保证乡村教师生活补助落到实处。可见，在上述政策的历史演变中，乡村教师生活补助政策已逐渐有了自己的政策体系，体现了党和国家对乡村教师工作和生活的高度关注及政策支持。

2. 地方政策的配套衔接

乡村教师生活补助政策自正式运行以来，在国家政策文本的指导下，各地方政府积极落实国家相关政策部署，及时出台相应的地方配套政策，加强与国家政策的有效衔接。截至2014年底，全国连片特困地区的21个省、自治区、直辖市及新疆生产建设兵团已全部出台并实施乡村教师生活补助政策，其中大部分地区已经实现了乡村学校的全覆盖。通过查看对比不同省份政策文本的具体内容，发现各地政策内容具有一定的共性特点，即均围绕补助对象、补助标准、经费来源、审核条件、发放形式以及补助时长六个维度展开。

在补助对象上，实施省份均能按照国家政策要求对在连片特困地区乡、村学校和教学点工作的在编在岗教师给予生活补助。除了落实国家统一要求以外，各地在补助对象的具体范围规定上也略有不同。如西藏自治区的乡村教师生活补助政策是在乡镇机关事业单位干部职工生活补助中得以体现的，分别在腹心乡镇和边境乡镇中按照二、三、四类地区进行档次划分（西藏海拔4000米以下为二类地区，海拔 4000—4500 米为三类地区，海拔 4500 米以上为四类地区）；新疆维吾尔自治区则专门指出五种情况下乡村教师不能享受补助，如年度考核不合格的、违反职业道德和法律法规受等级处分的、在编不在岗的、离退休的以及已经享受支教补助的教师；湖北省则将已经获得农村义务教育阶段骨干教师补助的教师排除在外。

在补助标准上，国家政策要求"要根据教师工作、生活条件的艰苦程度等因素合理分档确定，重点向村小和教学点倾斜、向条件艰苦地区倾斜，不搞平均主义"。从各地实施文本来看，大部分省份都是按照艰苦程度来进行等次划分的，体现了地区越边远越艰苦，生活补助越高的基本要求，各地基本标准在 200—600 元。个别地区补助标准较高，如 2016 年起西藏三类地区乡村教师生活补助已达到 1000 元，四类地区可以达到 1500 元左右。相比其他省份而言，这个补助标准还是比较高的。

在补助经费来源上，国家政策要求坚持"地方自主实施，中央综合奖补"的原则，但对地方各级政府具体承担责任及比例等细则没有明确要求。在这一点上，从全国各地政策文本来看，大部分省份也没有明确的比例说明。个别省份如吉林省、湖北省明确了省和县（市）的承担比例及责任，在前期试点中做得比较好的江西省和湖南省，除了地方经费投入以外，还有一大部分补助经费是来自中央的综合奖补。

在补助人员审核条件上，国家政策要求"公开公示，保证各个环节透明、阳光运行"。各地在落实文本中也都有提及要公示，保证阳光操作。在具体资格审核和公示要求上则略有不同，大多数省份规定一年审核一次。如吉林省要求乡村教师生活补助资格必须每年核定一次，每年年初上报，层层审核汇总后确定发放对象及档次，并至少公示 7 日。也有少部分省份有特殊要求，如江西省要求每学期进行一次核定，但对公示日期则无具体要求。

在发放形式和发放时长上，各省份要求基本一致。各地乡村教师生活补助都是按月发放，一年按照12个月计算，并将生活补助费用直接打入教师工资卡上，进行实名制管理。

（二）住房保障政策体系

住房是人类的栖身之所，也是日常生活的重要场所。中华人民共和国成立以来，中国住房政策由以往计划经济体制下的福利分房政策逐渐过渡到市场经济体制下的市场调控和住房保障制度相结合的政策。对于住房政策这个名词目前并没有特别规范性的表述。国外有不少学者也曾经对住房政策做过一些界定。如约翰·克拉彭认为住房政策是政府对住房的生产、分配或消费等活动进行干预。布莱恩·劳德认为住房政策是政府进入住房市场的原因、方式和效果等内容的综合表述。肯·布莱克莫尔认为住房政策是指对住房价格、供给、税收、标准或形式等有作用的政府行动、立法或经济政策。[1] 可见，国外学者谈及住房政策都是基于政府对住房市场的调控和有效干预，认为住房政策会影响住房的价格、供给以及相关权利的占有。中国学者也曾经对住房政策进行过相关概念界定。如冯俊认为住房政策是在纯福利分配和纯市场调价的区间中抉择，出发点是在充分发挥市场作用的基础上，对特殊群体采取特殊政策，以保障公民基本住房权利。[2] 张跃松认为住房政策是政府在一定的经济、社会背景下，为了调节住宅的规模、价格、质量以及住宅的相关权利，而制定的一系列住房调控措施。[3] 因此，对于住房政策的理解，无论是国外还是国内研究，都需

---

[1] 张跃松：《住房保障政策——转型期的探索、实践与评价研究》，中国建筑工业出版社2015年版，第4—5页。
[2] 冯俊：《住房与住房政策》，中国建筑工业出版社2014年版，第73页。
[3] 张跃松：《住房保障政策——转型期的探索、实践与评价研究》，中国建筑工业出版社2015年版，第5页。

要注意把握这样一个关键点,即住房政策的责任主体是政府。

1. 国家政策的宏观要求

乡村教师住房保障也是乡村教师生活待遇政策的重要内容。改革开放以来,国家曾先后出台多项政策以改善乡村教育发展状况,有关乡村教师住房待遇的要求也在其中有所体现(见表2-2)。

表2-2　　改革开放以来涉及乡村教师住房保障的国家政策

发布时间	政策文本名称	关于住房保障内容
1983年	《关于加强和改革农村学校教育若干问题的通知》	提高教师政治地位、社会地位和工资待遇;改善工作和生活条件
1984年	《关于筹措农村学校办学经费的通知》	提高农村学校教师工资、福利
1993年	《中国教育改革和发展纲要》	重视住房建设,把教师住宅建设纳入总体规划和康居工程计划,采取优先优惠政策;城镇教职工家庭人均住房面积达到或超过当地居民平均水平
1993年	《中华人民共和国教师法》	各级人民政府对教师住房建设、租赁、出售实行优先、优惠;县乡人民政府应当为农村教师住房提供方便
1994年	《关于深化城镇住房制度改革的决定》	住房商品化、社会化;国家、单位、个人共同负担;建立经济适用房、商品房等供应体系;建立政策性与商业性并存的住房信贷体系;规范房地产交易市场、房屋维修及管理市场;优先安排离退职工、教师和住房困难户
1995年	《关于加快解决教职工住房问题意见的通知》	解决教师住房问题,人均居住面积达到或超过当地居民平均水平;遵循有利于教学、交通方便等原则;单位住房基金必须专款专用;鼓励房地产企业建设教师住房,提倡企业和社会捐资;自建公助、公建民助、集资合作、有偿分配等方式筹集建设资金

续表

发布时间	政策文本名称	关于住房保障内容
1998年	《关于进一步深化学校住房制度改革，加快解决教职工住房问题的若干意见》	停止实物分房，进行货币化改革；对教师住房建、租、售实行优先优惠，纳入城市住房建设总体规划；经济适用住房优先用于教师购买；中小学校园内住房不得出售
2006年	《中华人民共和国义务教育法》	改善教师工作、生活条件；完善农村教师工资经费保障机制
2006年	《关于实施农村义务教育阶段学校教师特设岗位计划的通知》	提高教师整体素质，为特岗教师提供周转住房和必要的生活条件
2010年	《国家中长期教育改革和发展规划纲要（2010—2020年）》	制定教师住房优惠政策，建设农村边远艰苦地区教师周转宿舍
2012年	《关于大力推进农村义务教育教师队伍建设的意见》	为教师缴纳住房公积金；支持农村艰苦边远地区建设教师周转宿舍；鼓励地方政府将农村教师住房纳入当地住房保障范围
2015年	《乡村教师支持计划（2015—2020年）》	依法为教师缴纳住房公积金；加快实施边远艰苦地区乡村教师周转宿舍建设；将乡村教师住房纳入当地住房保障范围
2016年	《关于统筹推进县域内城乡义务教育一体化改革发展的若干意见》	改革乡村教师待遇保障机制；将边远艰苦地区乡村教师纳入政府住房保障体系；加快边远艰苦地区乡村教师周转宿舍建设
2018年	《关于全面深化新时代教师队伍建设改革的意见》	实施乡村教师支持计划，关心乡村教师生活；加强乡村教师周转宿舍建设，让乡村教师住有所居
2018年	《关于全面加强乡村小规模学校和乡镇寄宿制学校建设的指导意见》	落实乡村教师住房保障政策；加大艰苦边远地区乡村教师周转宿舍建设力度；交通不便的村小应建周转宿舍；交通较便利、距离较近的可在学校内或周边建周转宿舍；要关心乡村教师生活，为走教提供交通帮助与支持
2019年	《关于深化教育教学改革全面提高义务教育质量的意见》	制定教师优待办法，保障教师享有住房、落户等优待政策；加强乡村学校教师周转宿舍建设

从表 2-2 可以看出,在关于乡村教育发展及住房建设保障的相关政策文本中,涉及解决乡村教师住房问题的内容也比较多。自 20 世纪 80 年代起,国家开始关注乡村教师工资待遇问题,要求积极改善乡村教师生活条件,但当时并未单独提及乡村教师住房改善等内容。20 世纪 90 年代,相关法律和政策文本相继出台,明确提出要多渠道筹集建房资金,尝试由国家、集体、个人共同负担的原则。1994 年国务院《关于深化城镇住房制度改革的决定》首次提出住房公积金制度,要求按照"个人存储、单位资助、统一管理、专项使用"的原则缴纳住房公积金,这标志着新一轮住房制度改革的兴起。进入 21 世纪以来,国家政府部门更为关注乡村教育的发展,接连发布政策文本明确指出要出台教师住房优惠政策,加强乡村学校教师周转宿舍建设,将教师住房纳入住房保障范围加以统筹解决。这一阶段的政策文本突出了对乡村教师住房待遇的关注,虽然内容不多也不够详尽,但较之前一段相比政策关注度确有较大幅度的提升。直到 2015 年《乡村教师支持计划(2015—2020 年)》发布,该计划重点强调加强乡村教师队伍建设。在提高乡村教师生活待遇部分,除了提及乡村教师生活补助外,还明确指出要依法为教师缴纳住房公积金和各项社会保险费,要进一步加快乡村学校教师周转宿舍建设,并按照地方相关规定将乡村教师住房纳入住房保障范围。至此,乡村教师队伍建设被提到了前所未有的政策高度,有效解决乡村教师住房难的问题也成为影响师资队伍建设的重要因素。2018 年中共中央、国务院《关于全面深化新时代教师队伍建设改革的意见》、国务院《关于全面加强乡村小规模学校和乡镇寄宿制学校建设的指导意见》进一步指出建立乡村教师周转宿舍,不仅要考虑经费资助问题,还需要考虑教学时间、交通便利等因素,要关心乡村教师生活,帮助他(她)们解决实际困难,为其生活提供便利条件。另从中央财政性投入来看,有数据显示 2010—2015 年安排中央预算内投资 160.42 亿元,其中支持建设农村学校教师周转宿舍28.4万余套,建设规模约1000.7万平方米;而后的2016—2017年安排中央预算内投资达到96.58亿元,经费投入力度有所加大。综上所述,尽管乡村教师住房保障内容散见于其他相关政策文本中,但政策内容越来越丰富,政策体系也越来越完善,体现了党和国家对乡村教师住房保障待遇的高度关注。

2. 地方政策的配套衔接

在国家系列政策的统一部署和要求下,各地方政府也根据实际情况出台了地方的实施方案。在这些地方实施方案中虽均有提及要解决乡村教师住房难问题,但却没有专门针对本地区乡村教师住房保障的具体细则和部署,也没有具体的执行方案和时间表。目前有关乡村教师住房保障的内容还集中体现在城乡教育一体化发展和乡村教师队伍建设等综合性政策文本中,并未单独列出。《乡村教师支持计划(2015—2020年)》发布后,各级地方政府已经开始关注乡村教师住房难问题,部分地区也采取了一些积极的解决举措,从教师周转房建设、保障性住房建设及分配、住房专项扶助以及住房保障责任主体等方面进行了积极的探索和实践。

在乡村教师周转宿舍建设上,多数地区都有关注并强调要加强乡村学校教师周转宿舍建设。如湖南省泸溪县将教师周转房建设列入"民生工程"项目,2013年底就已实现全县无房教师都能拥有一套新住房的目标,保证广大乡村教师"住有所居"。山东省启动乡村教师周转宿舍建设工程,对无房职工给予住房补贴,取得了积极的成效。

在增加乡村教师保障性住房供给量上,各地也均有提到要将乡村教师住房纳入当地住房保障体系范围。如山东省在其"一揽子"方案中提出"两房、两贴、一体检、一提高"计划,其中"两房"就是要为乡村教师提供周转宿舍和给予教师一定的优先优惠购房政策。宁夏回族自治区银川市组织百名乡村教师看房选房,符合条件的乡村教师可申请经济适用房或者限价房,给予乡村教师最低购房价,按教龄长短可享受每平方米 200—700 元的优惠，房屋面积约 60—90 平方米，极大地满足了部分乡村教师的住房需求。

在为乡村教师住房提供补助资金上，个别地区也做了一些努力和尝试。如四川省巴中市设立了"住房专项扶助激励基金"，为在市内购买首套住房的困难乡村教师提供贷款担保。山西省也提出要设立"乡村教师关爱基金"，为乡村教师提供必需的网络、用餐以及洗浴等设施，鼓励地方出台针对乡村教师住房的优惠政策。

在乡村教师住房保障主体上，各地政策文本均有提到政府的主要责任。如云南省、湖北省和安徽省指出政府要切实解决乡村新教师、特岗教师的住房问题。贵州省和广西壮族自治区也明确规定，各级政府是改革乡村教师待遇保障机制的牵头单位，必须将责任落实到位。

（三）社会保险政策体系

社会保险是社会保障制度的重要组成部分。在整个社会保障体系中，社会保险是其中最为核心的内容。"社会保障"一词起源于 1935 年美国的《社会保障法》，而后在第 26 届国际劳工大会中被正式采用。[1] 各国对于"社会保障"概念的理解有所不同：德国政府认为社会保障就是社会公平和社会安全；英国政府认为社会保障就是一种经济保障，主要是运用经济的手段来解决社会问题，维护社会公平，促进人的全面发展。综合来看，社会保障的本质是追求社会公平，社会保障的责任主体是国家或政府，其政策目标是满足居民基本生活需要，同时必须以立法或法律为依据。[2] 根据《中华人民共和国审计法》和《中华人民共和国审计法实施条例》的规定，中国社会保障主要包括社会保险、社会救助、社会优抚和社会福利等内容。本书中

---

[1] 许琳：《社会保障学》，清华大学出版社 2018 年版，第 3 页。
[2] 谢志强、李慧英：《社会政策概论》，中共中央党校出版社 2017 年版，第 197—198 页。

分析的正是其中的社会保险部分。社会保险是带有缴费性质的社会保障，主要包括养老保险、医疗保险、失业保险、工伤保险、生育保险等项目。

1. 国家政策的宏观要求

为乡村教师及时缴纳社会保险也是乡村教师生活待遇政策的重要内容。改革开放以来，中央政府及其各部委曾先后出台多项政策加强人事制度改革、养老保险制度改革，有关乡村教师社会保险的政策要求也散见于其中（见表2－3）。

表2－3　　改革开放以来涉及乡村教师社会保险的国家政策

发布时间	政策文本名称	关于社会保险内容
1993年	《中国教育改革和发展纲要》	逐步建立医疗、退休保险等教师保障制度
1993年	《中华人民共和国教师法》	享受退休或退职待遇；可以适当提高教师退休金比例
1993年	《关于建立社会主义市场经济体制若干问题的决定》	按劳分配，打破平均主义；建立多层次的社会保障体系；发展商业保险；完善养老保险和事业保险制度；建立工伤保险制度
2001年	《中华人民共和国人口与计划生育法》	建立健全养老保险、医疗保险、生育保险和社会福利等社会保障制度；在农村实行多种形式的养老保障办法；怀孕、生育和哺乳期妇女享受特殊劳动保护并获得帮助及补偿
2003年	《关于深化中小学人事制度改革的实施意见》	探索中小学教师社会保险改革办法
2006年	《中华人民共和国义务教育法》	保障工资福利、社会保险待遇；完善工资经费保障机制
2010年	《国家中长期教育改革和发展规划纲要（2010—2020年）》	关心教师身心健康；完善教师医疗、养老等社会保障政策

续表

发布时间	政策文本名称	关于社会保险内容
2011 年	《中华人民共和国社会保险法》	养老、医疗和失业等保险由单位和职工共同缴纳;工伤和生育保险由用人单位缴纳;对社会保险费征缴、保险经办、保险监督以及法律责任等进行规定
2012 年	《关于大力推进农村义务教育教师队伍建设的意见》	推进教师养老保障制度改革;为农村教师缴纳社会保险费
2012 年	《关于深入推进义务教育均衡发展的意见》	完善医疗、养老等社会保障制度建设;维护农村教师社会保障权益
2015 年	《机关事业单位职业年金办法》	职业年金由单位和个人共同承担,单位缴纳 8%,个人缴纳 4%;个人退休后,可自由选择一种领取方式
2015 年	《乡村教师支持计划（2015—2020 年）》	依法为教师缴纳各项社会保险费
2017 年	《失业保险条例》	事业单位职工参加失业保险;单位和职工按一定比例缴纳,具体比例由地方人民政府规定
2018 年	《关于全面深化新时代教师队伍建设改革的意见》	完善教师社会保障机制,保障其福利待遇;为教师足额缴纳社会保险费

从表 2-3 内容可知，社会保险内容是随着社会保障制度的发展而不断革新的。社会保障制度是由国家立法规定的，目的在于保障个人和家庭基本生活所需，维护社会稳定。中华人民共和国成立后，中国逐步建立和发展了计划经济体制下的社会保障制度。从责任承担主体来看，计划经济体制下的社会保障主要是"国家—单位"两者负担的方式。一方面国家和用人单位承担了所有的缴费责任，经济压力较大；另一方面，个人无须承担，导致平均主义大锅饭思想，职工工作动力不足。实践证明，这种保障制度激励性不大，运行机制也比较僵化，难以适应当时经济快速发展的需要。改革开放以后，社会主义市

场经济体制逐渐代替计划经济体制，社会各项事业发展进入全面转型期，社会保障制度领域也发生了深刻的变革。1994年《关于建立社会主义市场经济体制若干问题的决定》明确指出社会保险项目应多样化发展，逐步建立并完善生育、医疗、失业、养老保险制度等，负担主体也逐渐转变为"国家—单位—个人"三者共同负担的形式。此外，除基本社会保险外，国家还鼓励发展商业保险业，将其作为基本社会保险的有益补充，使公民可以获得更多的保障及补偿。2006年中共中央《关于构建社会主义和谐社会若干重大问题的决定》提出要建立覆盖城乡居民的社会保障体系，尤其要关注农村养老保险制度改革。2010年《国家中长期教育改革与发展规划纲要（2010—2020年）》发布后，中央政府层面陆续出台有关养老保险制度改革、职业年金制度等相关政策文本，规范了基本养老金制度体系。2018年修订了《失业保险条例》，进一步明确了参保人群范围、缴纳期限及其他规定。自此，国家系列政策文本进一步保障了企事业单位从业人员享受应有的社会保险待遇。但截至目前，中国还没有统一的社会保障法，也没有针对教师社会保障的专门性法律规定，尤其是关于乡村教师社会保险待遇在政策制定层面还有待于进一步深入和系统研究。

2. 地方政策的配套衔接

社会保险具有如下基本特征：一是强制性，即符合条件的劳动者都必须参加，按法律规定缴纳保险费；二是互济性，即如果有人遇到风险或遭受损失，按法律规定可以获得相应的保险金；三是储备性，即投保相当于长期存款，以备不时之需；四是预防性，即投保可以防范风险以及因风险而遭受的损失；五是权利和义务统一性，即投保人只有尽到缴纳义务，后期才有权利获得补偿。[①] 根据上述特点，社会保险的主要责任主体是政府。由于社会保险项目种类繁多，核定程序

---

① 刘晓梅、邵文娟：《社会保障学》，清华大学出版社2018年版，第116页。

和方法也比较复杂。当前在国家政策的统一部署和要求下，各地方政府也采取了相应的政策举措，但专门针对乡村教师社会保险的系列规定还比较少，大部分地区在具体执行中也没有系统的执行方案。少数做得较好的省市，在确保乡村教师社会保险金及时缴纳和发放的同时，也有关注乡村教师队伍中的特殊群体，一定程度上扩大了政策的实施范围。

在社会保险资金来源及发放上，大部分省份及其所属地区都有提及按时足额发放的要求。如四川省阆中市设立教师社会保障基金，将由学校负担的医疗保险、失业保险等社会福利保障资金全额纳入财政预算。福建省积极落实县域内教师社会保险，设专项经费，省级"红利"也遍布各个县市。湖北省天门市对乡村教师实施待遇从优政策，乡村教师社会保险由市政府全额承担，足额按时发放，对代课教师也给予一定的经济补偿，并将其纳入社会保险范围，与其建立新型劳动聘用关系。

在给予特岗教师社会保险待遇上，个别省份的做法值得推广。在广大乡村教师队伍中，有一部分群体属于特岗教师。受政策所限，特岗教师属于编制外人员，需要先缴纳企业养老保险，待正式入编后才可以转为事业单位养老保险。云南省泸西县为特岗教师补缴企业养老保险，支持力度较大，解除了该县特岗教师的后顾之忧。内蒙古自治区特岗教师不实行见习期，服务满三年后可连续计算其社会保险缴存年限。广西壮族自治区岑溪市为特岗教师办理个人失业保险、养老保险和医疗保险，确保其享受与当地公办教师相同的津贴、补贴和社会保障待遇。

（四）医疗保障政策体系

古往今来，健康一直是人类社会永恒追求的主题。俗语有"身体是革命的本钱"，没有好的身体就无法从事社会劳动和生产实践活动，就无法实现个人的理想目标。"病来如山倒",疾病来的时候就好比"山崩"一样迅速,身体一旦被疾病侵蚀,就会慢慢地被它摧毁。因此,个体要想获得成功,需要具备多方面的综合素质,所有素质的体现必须依靠这样一个基本生理前提,即拥有健康的体魄。乡村教师长期生活在资源有限的乡村环境中,他们不仅承担着教书育人的重任,自己也有许多生活琐事需要处理。为了完成规定的教学任务,不少乡村教师以透支自己的身体为代价从事教育教学工作,大部分教师身体处在亚健康或不健康状态。有些教师甚至对自己已经受损的身体状况毫不知情,待身体出现严重问题时才猛然发现,但往往为时已晚,造成不可弥补的后果。加强乡村教师队伍建设,需要关注乡村教师的身心健康,保障其享受基本的医疗待遇,以饱满的精神状态、健康的体魄投入到工作中去。

1. 国家政策的宏观要求

随着社会主义市场经济的发展和国家医疗卫生服务体制的改革,中国城乡居民医疗卫生服务及管理有了很大的改善。改革开放以来,国家在解决乡村教师医疗保障问题上也做出了相应的努力(见表2-4)。

表2-4　　改革开放以来涉及乡村教师医疗保障的国家政策

发布时间	政策文本名称	关于医疗保障内容
1983年	《关于加强和改革农村学校教育若干问题的通知》	提高教师政治地位、社会地位和工资待遇,改善其工作条件和生活条件
1984年	《关于进一步加强公费医疗管理的通知》	健全公费医疗管理机构;慎重改革公费医疗制度
1989年	《公费医疗管理办法》	明确公费医疗待遇人员范围和开支范围;健全公费医疗网点;建立监控档案,做好医疗预防宣传;改善医疗服务态度,提高医疗服务质量
1993年	《中国教育改革和发展纲要》	解决农村教师看病难、报销难问题;教师要同当地公务员享受同等医疗待遇

续表

发布时间	政策文本名称	关于医疗保障内容
1993 年	《中华人民共和国教师法》	保障教师医疗同当地公务员享受同等待遇；定期对教师进行身体健康检查，安排休养；医疗机构应当提供医疗方便
1998 年	《关于建立城镇职工基本医疗保险制度的决定》	加快医保制度改革；城镇职工参加基本医疗保险，属地管理，保险费由单位和职工共同负担；基本医疗保险基金专款专用
2005 年	《关于进一步推进义务教育均衡发展的若干意见》	实现同区同类教师工资待遇基本相同；改善农村教师待遇
2006 年	《中华人民共和国义务教育法》	改善教师工作和生活条件；完善农村教师工资经费保障机制
2010 年	《国家中长期教育改革和发展规划纲要（2010—2020 年）》	落实和完善教师医疗、养老等社会保障政策
2012 年	《关于深入推进义务教育均衡发展的意见》	完善医疗、养老等社会保障制度建设；维护农村教师社会保障权益
2015 年	《乡村教师支持计划（2015—2020 年）》	做好乡村教师重大疾病救助工作
2018 年	《关于全面深化新时代教师队伍建设改革的意见》	关心乡村教师生活，帮助乡村青年教师解决困难；配备相应设施，丰富乡村教师精神文化生活
2019 年	《关于深化教育教学改革全面提高义务教育质量的意见》	保障教师享有健康体检、旅游等优待政策

从表 2-4 可以看出，改革开放以来中央政府出台的有关乡村教育发展的系列政策文本中，涉及乡村教师医疗保障内容的并不多见，仅有的一些要求也是附着在提升乡村教师工资待遇的相关规定中。事实上，中国传统的医疗保障制度最早始于 20 世纪 50 年代，主要方式为公费医疗、劳保医疗和农村居民合作医疗。在资金来源上，公费医疗主要来自国家财政拨款，劳保医疗主要是企业福利金；在覆盖范围上，公费医疗主要面向国家机关和事业单位人员及退休人员等，而劳保医疗则面向企业职工及离退休人员等；在支付方式上，公费医疗和

劳保医疗基本相同，都用于治疗、药品、检查和手术等费用。[①] 也就是说，在当时特定历史时期，无论公费医疗还是劳保医疗，就医个人只需支付挂号费、住院期间的餐饮费等，经济压力比较小，其他项目都由政府或者企业来承担，从实质上说这是一种社会福利型医保制度。随着社会主义市场经济的发展，传统福利型医保制度的弊端日益凸显，其就医覆盖面较小，受惠群体较少，加之国家和企业不堪经济重负，"一人看病，全家吃药"以及"小病大养"的现象普遍存在。改革开放以后，国家先后制定了一系列政策对医保改革进行了大胆的尝试。1993年《中国教育改革与发展纲要》中明确指出要逐步建立医疗、退休保险等方面的教师保障制度，尤其是解决乡村教师看病难、报销难的问题。同年《教师法》中进一步做出法律上的界定，要求保障教师享有与国家公务员的同等待遇，要为教师提供定期健康检查等。1998年国务院正式下发《关于建立城镇职工基本医疗保险制度的决定》，提出要加快医保制度改革，改革的基本目标是实现社会统筹和个人账户相结合的医保制度，同时考虑发展其他医疗保险模式。由于学校属于事业单位，乡村教师虽工作在乡村，但人员编制上还是属于城镇，必须参加基本医疗保险，参保费用由单位和个人共同缴纳。乡村教师可以凭借单位核发的个人医保卡就医，小病在门诊挂号看病或开药；如需入院治疗，则可走公费医疗部分，采取按照比例负担的方法，减少患病教师及家庭的经济负担。进入21世纪以来，尽管中央政府出台了多项促进城乡教育均衡发展的系列政策文本，但其中涉及乡村教师医疗保障待遇的内容还很有限，不够详细具体，也没有专门性的文件要求。

2. 地方政策的配套衔接

结合上述政策梳理，不难发现国家层面在乡村教师医疗保障方面

[①] 刘晓梅、邵文娟：《社会保障学》，清华大学出版社2018年版，第116页。

的确做出了一些努力和尝试，但在具体实施办法上并没有做明确要求，这就需要各地结合自身实际情况因地制宜，选择合适的执行方案。在国家政策的统一部署和安排下，各地方政府也在积极探索适合本地区的可行性方案。尽管相关内容还没有被专门列出，也没有比较详细的执行进度和监督举措，但对乡村教师医疗保障的重视程度还是值得肯定的。

在乡村教师定期体检上，大部分省份都规定了每年必须至少提供一次，个别地区规定每两年一次，有些地区虽有提及但并未对体检频次进行明确规定，还有些地区特别限定了定期体检的受益对象和范围。如河北省规定乡村教师要进行定期体检（1次/年），医疗机构要与教育部门合作，制订适合乡村教师需求的体检方案，并加强跟踪指导。北京市提出要保障乡村教师享受1次免费常规体检，并规定每人每年最低标准为800元。江西省规定要为乡村教师提供免费体检（1次/年）。广西壮族自治区明确要求落实乡村教师医疗保障政策，为乡村教师提供定期健康体检（1次/2年）。上海市提出保障乡村教师定期健康体检（1次/年）。甘肃省要求组织教师参加定期体检（1次/年），特殊地区可以组织专家下乡巡诊。四川省提出为乡村优秀骨干教师提供定期体检，并为其提供就医便利和帮助。

在乡村教师重大疾病救助上，多数省份也提出了要为乡村教师缴纳大病救助险，提供大病救助服务等。如江西省规定要为乡村教师购买大病医疗保险。湖北省为患有重大疾病特困乡村教师进行救助。上海市提出在现行制度框架内做好乡村教师重大疾病救助工作。河南省规定要重点加大救助特困教师，设立专项资金对遭遇突发事故或突患重大疾病的困难乡村教师进行救助和帮扶，鼓励各方社会力量捐资助资。

在乡村教师医疗保障项目及资金筹措上，部分省份实施了关爱基金、健康或者暖心工程等项目，力争集合社会资源和各种力量，拓展教育经费来源渠道。如湖南省启动了"教师健康工程"，积极拓展教育经费来源渠道，实现政府、教育部门、单位、教师个体、社会等共同参与筹资的策略，以满足乡村教师队伍发展的实际需要。湖北省全面启动"乡村教师关爱基金"，患有重大疾病的特困乡村教师可以获得一次性资助1万元。据该省官方统计数据显示，2016年全省受资助者共400人，资助金额高达400万元，发放对象信息及时间等也随时公示，以保证基金发放的公平、公正和公开。

在乡村教师休养计划上，个别省份已经开始将教师休养作为一项福利待遇，凡是符合申请条件的乡村教师均可享受，并且按照一定标准进行选拔。如宁夏回族自治区实施了乡村教师疗养计划，全面加强乡村教师"暖心工程建设"。浙江省保障乡村教师与公务员享受同等医疗待遇，为乡村教师提供定期体检，并安排乡村教师定期进行休养。

在保障乡村教师身心发展上，一些省份也开始关注乡村教师的心理健康，尤其是要关注年轻教师的心理诉求，试图通过各种途径帮助他们树立良好的职业意识，提高其职业适应能力，必要时向其提供专业的心理辅导和帮助。如江西省切实关注乡村教师心理健康，并提供专业的心理咨询服务。云南省以"心理健康直通车"服务小组的形式，为乡村学校配备专职的心理教师，为乡村学校师生提供心理健康教育服务。新疆维吾尔自治区要求建立乡村教师心理健康咨询机构，为乡村教师提供必要的心理咨询服务。

第三章　乡村教师生活待遇政策工具选择及使用

如何切实解决乡村教师生活难题，提升其生活待遇水平，激励其更好地从事乡村教育工作，在很大程度上取决于制定什么样的生活待遇政策以及如何有效执行该政策。乡村教师生活待遇政策在加强乡村教师队伍建设中发挥着关键性的作用。政策工具作为政策部署、实施过程中拥有的实际方法，其选择和组合实质上是资源在不同目标和人群中的配置和重组。[①] 研究政策工具是为了帮助政策决策者更好地选择适合的政策工具，以解决具有广泛影响的社会公共问题。国内外学者从政策工具角度对公共政策领域中的诸多问题进行了大量的经验性研究，得到了一些规律性认识。在提高乡村教师生活待遇的过程中，国家及地方政府均出台了一系列相关政策。那么这些政策内容是如何设计和体现的？在政策文本中计划采用什么样的政策工具类型？在政策工具选择和使用上又有什么样的特点？本章将基于政策工具的视角，对上述问题进行系统分析，总结政策工具选择及使用的特点，以期为未来乡村教师生活待遇政策的优化与完善提供政策建议。

---

① 黄萃、赵培强、苏竣：《基于政策工具视角的我国少数民族双语教育政策文本量化研究》，《清华大学教育研究》2015年第5期。

一 政策工具的分类及选择

为了更有效地解决政策问题，政策制定者和执行者们必须首先理解政策工具的基本内涵。当前国内外学者对于政策工具概念的表述还不够统一。尽管国内外学者对政策工具概念的具体表述有所不同，但大家在对政策工具分类的认识上还是比较一致的。20 世纪八九十年代西方公共政策学领域在政策工具研究方面取得了较大的进展。为了做好政策工具分类，学者们也做出了很大的努力和尝试。尽管学者们对政策工具的具体称谓有所不同，但从工具属性上来说，还是有一定规律可循的。例如法律工具、命令工具都带有强制性特点，属于行政手段；财力工具、报酬性工具都带有激励性特点，属于经济手段；信息工具、劝告性工具和符号性工具等都带有传递性特点，属于信息手段；正式组织工具、权威重组性工具等都带有变革性特点，属于组织手段。然而，现有分类似乎并不能令所有人都满意，原因在于任何一种分类方法都不能穷尽所有的政策工具类型。换句话说，没有哪一种政策工具是绝对完美的，是能够解决所有政策问题的。每种政策工具都各有利弊，都有其适用条件和限制条件。因此，解决政策问题时除了要与政策目标相匹配以外，决策者和执行者还需要对政策工具进行科学的选择及使用，以期有效解决政策问题，使得政策工具发挥实际效用。

选择政策工具的过程就是一个评价各种工具利弊的过程，需要依据一些共同的标准来对政策工具进行综合评价。不同的政策工具构成了一种"工具箱"，人们通过对所期望的效果和周围环境的仔细考察，在这个政策"工具箱"中做出理性的挑选。政策工具选择其实质是要求政府能够从政策"工具箱"中挑选出那些可供使用的、能够有效解决政策问题的工具。因为在一些背景下，有些政策工具确实

第三章　乡村教师生活待遇政策工具选择及使用　　79

要比另一些工具更为有效，更能够有针对性地解决政策问题。① 当然，这种政策工具选择不是一般的单一性选择，而是需要考虑多种因素的综合性影响，并能够进行政策工具的优化组合。此外，政策工具选择也是会受到路径依赖的。② 例如，人们总是习惯于用之前采用过的且产生过效果的政策工具来解决面临的政策问题，但往往有些时候受政策背景、政策对象及利益相关者差异的影响，原有的政策工具似乎并未能有效解决新的政策问题。因此，采用什么样的政策工具是有效的？如何进行选择？这些问题还需系统分析和思考。对于影响政策工具选择的主要因素，国内外学者都曾进行过系列的探讨。如美国学者B. 盖伊·彼得斯认为影响政策工具选择的主要因素体现在政策目标、政策工具特性、政策工具应用背景、原有政策工具的选择以及决策者的意愿等方面。萨拉蒙则认为政策工具的选择标准主要包括有效性、效率、公平性、可管理性以及合法性和可行性五大类。③ 这里有效性是指政府的公共行动是否达到了预期的目的。对于一项公共行动来说，如果没有达到预期目的，即便行动中所耗费的成本较少，这项行动也是没有意义的。根据这一标准的要求，被选择的政策工具应该是能够解决一定公共问题，进而实现其预期目标的工具。这里还需注意一点，被评价为最有效的政策工具不一定就是最有效率的政策工具。效率考察的是收益和成本之间是否能够取得最佳的平衡。如果说有效性更多关注的是结果，那么效率则更多考虑的是结果和成本的比。按照公平性标准，最好的政策工具应该是既能满足基本公平要求，又能帮扶弱势群体的工具。在基本公平的基础上，政府应该有一部分行动举

---

① ［美］B. 盖伊·彼得斯、弗兰斯·K. M. 冯尼斯潘：《公共政策工具——对公共管理工具的评价》，顾建光译，中国人民大学出版社2007年版，第46页。
② ［美］B. 盖伊·彼得斯、弗兰斯·K. M. 冯尼斯潘：《公共政策工具——对公共管理工具的评价》，顾建光译，中国人民大学出版社2007年版，第49页。
③ 陈振明：《政府工具导论》，北京大学出版社2009年版，第8—24页。

措是为了修正已有的不公平。从政策的本质上看，任何政策都将经历一个动态的变化过程，它不仅仅表现为一系列的静态文本，更包含政策制定、执行和评估的整个环节。一般而言，政策工具越复杂，利益相关者就越多，管理难度也就越大。按照可管理性标准，最好的政策工具应该是那些具有可操作性和应用性的工具。任何公共政策都来源于政府决策。政策工具选择不可避免地会受到公共行动合法性以及政治可行性的影响。如果得不到政治领域的支持，效果再好、效率再高的政策工具也不会被政府所选择和使用。因此，按照这个标准，最好的政策工具应该是那些具有行动合法性和政治可行性的工具。

在教育领域中关注教育政策工具选择对于有效实现教育政策目标具有非常重要的作用。按照上述政策工具选择的基本依据，最好的政策应该是同时能够解决公共问题，实现收益—成本基本平衡，帮扶弱势群体，具有可操作性、合法性及可行性的工具。在政策实践中，很多政策工具往往是交织在一起的，没有哪一项工具是绝对完美无缺的，在一项政策执行中综合运用多种政策工具是非常现实也是非常必要的。

二 麦克唐纳尔政策工具分类及其解析

在政策工具的多种分类中，美国公共政策学家麦克唐纳尔和埃尔莫尔的分类相对来说更为详细具体。麦克唐纳尔是美国公共政策学家、加州大学圣巴巴拉分校的政治学教授，重点研究中小学教育政策及其影响，曾任美国教育研究协会主席。埃尔莫尔是哈佛教育研究院的荣誉教授，曾就任于密歇根州立大学教育学院和华盛顿大学公共事务研究院，曾任美国公共政策和管理协会主席，现任美国教育政策研究协会主任。两人在其合著的"Getting the Job Done: Alternative Policy Instruments"一文中提到从历史上来看，公共政策分析曾经经历了三

第三章　乡村教师生活待遇政策工具选择及使用　◇◇　*81*

次变革：第一代研究主要关注政策结果与政策预期是否一致；第二代研究主要关注个人或者机构对于政策的反应变化及政策得以成功实施的条件；第三代研究建立在前两代研究经验的基础上，关注不同政策所使用的共同工具以及这些工具最有可能产生的预期效果及其使用条件。[①] 教育改革运动为公共政策分析提供了一个独特的契机，可以在大量的政策中重点关注类似的实质性领域。麦克唐纳尔和埃尔莫尔认为以往的政策分析比较有限，政策分析除了关注政策执行和评估以外，对于政策设计和制度等也需要及时做出回应（见图 3-1）。

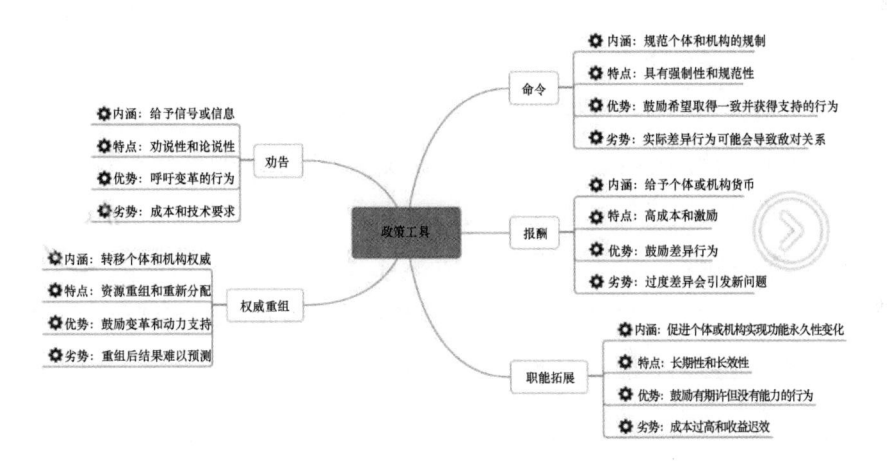

图 3-1　麦克唐纳尔和埃尔莫尔的政策工具分类

为了克服这些研究不足，麦克唐纳尔和埃尔莫尔更加关注于替代性政策工具，以实现将实质性政策目标转化为具体的政策行为。他们认为政策发挥作用主要是通过把资金、规则和权威等政府资源集中起来为政治目的服务，通过使用这些资源来影响个人和机构的行为。因此，两人于 1987 年提出了四种可供选择的政策工具，分别是命令、

---

① McDonnell, L. M., Elmore, R. F., "Getting the Job Done: Alternative Policy Instruments", *Educational Evaluation and Policy Analysis*, No. 3, November 1987.

报酬、职能拓展和权威重组。经过七年的政策分析实践检验，麦克唐纳尔和埃尔莫尔在1994年又增加了第五种政策工具，即劝告性工具，使其政策工具分类更加丰富和完善。以下分别对这五种政策工具属性进行详细分析说明。

（一）命令性工具

命令性工具主要是指那些规范个体及组织机构的规则，包括规范性要求以及惩罚性要求。命令性工具的主要形式有法令、规则、判例等。从适用条件上看，命令性工具并不适合所有的事件或者场合。只有在特定的条件下，命令才是合适的政策工具。如人们希望并鼓励团体成员的行为一致，此时命令作为政策工具的效果才会最佳。从成本支出上看，使用命令性工具需要一定成本，包括强制性地实施命令、服从命令以及逃避服从的成本。使用命令性工具的理想结果是希望社会成员表现出行为的一致性。然而在现实中，受各种因素的综合影响，人们经常会做出差异性行为。这种行为一方面受到客观因素的影响，另一方面也可能是由主观因素导致的，即社会成员主观意识上期望自己能够做出差异性行为。因此，使用命令性工具应在承认个体之间能力不同的前提下，保证所要做出的行动必须是所有个人和组织机构必须做的，应有明确的指示和说明，不仅要有益于行为者个体利益，更重要的是有益于社会整体利益的实现及保障。

（二）报酬性工具

报酬性工具主要是指给予个体或组织机构一定的货币（或货款）以交换其物品或提供某种服务。从适用条件上看，报酬性工具适用于那些鼓励差异性行为的情境，这些差异性行为既是社会成员所希望的，又是社会环境可以接受的，且这种差异性行为将会产生一定的正向效应。报酬性工具所要解决的社会性问题并不一定需要全体社会成员做出一致性行为，不需要对其做出强制性要求，但却希望部分个体或者组织机构能够自愿参与，并表现出积极主动的行为，以弥补社会资源占有不足的现状。从成本支出来看，毫无疑问的是报酬性政策工具一定需要较高的成本付出。对于政策主体而言，需要一定的产品储备及政策监管投入；对于政策对象而言，需要参与该政策所需的日常费用及其他相关费用支出，甚至包括逃避该政策所耗费的成本支出。使用报酬性工具的理想结果是希望社会成员表现出差异性行为，并最终有利于社会资源的有效利用。但需注意的是，报酬性工具本身以货币或贷款作为基本要素，期望通过政策执行产生一定价值。该工具更多关注政策是否能够产生短期回报，而忽视政策的长期效益，这一点还是值得政策决策者和执行者关注的。因此，使用报酬性工具应注意较高的成本投入，并努力做好成本与效益分析。当所耗成本远远大于收益时，不仅需要重新审视政策，更需要选择其他政策工具来替代执行。当然，我们也必须意识到报酬性工具具有较强的激励性，这是有别于其他政策工具的显著特点。政府可以通过货币、贷款、税收、津贴和补贴等各种经济手段，鼓励个体及组织机构主动做出差异性行为，但需控制避免过度差异性行为的产生，整个环节需要系统健全的监管机制来加以保障。

（三）职能拓展性工具

职能拓展性工具是指为了投资于物质的、智力的或人力资源而进行的资金转移。"投资"一词是典型的经济学词汇，"投资"的目的是期望获得预期的回报或收益。虽然报酬性工具和职能拓展性工具都以货币投入为主，但两者的主要差别在于前者关注的是短期回报及收益，具有直接性影响；而后者更关注长期回报及收益，具有间接性影响，后者的主要意图是促使个体或组织机构实现其功能的永久性变化，因而代表着一种长期性投资。从适用条件上看，职能拓展性工具适合于现有个体或组织机构无法执行人们所期望的政策，不是他们不想去做而是因为其不具备相应的能力或者无法有效使用这些能力。这些能力可能是技术上的，也可能是教学上的或者管理上的。正是因为其不具备得以匹配的能力或者没有得到充分的训练而无法科学使用这些能力，导致政策对象无法完成政策任务，而这个时候职能拓展性工具就显得非常必要了。通过对个体或者组织机构进行投资，提高其技术水平和专业能力，尽管这种投资效果短时期内并不能凸显，但从长期效益来看，则会产生较大的社会影响。从成本支出上看，职能拓展性工具也需要较高的成本投入，而且是长期性、持续性投入，其效果也只能在未来得以体现。因此，使用职能拓展性工具除应注意有较高成本投入外，还应注意其短期成效无法准确预测，许多不确定因素或意外因素都可能影响政策效果。尽管如此，放眼于长期效应，有些投入是必须且有效的，尤其是在人力资本上的投资。凝聚在个体身上的这些知识、技能以及健康的体魄等，都会在未来某个时间内产生更大的经济价值和社会价值。作为政府，应该具有这样的前瞻性意识，对具有长期效应的投资给予更多的关注，以实现其最大功效。

（四）权威重组性工具

权威重组性工具主要是指个体或组织机构通过转移正式权威来解决现实问题。该政策工具高度强调权力的分配与调整，将权力授予不同的个体或组织机构。在某种程度上，通过权威重组性工具可以让紧缺的资源丰富起来，充分调配可以利用的资源，发挥资源合力。从适用条件来看，如果个体或者组织机构已经无法对当前问题做出及时回应，急需一种新的行为模式或组织制度才能解决现实问题，此时比较适用权威重组性工具。权威重组性工具的理想结果是通过变革的个体或者组织机构能够完成新的任务，并能够满足新的要求。从成本支出上来看，权威重组性工具也需要较高的成本投入。重组过程中的部分个体或者机构由于失去权力和资源，必然会产生一些抵制心理或者消极行为，可能会导致低产出量或者低工作效率。因此，使用权威重组性工具要求权力的转移与分配必须适当且适度。对于符合政策目标又不能在短期实现的行为，可以采取渐进式革新模式，以点带面进行持续性改革；对于偏离政策目标且必须立即调整的行为，应采取系统性革新模式，以保证政策行为符合政策目标的要求；对于完全与政策目标相违背的行为，则应即刻终止，重新进行权力和资源的调配。当然，权威重组性工具无法准确预估结果，被转移了权威的个体或者组织机构，可能会因权力等信息的丧失而无法继续正常运转，甚至有时候会面临新的棘手问题。

（五）劝告性工具

劝告性工具主要是指通过赋予信号、符号等信息让政府优先考虑某些目标或者行动。劝告性工具的主要意图是通过劝告、规劝等手段鼓励社会成员依据社会价值标准来表现自己的行为。这些劝告信息既可以是书面、口头、图解的文本，也可以是一些已公布的信息或者数据，以此告知社会成员应当怎样做以及如何具体去做。例如实施某项教育政策，可以广泛宣传该政策的目标、内容、原则及标准等，让人们了解政策意图及要求；也可以在具体实施过程中，及时发布实施情况等信息或者报告，让人们了解政策实施成效，积累经验或者总结教训，以避免在后续执行中出现类似的问题。从适用条件上看，当社会成员希望看到变革且变革与这些信号有直接关联的时候，适合运用劝告性政策工具。因为通过劝告的分析和解读，政策执行者能够更为全面地了解政策意图，努力实现政策目标的要求。另外，对于一项或者一系列新的政策，要想让社会成员加深理解并逐步接纳，劝告也是一种比较理想的政策工具。劝告性工具的理想结果是成功地说服社会成员表现出与以往不同的行为模式，且这种行为模式是与政策目标相一致的。从成本支出上看，劝告性工具也需要一定的成本投入。例如制作宣传标语和广告、印制宣传手册和报告等，这些不仅涉及技术应用层面，也需要支付一定的费用。因此，在使用劝告性工具时应注意分析所使用的信号、符号等信息是否客观、准确？是否具有现实意义？是否与政策目标相关？能否对政策对象产生积极影响？政策制定者和执行者要努力选择那些能够直接影响社会成员利益的、被大家接纳认可的信息，这样劝告性工具才能发挥预期效果。此外，要注意劝告性工具本身也具有一定的不稳定性，要确保发布信息的时效性和科学性，以避免对公众产生误导，引发不必要的麻烦。

相比较其他政策工具分类，麦克唐纳尔的政策工具分类属性鲜明，具有更强的针对性、指向性和可操作性。它使人们能够审视具体政策作用类型的详细画面，进而揭示潜在的理论、问题、目标、选择方案和与之相关的具体执行问题之间的适切性，考虑"这些工具最有可能发挥预期效果的条件"[①]。因此，本书主要运用麦克唐纳尔的政策工具分类框架来进行分析和探讨。

三 乡村教师生活待遇政策工具选择偏向

乡村教师生活待遇具有较高的复杂性和综合性，涉及乡村教师的社会地位和切身利益，需要政府部门的高度关注，需要政策的支持和保障。乡村教师生活待遇政策既涉及社会保障部门的不同内容及要求，也涉及教育系统内部的资源调配，同时也涉及政策工具的设计、选择、组合及其应用。因此，研究者需要明晰该政策设计选

---

① ［美］弗朗西斯·C. 福勒：《教育政策学导论》，许庆豫译，江苏教育出版社2007年版，第229—238页。

第三章 乡村教师生活待遇政策工具选择及使用

择了什么样的政策工具？为什么要这样选择？他们是根据什么标准来选择的？不同的政策工具在怎样的条件下最容易产生预期效果？基于上述研究目的，以下将从政策工具视角重新审视乡村教师生活待遇政策工具的选择及使用。首先，选择并确定有关乡村教师生活待遇的政策文本，并对选定的政策文本进行人工编号；其次，设计并确定政策工具分析的二维结构框架；最后，对乡村教师生活待遇政策文本内容以及政策工具选择情况进行人工编码，然后对编码进行频次统计和分析，总结乡村教师生活待遇政策工具选择及组合使用的主要特点。

（一）乡村教师生活待遇政策文本的选定

如前所述，自改革开放以来，涉及乡村教师生活待遇的内容就散见于有关乡村教育发展、人事制度改革、基本医疗保险制度改革、住房制度改革等系列政策文本中。本书第二章中已经对中央政府及其所属部委公开发布的相关政策文本进行过梳理，并按照乡村教师生活待遇政策体系进行了归类分析。所有选定的政策文本也均是与乡村教师生活待遇密切相关的政策文件，政策形式包括法律、法规、决定、纲要、计划、意见、通知、公告、办法和方案等。经统计，本书中筛选出相关政策文本36项（见表3-1），政策发布机构涉及全国人大以及国务院各相关部委，如教育部、财政部、人事部、人力资源和社会保障部以及住房和城乡建设部等部门。从政策发布的时间序列来看，主要是对1980年1月至2019年7月的政策文本进行了梳理（见图3-2）。为方便后续统计分析，下面将第二章中所列政策文本进行编码（按照政策文本发布的时间先后顺序进行人工编码），编码序号为1—36。

表3-1　　　　　　乡村教师生活待遇国家政策文本

编号	政策名称
1	《关于增加中、小学民办教师补助费的办法》
2	《关于加强和改革农村学校教育若干问题的通知》
3	《关于进一步加强公费医疗管理的通知》
4	《关于筹措农村学校办学经费的通知》
5	《关于农村年老病残民办教师生活补助费的暂行规定》
6	《公费医疗管理办法》
7	《中国教育改革和发展纲要》
8	《中华人民共和国教师法》
9	《关于建立社会主义市场经济体制若干问题的决定》
10	《关于深化城镇住房制度改革的决定》
11	《关于加快解决教职工住房问题意见的通知》
12	《关于进一步深化学校住房制度改革，加快解决教职工住房问题的若干意见》
13	《关于建立城镇职工基本医疗保险制度的决定》
14	《关于基础教育改革与发展的决定》
15	《中华人民共和国人口与计划生育法》
16	《关于进一步加强农村教育工作的决定》
17	《关于深化中小学人事制度改革的实施意见》
18	《关于进一步推进义务教育均衡发展的若干意见》
19	《中华人民共和国义务教育法》
20	《关于实施农村义务教育阶段学校教师特设岗位计划的通知》
21	《国家中长期教育改革和发展规划纲要（2010—2020年）》
22	《中华人民共和国社会保险法》
23	《关于大力推进农村义务教育教师队伍建设的意见》
24	《关于深入推进义务教育均衡发展的意见》
25	《关于加快发展现代农业，进一步增强农村发展活力的若干意见》
26	《机关事业单位职业年金办法》
27	《乡村教师支持计划（2015—2020年）》
28	《关于加快中西部教育发展的指导意见》
29	《关于统筹推进县域内城乡义务教育一体化改革发展的若干意见》
30	《关于深化教育体制机制改革的意见》

续表

编号	政策名称
31	《失业保险条例》
32	《深度贫困地区教育脱贫攻坚实施方案（2018—2020年）》
33	《关于全面深化新时代教师队伍建设改革的意见》
34	《关于全面加强乡村小规模学校和乡镇寄宿制学校建设的指导意见》
35	《中国教育现代化2035》
36	《关于深化教育教学改革全面提高义务教育质量的意见》

如图3-2所示，将之前选定的36份国家政策文本按照发布时间的先后顺序进行统计，在不同的历史时期，政策文本发布数量也有所不同。如1980—1989年共有5份相关政策文本，1990—1999年共有7份，2000—2009年共有7份，2010—2019年有17份。可见，21世纪以来有关乡村教师生活待遇政策内容的文本数量逐渐增多，2010年以后增长速度最快。尤其是2015年《乡村教师支持计划（2015—2020年）》出台以后，有关乡村教师生活待遇政策文本出台的频率更为密集，几乎每年都有新的政策文件及其要求。从前面对政策体系的梳理来看，近些年政策内容的针对性和指向性也越来越强。

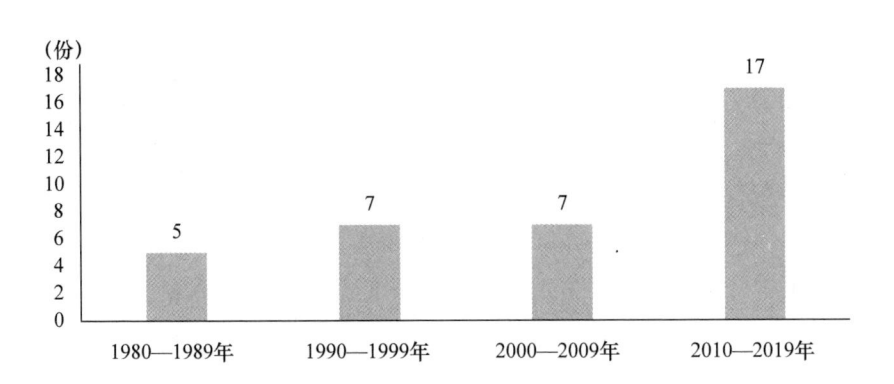

图3-2 乡村教师生活待遇国家政策发布时间统计

(二) 乡村教师生活待遇政策二维分析框架

在政策设计和执行过程中，政策主体需要考虑不同利益群体之间的关系，并将它们有机结合起来，目的在于形成政策合力以取得理想的政策效果。政策工具能够反映政策决策者的公共政策价值取向和理念，因此政策工具分析可以作为构建政策内容量化分析的立足点。① 基于政策工具视角，将提升乡村教师生活待遇的主要内容与教育政策工具构建二维分析框架，对进一步做好乡村教师生活待遇政策分析起着至关重要的作用。

1. X 维度：教育政策工具维度

麦克唐纳尔的政策工具分类更加具有针对性和指向性，对政策的解释力度更强，在现有研究中也备受关注。根据麦克唐纳尔的政策工具分类观点，可供选择的政策工具主要有命令性、报酬性、职能拓展性、权威重组性和劝告性工具。这五种政策工具是在政策制定者对政策目标对象和政策执行者在动机、能力等方面的不同假设基础上而做出的分类，具有各自不同的表现形式、优势及不足。

在乡村教师生活待遇政策中，命令性工具的运用主要是通过一些命令、规定、许可、禁止等手段保障乡村教师生活待遇，在政策文本中多以"必须""不得""应当"等字样表述。如 1995 年《关于加快解决教职工住房问题意见的通知》规定"单位住房基金必须专款专用"；1998 年《关于进一步深化学校住房制度改革，加快解决教职工住房问题的若干意见》规定"停止实物分配住房""中小学校园住房不得出售"；1998 年《关于建立城镇职工基本医疗保险制度的决定》规定"基本医疗保险基金专款专用，不得挤占挪用"；1993 年《中华人民共和国教师法》规定"教师平均工资水平应当不低于或者高于

---

① 黄萃：《政策文献量化研究》，科学出版社 2017 年版，第 73 页。

国家公务员平均工资水平"等。

报酬性工具的运用主要是通过奖励、补助以及优惠等手段提高乡村教师生活待遇。如2012年《关于深入推进义务教育均衡发展的意见》规定"对长期在农村基层、艰苦边远地区工作的教师实行工资、职称等方面的倾斜";2015年《乡村教师支持计划（2015—2020年）》规定"依据学校艰苦、边远程度实行差别化补助标准，地方自主实施，中央财政给予综合奖补";2017年《关于深化教育体制机制改革的意见》规定"落实艰苦边远地区津贴、乡镇工作补贴";2010年《国家中长期教育改革和发展规划纲要（2010—2020年）》规定"制定教师住房优惠政策"等。

职能拓展性工具的运用主要是通过教育培训、教育评估、教育信息技术等手段辅助保障乡村教师生活待遇。政府提供这些资源的主要目的是希望能够带来长期效益，与报酬性工具带来的短期效益不同，职能拓展性工具更关注长期内获得的回报，当然这种回报有时也带有一定的不确定性。如1995年《关于加快解决教职工住房问题意见的通知》规定"遵循有利于教学、交通方便等原则";2018年《关于全面加强乡村小规模学校和乡镇寄宿制学校建设的指导意见》规定"关心乡村教师生活，为教师走教提供交通帮助与支持";2018年《关于全面深化新时代教师队伍建设改革的意见》规定"优化乡村青年教师发展环境，加快乡村青年教师成长步伐""为乡村教师配备相应设施，丰富精神文化生活"。

权威重组性工具的运用主要是通过权力的分配与调整、制度的改革与完善、组织机构的合作与交流等手段切实保障乡村教师生活待遇。当原有个体或者组织机构无法有效解决现实问题时，就需要提供一种新的行为模式以满足新的需求。如1994年《关于建立社会主义市场经济体制若干问题的决定》规定"建立多层次的社会保障体系，城乡居民社会保障办法应有别""完善养老保险和事业保险制度，建立工伤保险制度，发展农村合作医疗制度"；1998年《关于建立城镇职工基本医疗保险制度的决定》规定"加快医保保险制度改革""城镇职工参加基本医疗保险，实行属地管理"；2012年《关于深入推进义务教育均衡发展的意见》规定"完善医疗、养老等社会保障制度建设，切实维护农村教师社会保障权益"。

劝告性政策工具的运用主要是通过信息、数据等引导、启发和劝诱乡村教师、学校管理者以及其他利益相关者关注乡村教师生活待遇，并根据社会价值取向及标准做出积极的政策行为。如1994年《关于深化城镇住房制度改革的决定》规定"对离退休职工、教师和住房困难户优先安排"；2001年《关于基础教育改革与发展的决定》规定"支持中西部困难地区建立农村中小学教师工资保障机制"；2005年《关于进一步推进义务教育均衡发展的若干意见》规定"努力改善农村教师待遇"；2012年《关于大力推进农村义务教育教师队伍建设的意见》规定"鼓励地方政府将农村教师住房纳入当地住房保障范围"。

2. Y维度：乡村教师生活待遇内容维度

如前所述，本书中的乡村教师生活待遇主要包括工资收入、生活补助、住房保障、医疗保障和社会保险内容。与其他教育政策有所不同，生活待遇政策内容比较复杂，涉及的相关管理部门也比较多，所以在第二章政策体系梳理的过程中，不仅涉及教育部门的政策，还涉及社会保障部门的相关政策。每一项政策都具有各自的特点和主要内容，政策发挥的作用也会有所不同。为保证研究的一体性和延续性，这里将根据之前界定的生活待遇内容维度作为政策分析框架的Y维度。

综合以上两个维度的分析，最终形成乡村教师生活待遇政策二维分析框架。其中X轴为教育政策工具维度，分为五种不同的政策工具类型；Y轴为政策内容维度，也主要分为五大类内容。每一类相关政

第三章 乡村教师生活待遇政策工具选择及使用　93

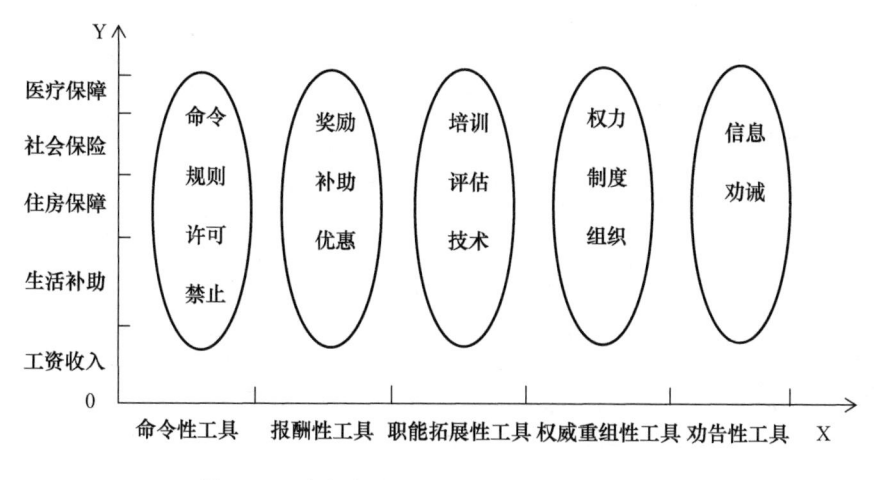

图 3-3　乡村教师生活待遇政策二维分析框架

策都会选择和使用不同的政策工具，以期达到政策目标的要求。

（三）乡村教师生活待遇政策工具编码及分析

根据乡村教师生活待遇政策二维分析框架，对之前筛选确定的 36 份政策文本内容进行编码。由于乡村教师生活待遇政策并未体现在单一的政策文本中，总是与其他相关政策密切关联。因此，根据乡村教师生活待遇政策体系及具体内容等特点，将各政策文本内容作为分析的基本对象，以第二章所列各维度具体内容的每一分句为分析的基本单元，按照政策编号—政策内容编码—政策工具类型汇总的顺序进行汇总和归类，并对每一种政策工具选择的频次进行计算。

这里需要注意的是，在部分政策文本中政策工具的选择和使用可能会具有重复性，如在一个基本单元中既体现了报酬性工具的应用，又体现了命令性工具的应用。此外，由于乡村教师生活待遇政策体系内容较多，同一个基本单元中又可能涉及不同类别的政策内容，也会出现政策工具应用相互交叉的现象。明确了以上注意事项后，研究者对 36 份政策文本内容进行了认真、仔细的研读和分析，将其与对应选择的政策工具进行归类整理，进而绘制了乡村教师生活待遇政策工具二维分布图（见图 3-4）。

Y					
医疗保障	6-1,7-7,8-7,8-8, 8-9,13-3,18-1, 24-3	2-3,13-3,18-1, 19-4,36-5	2-3,6-4,33-2, 33-3	3-1,3-2,6-2, 13-1,13-2,19-4, 24-2	2-4,3-2,6-3,6-4, 7-6,18-2,19-3, 19-4,21-6,27-8, 33-2,33-3
社会保险	8-5,9-1,15-3, 19-5,22-1,22-2, 22-3,23-6,24-3, 26-1,27-7,34-1, 31-2,33-8	8-6,19-5,23-6, 33-8	21-5	7-5,9-2,9-4, 9-5,15-1,17-1, 23-5,24-2,31-2, 33-7	9-3,15-2,19-6, 21-6,26-2
住房保障	7-4,8-3,8-4,10-2, 10-5,11-1,11-3, 12-1,12-4,20-2, 23-2,27-4,34-4, 34-6	2-3,4-1,7-3,11-5, 12-1,12-2,12-3,19-4, 21-3,23-2,27-4,36-3	2-3,11-2,33-5, 34-8	7-3,8-3,10-3, 10-4,11-4,11-5, 12-2,23-4,27-6, 29-1,29-2,33-6, 34-5	2-4,7-3,10-1, 10-6,11-4,19-3, 19-4,20-1,21-4, 23-3,23-4,27-5, 29-3,33-5,33-6, 34-6,34-7,34-8, 36-4
生活补助	1-1,5-2,8-1,8-2, 16-1,18-1,19-1, 19-2,25-2,27-1, 28-2,29-1,30-1, 32-1,33-1,34-2, 35-1,36-1	1-2,5-1,7-2,8-1,8-2, 16-1,16-2,18-1,19-1, 19-2,21-1,23-1,24-1, 25-2,27-1,27-2,27-3, 29-1,29-2,30-1,32-1, 32-2,33-1,33-2,34-1, 34-2,34-3,35-1,36-1, 36-2	2-2,14-1,21-2, 25-1,28-1,34-1, 35-2	7-1,27-3	2-1,14-1,18-2, 21-2,23-1,24-1, 25-1,28-1,28-2, 29-1,29-2,30-2, 32-2,33-2,34-1, 34-3,35-2,36-2
工资收入	8-1,16-1,16-6, 18-1,19-1,19-5, 29-3	2-3,4-1,8-1,16-1, 16-6,18-1,19-1,19-5, 23-1,24-1,29-3,34-1	2-3,34-1	7-1,19-4	19-4,23-1,24-1, 34-1
	命令性工具	报酬性工具	职能拓展性工具	权威重组性工具	劝告性工具 X

图 3-4 乡村教师生活待遇政策工具二维分布

从总体上看，36 份国家政策文本中兼顾了命令性、报酬性、职能拓展性、权威重组性和劝告性政策工具的运用，但在不同的待遇内容中使用情况有所不同。根据乡村教师生活待遇政策二维分布图，将不同政策工具类型进行汇总统计（见表 3-2）。基于政策工具维度审视乡村教师生活待遇政策工具使用情况，其中报酬性工具和命令性工具使用频率较高，分别占到政策工具总量的 26.9% 和 26.1%，是保障乡村教师生活待遇中主要应用的政策工具；其次为劝告性工具，综合占比24.8%。相比之下，职能拓展性工具和权威重组性工具占比较少，分别为7.7%和14.5%。

表3-2　　　乡村教师生活待遇政策工具分布频次统计

	命令性工具	报酬性工具	职能拓展性工具	权威重组性工具	劝告性工具
医疗保障	8	5	4	7	12
社会保险	14	4	1	10	5
住房保障	14	12	4	13	19
生活补助	18	30	7	2	18
工资收入	7	12	2	2	4
合计	61	63	18	34	58
百分比	26.1%	26.9%	7.7%	14.5%	24.8%

目前，中国主要采用命令性工具来保障乡村教师生活待遇，反映出对于解决乡村教师生活难题，保障其生活待遇，政府具有义不容辞的责任，必须做好政策规定、部署和安排。确保生活待遇权得到切实保障，需要政府的行政约束，保障其有效落实。因此，在近五成的政策文本中都有使用命令性工具，通过设定系列规则及标准，在政策内容中提出明确要求，有些内容甚至上升到法律层次，通过立法来加以保障实施。对于保障乡村教师生活待遇，需要切实提升乡村教师的社会地位，做好政策宣传，引导和启发各级政府部门、学校领导及社会公众对乡村教师给予更多的关注，因而劝告性工具的使用也非常必要。为了使广大社会成员更加了解、认可并接纳新的政策要求，劝告性工具在上述政策文本中较为凸显。政策主体希望通过政策内容宣传、政策成效反馈等信息，提高社会成员对政策的重视程度，尤其是政策对象和政策利益相关者，更应该加深对政策的认识和了解。2013年以后每年公布的乡村教师生活补助政策落实情况等报告，也是通过

信息反馈的手段来对政策对象进行劝说和劝诱，以激励社会成员全面系统地了解政策目标及其政策要求。相比之下，在政策制定层面，职能拓展性工具和权威重组性工具的使用还比较匮乏，现有政策文本中主要在乡村教师住房保障、社会保险以及医疗保障待遇等方面使用了权威重组性政策工具。因为这些待遇的保障和落实不能单凭政府部门来完成，还需要社会力量的共同参与，需要各相关组织机构之间的协调、沟通和配合，通力合作以完成政策目标的任务。

学校是乡村教育发展的重要场域，教师是学校发展的重要推手。乡村教育发展的根本在于乡村教师队伍建设。2015年6月中央全面深化改革领导小组审议并通过了《乡村教师支持计划（2015—2020年）》。该计划是中华人民共和国成立以来第一份专门为乡村教师量身打造的政策文本，来自政府的顶层设计，有着较为全面的政策举措，分别从八个方面进行了具体要求，为身处"边缘地带"的乡村教师点亮了一盏明灯。该计划的出台从制度上保障了乡村教师的切实利益，为乡村教育发展提供了政策基础，让广大乡村教师看到并感受到国家对乡村教师的关心以及对乡村教育的高度重视。自2015年6月《乡村教师支持计划（2015—2020年）》出台以来，同年11月、12月以及次年1月、2月，全国有31个省、自治区、直辖市政府部门相继出台了地方实施方案或办法（见图3-5）。

从时间序列上来看，各地方政府均能在中央统一部署及要求下，及时出台地方实施方案，这是政策得以落实的基本前提。从政策实施方案的具体内容来看，除少数地区沿袭中央政策文本基本要求外，大部分地区都提出了更为具体的执行举措。如甘肃省提出要提高班主任待遇，实行差别化班主任津贴和寄宿制学校双岗教师补助，帮助解决乡村教师配偶的选调工作，改善乡村教师宿舍、食堂和办公条件，设立乡村教师活动中心和心理健康教育室等；山东省提出要给予乡村教师交通补助，积极落实到乡村任教的高校毕业生学费补偿和国家助学

第三章 乡村教师生活待遇政策工具选择及使用

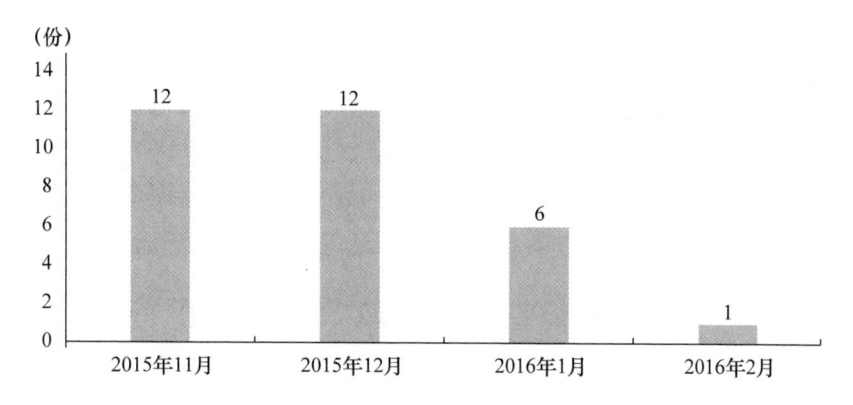

图表数据：
- 2015年11月：12
- 2015年12月：12
- 2016年1月：6
- 2016年2月：1

图 3-5 《乡村教师支持计划（2015—2020 年）》地方实施方案发布时间统计

贷款代偿政策，帮助解决乡村教师子女教育问题；浙江省提出要完善乡村教师救助制度，研究制定乡村教师教龄津贴标准政策；四川省提出全省特困地区乡村教师补助最低标准为每人每月 400 元，省财政按每人每月 220 元给予定额补助；西藏自治区提出要完善教师超课时津贴制度，积极推进"教工之家"建设等。根据 31 个省、自治区、直辖市《乡村教师支持计划（2015—2020 年）》实施方案文本，结合政策工具分析框架可知，在 31 份地方实施方案中依然是命令性工具和报酬性工具使用率最高，各地文本均有使用。例如方案中提及的各地要依法落实乡村教师待遇政策，对实施不到位、成效不明显的，将追究相关负责人的领导责任等基本要求。因本书所分析的政策文本内容都是乡村教师生活待遇的系列举措，因而全部使用了报酬性工具，如实施差别化补助、政府综合奖补、交通补助、班主任津贴、乡镇工作补贴、岗位津贴、公租房补贴、超课时津贴以及特殊津贴等内容。劝告性工具主要是通过信号或者是信息进行舆论宣传和监督，呼吁变革举措。例如提倡教师扎根农村课堂，宣传乡村教师关爱工程项目，通报政策实施督导检查情况等。相比较而言，各地政策方案中使用权威重组性工具、职能拓展性工具的还比较有限，且内容不够详细。权威重组性工具注重资源的重组与分配，机构的变革与创新。职能拓展性工具注重机构的永久性变化，关注长期效应。这两种工具的使用条件相对来说比较复杂，影响和效果也具有一定的间接性，在成本和技术层面要求也比较高。

四　乡村教师生活待遇政策工具使用特点

政策工具是政策系统中的重要组成部分，它不仅是手段，而且是沟通政策目标与政策结果之间的桥梁和纽带。由于每种政策工具都有各自的使用范围及所需条件，因而政策工具选择及其使用也具有较大的灵活性。乡村教师生活待遇政策在其制定过程中，也会受到诸多因素的影响而采取不同的政策工具。结合上述分析，基于政策工具视角，当前中国在制定乡村教师生活待遇政策过程中，政策工具的选择和使用呈现出如下特点：

（一）倾向于政府的行政命令

按照麦克唐纳尔的政策工具分类，命令性工具既可以是规定全体成员行为的政策表述，也可以是对没有遵守行为规范的人进行的处罚，其在使用过程中需要强烈的政治支持。提高乡村教师生活待遇是切实解决乡村教师现实困境的关键，是稳定乡村教师队伍的重要举措。目前乡村教师生活待遇政策文本中命令性工具使用频率较高。如表3-2所示，在乡村教师生活待遇的主要内容中命令性工具使用都很频繁，尤其是在社会保险待遇的系列要求中，该种工具使用最为突出，说明必须通过行政命令的手段保证乡村教师获得应有的保险待遇。尤其是《乡村教师支持计划（2015—2020年）》发布后各地方出台的具体实施细则中也均有使用命令性工具。当前有关乡村教师队伍建设及发展问题，越来越受到政府的高度重视，中央政府和地方政府均相继出台了系列文本来加以规范和约束。事实上也只有政府出面协调和解决，才能从根本上保障乡村教师的应有待遇，强化其职业认同感、使命感和责任感。从这一点来看，落实乡村教师生活待遇政策的确需要一定的行政命令手段来加以约束。

（二）侧重于多重路径的教育投入

除命令性工具以外，在乡村教师生活待遇政策文本中报酬性工具的使用率最高，按照麦克唐纳尔的政策工具分类，在鼓励差异性行为的时候最适合采用报酬性政策工具。长期以来中国城乡教育差距较大，很多乡村教师迫于生存环境、发展空间等压力，不得不选择放弃乡村教育工作。从专业情怀上来讲，大部分乡村教师还是非常热爱自己的本职工作的，也深知乡村教育的重要性，但就教师个体而言，除了教师身份外，他（她）们还有其他多重身份，如父母、子女、妻子或者丈夫等，需要扮演好各种社会角色，协调好各种社会关系。在多重压力之下，乡村教师不得不进行重新选择，理想和现实的矛盾冲突也将再次凸显。政府使用报酬性工具，通过财政转移的方式对乡村教师生活给予物质保障，提高其工资福利待遇，让得到资助的乡村教师主动做出政府希望其做出的一些行为。当然，受资助者本身有选择的权利，可以根据自己的意愿来决定做与不做。但就一般情况而言，大多数被资助者可能会因为获得额外的补贴而做出相应的行为。如表3-2所示，在乡村教师生活待遇的主要内容中，报酬性工具使用的次数最多，总占比数值也最高。尤其是在生活补助和工资待遇上，更注重该种工具的选择和使用，因为这两项内容直接涉及经济上的支出和补给，也是乡村教师生活待遇中所占比例较大的部分。在医疗保障、社会保险和住房保障待遇的政策内容中，也有报酬性工具的体现，如根据教师实际情况给予的住房补贴、大病救助等费用支出等。

实践证明，通过多重路径的教育投入会改善乡村教师的生活及工作环境，让更多的乡村教师愿意主动留任。

（三）着眼于政策工具的短期效益

报酬性工具更注重短期效益，通过多种形式的教育补贴，直接给予个体或者机构相应的货币。这种直接性的给予行为，会激发个体或组织机构为做出政府所希望出现的差异性行为而不断努力。例如在乡村教师生活补助政策制定过程中，无论是中央政策还是地方政策文本中均有提及根据工作地点及艰苦程度划分等级，即按照"越边远、越艰苦，补助标准越高"的原则实施差别化补助，个别省份则明确提出补助的等级及额度，如四川省、吉林省、西藏自治区等。在经费来源渠道方面，采取"地方自主，中央奖补"相结合的方式，中央财政将根据地方政策制定及实施的实际成效进行一定额度的奖补，以激发地方政府参与的主动性和积极性。使用这种政策工具，直接给予乡村教师生活补贴，增加了乡村教师工资待遇，确实能够起到一定的积极影响。但需注意，乡村教师生活补助范围及额度毕竟有限，平均每个月300—500元的补助额度与乡村教师当前生活所需相比，还只是杯水车薪，解决不了他们的实际困难，也难以在更大程度上激发他们的工作热情。相比较报酬性工具关注短期效益而言，职能拓展性工具更关注长期效益，更注重长期性教育投资。如表3-2所示，在国家政策文本中该项政策工具的使用还比较少，也是总占比数值最低的一项，说明政府在相关人力资源和信息技术资源方面投入还不足，对影响乡村教师长期发展的因素关注还不够。从目前各地方政策实施文本来看，职能拓展性工具的使用也比较有限。

（四）依赖于系统内部资源调配

为推动教育变革，实现教育资源有机整合，政府应该采取权威重组性政策工具,通过转移组织权威,改革相关制度体系来提高教育管理的效率,使教育资源能够得到最大限度的分配及使用。如表3-2所示,在乡村教师生活待遇的主要内容中该项工具的选择和使用次数比较少,总占比数值还比较低。与生活补助和工资待遇相比,该项工具在医疗保障、社会保险和住房保障待遇中的体现相对来说更为明显一些,这也恰恰符合上述内容涉及各级社会保障部门的支持与参与,且要求与之相关的制度改革。在解决乡村教师生活待遇问题上,各地方政策文本中权威重组性工具的使用率也不高。如与中央政策文本要求保持一致,各省虽有提及要改善乡村教师住房条件,建设乡村教师周转宿舍,做好乡村教师重大疾病救助工作,确保乡村教师健康体检等要求,但对具体执行部门、承担任务、完成要求等并未进行详细说明,也没有专门性的计划和方案。这种现象在地方政策文本中还是较为普遍的,绝大部分省份均没有针对性的解决细则可供参考。即便是个别省份有所提及,也更依赖于政府系统内部的资源分配,对外部社会资源的整合、匹配及使用等关注度并不高。如保障乡村教师住房待遇,除了政府的积极参与之外,是否可以适当引入市场竞争机制?是否可以尝试让市场也作为住房供给的一个主体,通过政府的政策优惠和倾斜,充分调动市场参与的主动性以弥补政府资源供给的不足?在社会保险待遇中,除了基本社会保险以外,是否也可以鼓励教师个体主动参与商业保险?是否可以鼓励商业保险部门调整保险种类,有针对性地为乡村教师提供适合的保险种类,以帮助他们将风险和损失降到最小范围?可见,目前政策在设计过程中,更多考虑的是教育系统内部如何进行资源配置,对如何与教育系统外部的相关部门进行沟通、交流与合作,如何积极发挥外部资源的影响作用尚缺乏系统思考。

第四章　乡村教师生活待遇政策执行成效及问题

一个政策问题的有效解决，其政策制定是第一环节，直接影响着政策执行的科学性。政策制定固然重要，但再好的政策如果得不到有效的执行，其价值也将无从体现。政策执行是政策过程的关键环节，是检验政策目标是否得以实现的重要阶段。政策执行过程主要表现为政府的一系列决策或者行动，它主要回答的是现行政策会产生什么样的后果，主要目的是有效地实施政策。政策工具的运用使得政府在政策制定和实施过程中更加理性，[1] 合理运用政策工具将有利于推动乡村教师生活待遇政策的有效实施。实践证明，即便是再完美的教育政策也可能在执行过程中受到诸多因素的影响而导致无法切实解决教育现实问题。本章将对乡村教师生活待遇实际情况以及政策执行情况进行实证调查，以期如实呈现其政策实施成效，分析其存在的主要问题。

一　乡村教师生活待遇政策执行调查样本选择

本书选择 J 省作为调查样本的来源区域。据国家统计局官方统计

---

[1] 周博文、张再生：《基于政策工具视角的我国众创政策量化分析》，《西南大学学报》（社会科学版）2019 年第 1 期。

数据显示，截至 2017 年底 J 省县级区划数 60 个，乡镇级区划数 919 个，其中镇 426 个，乡 182 个，街道 311 个。① 与 2016 年相比，街道增加了 11 个，镇减少了 2 个，行政区划上有所调整。从乡村教师数量来看，2017 年 J 省乡村小学专任教师 37071 人，比 2016 年减少了 1567 人，在 31 个省、市、自治区乡村小学专任教师总数排名中排第 17 位。2017 年乡村中学专任教师 13533 人，比 2016 年减少了 178 人，在全国中学专任教师总数排名中排第 18 位。从乡村学生数量来看，2017 年 J 省乡村小学生 262284 人，比 2016 年减少了 30437 人，在 31 个省、市、自治区乡村小学生总数排名中排第 19 位。2017 年乡村中学生 100416 人，比 2016 年多了 3050 人，在全国乡村中学生总数排名中排第 20 位。② 可见，无论在乡村教师数量还是学生数量上，J 省均处于全国中游位置，发展乡村教育的任务还比较艰巨。由于没有东部地区得天独厚的经济发展条件，又没有西部地区的倾斜性政策支持，对于 J 省的调查可以代表与该省发展水平持平的区域乡村教育发展的基本情况。此外，由于研究者生活和工作在 J 省，有着便利的调研条件，便于收集一手资料，以确保研究的可信性和可靠性。基于此，本调查研究中对 J 省四个县域（T 县、A 县、J 县和 Y 县）内的 20 所乡村学校的乡村教师进行了问卷调查，共发放问卷 500 份，回收 478 份，其中有效问卷 449 份，问卷有效率为 94%。访谈乡村教师 41 位，乡村学校领导 20 位，当地教育部门主管领导 4 位。在 T 县回收有效问卷 102 份，A 县 85 份，J 县 166 份，Y 县 96 份。为统计分析方便，对各县调研的学校、访谈的学校领导以及教师赋予人工代码。例如 TL 代表 T 县 L 学校（L 为学校首字母缩写），TL-X 代表 T

---

① 源自国家统计局《2018 年中国统计年鉴》《2017 年中国统计年鉴》中 1—1 全国行政区划统计表数据。
② 源自国家统计局《2018 年中国统计年鉴》《2017 年中国统计年鉴》中 21—18 分地区初中情况统计表数据和 21—19 分地区普通小学情况统计表数据。

县 L 学校校长，TL-J1 代表 T 县 L 学校教师 1，以此类推。

表 4-1　　问卷样本性别、学历及所属学校信息

问题	选项	频率	百分比（%）
性别	男	104	23.2
	女	345	76.8
学历	初级中学（初中）或以下	4	0.9
	中等专科（中专）或高级中学（高中）	26	5.8
	高等专科（2—3 年制）	93	20.7
	大学本科（4—5 年制）	318	70.8
	研究生	8	1.8
学校	非完全小学（教学点）	8	1.8
	完全小学	190	42.3
	九年一贯制	153	34.1
	初级中学	98	21.8

如表 4-1 所示，所有参与问卷调查的乡村教师中，女教师 345 人，男教师 104 人，分别占比为 76.8% 和 23.2%，女教师数量明显高于男教师，这与目前乡村学校男教师数量偏少的现实相一致。在学历水平上，被调查的 449 位乡村教师中，70.8% 的教师为大学本科学历，20.7% 的教师为专科学历，仅有 1.8% 的乡村教师为研究生学历。从所属学校类型来看，1.8% 的乡村教师来自非完全小学或者教学点学校，42.3% 的教师来自完全小学，34.1% 的教师来自九年一贯制学校，21.8% 的教师来自初级中学。

在职称等级方面，被调查的 449 位乡村教师中有 45 位三级教师、179 位二级教师、183 位一级教师、42 位高级教师，无正高级教师（见图 4-1）。其中，高级教师占比 9%，大部分被调查者为一、二级教师，综合占比 81%。在被问及所教科目与最高学历所学专业是否

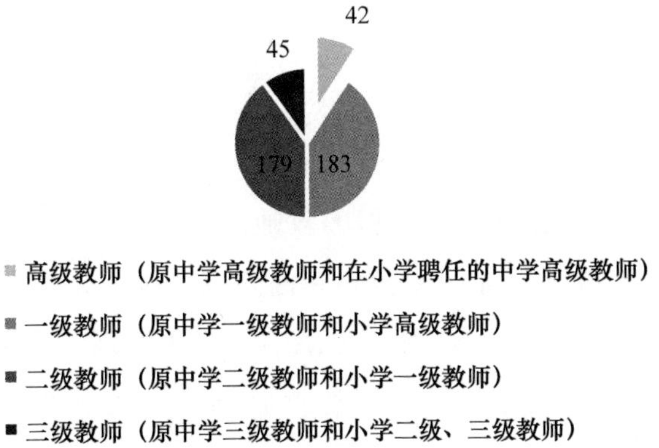

第四章　乡村教师生活待遇政策执行成效及问题　◈◈　*105*

图中数据：42、45、179、183

■ 高级教师（原中学高级教师和在小学聘任的中学高级教师）
■ 一级教师（原中学一级教师和小学高级教师）
■ 二级教师（原中学二级教师和小学一级教师）
■ 三级教师（原中学三级教师和小学二级、三级教师）

图 4-1　问卷样本职称级别统计（单位：人）

一致时，有 280 位教师回答所教科目与以往专业学习一致，另有 169 位教师任教学科与所学专业不一致（见图 4-2）。这种情况在乡村学校中也较为普遍，尤其在教育规模较小的村小及教学点学校中更为明显。由于教师资源有限，有的乡村教师可能除了要承担一门主教学科课程外，还必须承担其他学科课程。还有一种情况是通过公开招聘过来的特岗教师，由于学校急需学科教学等特殊原因，入职后从事的学科教学也可能与原有应聘专业不相符。

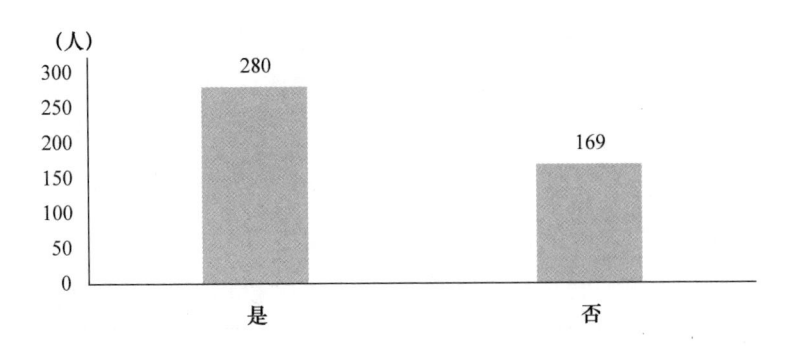

图 4-2　所教学科与所学专业一致性统计

以上统计数据表明，在广大乡村中小学校男女教师性别差异还比较大，男教师数量偏少，尤其是从事学科教学的男教师则更为稀少，一般平均4—5位教师中才会有一位男教师。尤其在比较偏僻的村小及教学点，男教师数量则更少。当前大部分乡村教师的学历层次均在大专以上，符合《中华人民共和国教师法》及《教师资格条例》中对于从教资格的基本要求，部分年龄偏大的教师学历层次偏低，研究生学历者还比较少。此种现象在访谈中也有所体现，如TF-X校长表示："我校现有高级教师3人，一级教师15人，二级教师5人；本科学历7人，专科学历14人。"TG-X校长谈及："我校高级教师9人，一级教师30人，二级教师14人。"TW-X校长表示："学校有高级教师6人，一级教师23人，二级教师4人，特岗教师1人，工勤1人。本科学历7人，专科学历26人，中专学历2人。教师年龄结构为50岁以上的20人，40—49岁的12人，35岁以下的3人。"JD-X主任谈道："我校30岁以下教师比较少，2%左右；30—40岁教师大约17%；40—50岁教师45%左右；50—60岁教师36%左右。我校近几年先后来了28位特岗教师，但都是两三年左右就调走了。"

从教师职称级别上看，高级职称教师所占比例较低，仅为9.4%，正高级职称评审则更加困难。从严格意义上来讲，目前乡村中小学高级教师比例可能比调研中的数据更低，因部分老师对中小学统一后的职称等级认识比较模糊。中小学教师职称等级统一标准后，原小学高级教师相当于一级教师，但个别教师和校长还是习惯于用以往的职称等级来进行评价。在被调查的449位教师中，包括校长在内，无正高级职称者，乡村教师评审正高级职称限制因素较多，程序也比较复杂。此外，被调查的乡村教师中有37.6%的教师目前所教科目与大学所学专业不一致，多数教师必须根据学校学科需要随时调整所教科目，即以满足基本教学需要为前提，有关专业基本功底、课堂教学实效等问题则退而求其次。

二 乡村教师生活待遇政策执行的成效

乡村教育是中国教育事业发展的"短板",乡村教师是乡村教育发展的"核心"。一直以来乡村教师在国家和广大社会民众心目中都是被关注的对象。进入 21 世纪,尤其是《乡村教师支持计划(2015—2020 年)》发布以来,中国将发展乡村教育,建设高素质乡村教师队伍放在重要的政策议程,给广大乡村教师带来了新的希望。结合已有研究成果和本书实证调查,该政策在执行过程中确实取得了一定的积极成效,不仅直接影响着乡村教师生活待遇的现状,也间接影响着乡村教师对职业的期许及评价。

(一) 乡村教师工资收入水平有所提高

在相当长的一段历史时期内,乡村教师群体普遍工资偏低,住房和医疗等保障待遇不如城市教师,乡村教师队伍极度不稳定。《中华人民共和国教师法》规定:"教师是履行教育教学职责的专业人员。""教师的平均工资水平应当不低于或者高于国家公务员的平均工资水平,并逐步提高。"当前教师的工资主要包括岗位工资、薪级工资、绩效工资和津贴补贴四部分。其中,岗位工资部分与教师职称等级直接挂钩,职称等级水平越高相应的岗位工资就越高;薪级工资主要看教师资历,与教龄长短有着密切的关系;绩效工资主要看教师的工作业绩考核,这部分工资的核定影响因素较多,核定方法也比较复杂;津贴和补贴是对教师的特殊鼓励及补偿等。

近年来国家陆续出台多部政策文本,高度强调发展乡村教育,加强乡村教师队伍建设,大力提高乡村教师工资待遇水平。各地政府部门在国家政策的统一部署下,根据地方发展实际,积极采取有力举措提高乡村教师工资收入,取得了一定的积极成效。为统计和分析方便,本书对现行乡村教师实发收入进行调查统计。调查研究显示,被调查者中有七成以上的乡村教师工资收入在3000元以上,两成以上的教师工资收入可以达到4000元以上(见表4-2)。访谈中也有教师表示入职以来经历了几次工资普调,与之前的工资收入相比确实有了一定提高。如 JL-J1 老师表示:"工资刚来时是2275元,但是第一年年末赶上了普调工资,就涨到了3488,还是比较幸运的。"JS-J1 老师谈道:"我是中级职称,在学校里工资还算比较高的,大概4100元,自己基本不添置新东西,大部分都给孩子教育付出了。"

表4-2　　　　　　　　　　　工资收入状况

问题	选项	频率	百分比(%)	累计百分比(%)
您每月实发工资大约为	2000元及以下	54	12.0	12.0
	2001—2500元	35	7.8	19.8
	2501—3000元	40	8.9	28.7
	3001—3500元	113	25.2	53.9
	3501—4000元	102	22.7	76.6
	4001元及以上	105	23.4	100.0
	合计	449	100.0	

中国基础教育发展差异不仅体现在城乡之间,在不同区域间的差异也较大。从区域乡村教育发展态势来看,东部地区依靠自身经济实力可以保证乡村教育的基本所需;西部地区有着得天独厚的政策优势,发展速度也较快。西部地区虽处于经济欠发达区域,地广人稀,经济发展态势不佳,但多年来国家对西部地区教育进行"输血式"投入,大力支持西部乡村教育发展。西部很多乡村学校基础设施都得到了明显的改善,乡村教师工作收入水平也得到了显著的提升。如研究者之前也曾对新疆H县乡村教师进行过个别访谈,目前H县乡村教师平均月工资收入在6000—7000元,教学设施较为完善。对于西

部乡村教师来说，除工作地点较为偏僻以外，其工资福利待遇要比内地乡村教师好。相比之下，唯独中部地区会因经济实力不足和有限的国家支持力度，导致乡村教育处在"边缘"地带。尽管受地理位置、经济水平以及历史差异等因素的影响，各地乡村教师与城市教师在工资收入上相比还有一定现实差距，但这种差距也在逐渐缩小。

（二）乡村教师住房保障得到改善

对于乡村教师来说，住房是其栖居之所，也是其基本生活所需。地处偏远区域的乡村教师，受交通和自然环境等因素的影响，对住房位置、质量、条件以及设施等方面也有一定的需求，且这种需求也将影响其工作动机和工作热情。作为事业单位人员，乡村教师并不拥有土地，但依然要保障其拥有安定的居住场所。在所有被调查的乡村教师中，69.7%的教师自购房，12.2%的教师自租房，8.2%的教师自建房，还有6.7%的教师住在学校提供的教师宿舍（见图4-3）。在对校长进行个别访谈时，校长们均表示学校大部分教师住房都是自行解决，有自购的商品房，也有农村自建房。学校没有土地所有权，也没有资金来源，不提供住房。对于个别确实出行困难的，学校在有限的条件下也尝试着给老师们创设条件，如安排临时住房或者为特岗教师提供教师周转住房等。

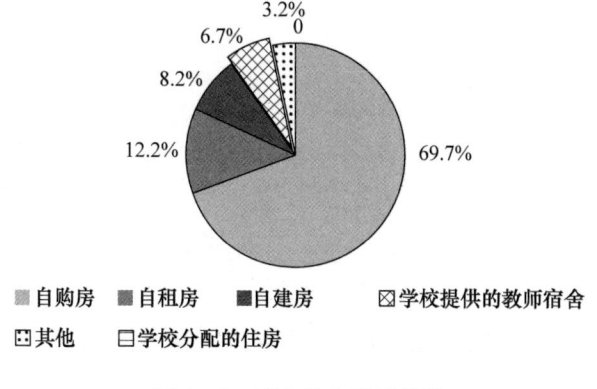

图4-3 现有住房类型统计

进一步调查了解乡村教师的人均住房面积,发现有76.8%的教师住房面积在50平方米以上,23.2%的教师住房面积在50平方米以下,仅有5.8%的教师住房面积不足20平方米(见图4-4)。尽管绝大部分乡村教师都是自行购房来满足居住需求,面临着较大的生活压力,但从现有住房面积来看,以一个三口之家来计算,50平方米以上的二居室也可以满足一家三口的基本住房需求。对于一部分有出行困难的教师和部分新入职的特岗教师,学校也在积极帮助解决。如访谈中TF-J2教师表示:"学校给特岗教师安排宿舍,我们这些有家室的都跑通勤,学校空间有限。"TL-J2老师表示:"离家远的老师和特岗教师给提供寝室,和学生住在一起,没有单独的住宿空间。"AJ-J1老师表示:"我所在的学校,安排通勤教师的住宿,四人一间,上下铺。"JD-J2校教师谈道:"单位给安排可以租的宿舍,两到四个人一套,可以合租,但是住宿条件不太好。"可见,尽管学校提供的周转房数量和条件还比较有限,但与之前相比学校对有住房困难的乡村教师关注度有所提高,学校层面也在竭尽所能为这部分乡村教师解决实际困难。

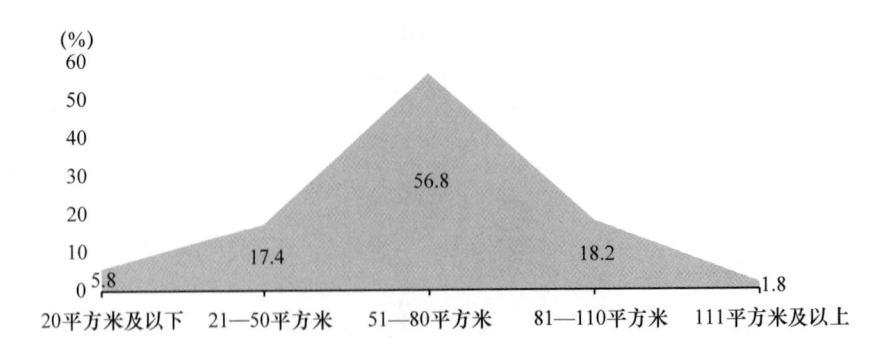

图4-4 现有住房面积统计

调研显示大部分乡村教师居住在镇上或者县城,乡村教师购房意愿比较强烈。与持续高涨的物价和房价相比,乡村教师工资待遇水平增长速度有限，不能满足教师购房的实际需求。支付能力是住房市场的重要信号。一般来说，消费者根据自己的支付能力来对住房类型进行选择，支付能力影响了消费者在住房市场中的选择；房地产开发商将依据消费者的支付能力来设计和开发不同的产品；政府也将根据消费者的支付能力来确定保障性住房的标准及其范围。可见，支付能力是研究住房市场和相关住房制度的重要指标。本书也对乡村教师住房支付能力进行了调查，88.6%的乡村教师表示自己目前还没有能力，仅有11.4%的教师表示自己有一定的支付能力（见图4-5）。

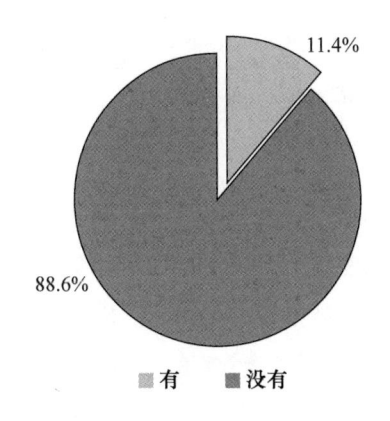

图4-5 住房支付能力统计

为有效解决这一问题，在住房供给量上，地方政府一方面积极建设经济适用房和公共租赁房，以帮助有实际困难的乡村教师解决住房难题，提供住房优惠；另一方面是积极落实住房公积金制度，尽管大部分乡村教师对公积金具体事宜的了解和认识还比较模糊，但其所在单位大部分还是能够按时足额缴纳住房公积金，教师自购房时也可以根据要求及时提取并使用公积金。一直以来虽然公众对于住房公积金的具体额度、计算比例以及提取过程等不是很了解，但对于住房公积金的重要作用的认识还是非常明确的。调查数据显示，被调查者中有73.3%的乡村教师表示学校及时为自己缴纳了住房公积金，对于住房公积金的办理流程及相关手续,53.0%的乡村教师表示可以顺利办理公积金的基本程序(见表4-3)。

表4-3　　　　　　　　及时缴纳和使用住房公积金状况

问题	选项	频率	百分比(%)	累计百分比(%)
您所在学校是否及时为教师缴纳住房公积金?	是	329	73.3	73.3
	否	42	9.3	82.6
	不清楚	78	17.4	100.0
如果您想购买房屋,是否可以顺利办理公积金购买的相关手续?	是	238	53.0	53.0
	否	46	10.3	63.3
	不清楚	165	36.7	100.0

中国住房公积金制度开始于20世纪90年代初,这一时期住房公积金的主要作用在于通过住房公积金发放住房建设项目贷款,为解决职工住房提供稳定的资金来源。21世纪以后,中国住房公积金管理制度更加规范,出台了很多新的政策文本。住房公积金缴存对象进一步扩大,缴存金额也有了显著提升,这一阶段住房公积金的保障作用越来越凸显,社会民众的关注程度也越来越高。

(三)乡村教师医疗保障取得进展

要想让乡村教师全身心地投入到乡村教育工作中去,必须在各方面给予及时保障。实现老有所养、病有所医,是人类社会的共同追求,也是重大的民生问题。乡村教师生活待遇政策实施以来,各地方政府积极筹措发展资金,大力开展医疗体制改革,健全基层卫生医疗服务体系,使得乡村教师能够享受规定范围内的医疗保障,以便安心从教。

实证调查中有64.2%的乡村教师均表示所在单位为其及时缴纳了

医疗保险，55.5%的乡村教师表示自己生病时是可以及时使用医保卡就医的（见表4-4）。个别学校还能够为教师缴纳大病救助保险，这种情况在对教师个别访谈中也有体现：TL-J1老师谈道："我的身体状况良好，生病就医时可以享受医保，对于重大疾病者，学校也会及时安排替换工作的老师，并辅助积极治疗，组织同事捐款，协助办理医保手续等，至于具体报销额度、医保收缴额度等不太清楚。"YW-J1老师提及："我的身体很健康，生病医保报销还是很及时，就是报销比例不高，很多都是自费项目，也很贵，有些项目没有报销。"JT-J2老师指出："医保方面还可以，市医保就医也比较方便。教师年底交100元的大病救助，可能是保险吧。"尽管乡村教师对于医疗保障政策的具体内容了解得并不多，但超过六成的教师均认为地方教育主管部门及其所在单位能够及时为其缴纳医疗保险，并按照相关规定支付一定比例的投保费用，调查显示有五成以上的乡村教师生病就医时可以及时使用医保。

表4-4　　　　　　　　　及时缴纳和使用医疗保险状况

问题	选项	频率	百分比（%）	累计百分比（%）
您所在学校是否为教师及时缴纳医疗保险？	是	288	64.2	64.2
	否	63	14.0	78.2
	不清楚	98	21.8	100.0
生病需要住院时，您的医疗保险是否可以很快落实？	是	249	55.5	55.5
	否	22	4.9	60.4
	不清楚	178	39.6	100.0
合计		449	100.0	

（四）乡村教师社会保险进一步规范

社会保险是社会保障制度的重要组成部分。根据第35届国际劳工大会的规定，可以将社会保障划分为医疗、疾病、残疾、老年、遗属、工伤、失业、生育、家庭津贴9个项目,每个遵守该公约的国家必须至少实施上述其中的3项。中国现行实施的是以社会救助、社会保险、社会福利为基础,以养老及医疗保障为重点,以慈善和商业保险为补充的社会保障制度。在社会保障制度中,缴费性的社会保险成为其核心内容。社会保险的目的是消除劳动者的后顾之忧,为其增加福利待遇以抵御各种原因带来的风险。对乡村教师享有的社会保障待遇情况进行调查,结果显示按选择比例频次高低排序依次为医疗保险(88.6%)、住房公积金(80.4%)、养老保险(71.1%)、生育保险(34.1%)、失业保险(29.2%)、工伤保险(26.5%)、意外保险(18.5%)和职业年金(8.5%)(见图4-6)。

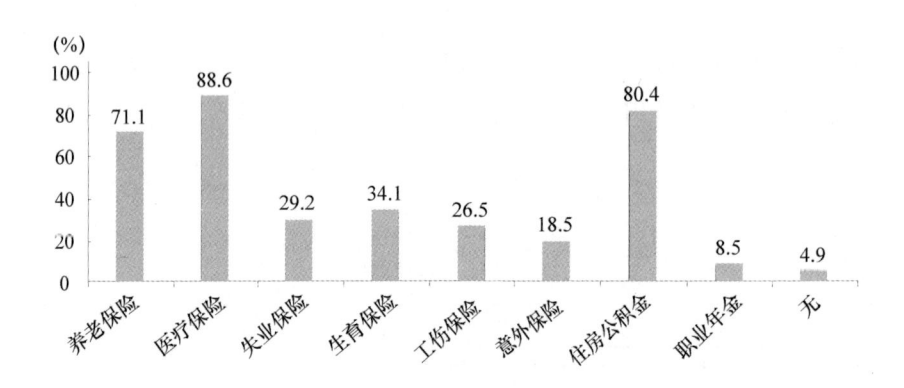

图4-6 享有社会保障待遇统计

目前乡村教师享受的社会保险待遇种类越来越多样化,主要包括养老保险、医疗保险、失业保险、工伤保险、生育保险等项目。此外,不仅包括传统的保险项目,还享受住房公积金以及职业年金等其他待遇,即人们经常提到的"三险一金""五险一金"等内容,从不同的方面给予全方位保障,以降低由于各类风险而带来的经济损失以及为处在困境中的乡村教师给予相应的补贴。当被问及"所在学校是否及时为教师缴纳社会保险"时,被调查的乡村教师中有57.2%的人持肯定态度（见表4-5）。

表4-5 及时缴纳社会保险状况

问题	选项	频率	百分比（%）	累计百分比（%）
所在学校是否及时为教师缴纳社会保险？	是	257	57.2	57.2
	否	59	13.2	70.4
	不清楚	133	29.6	100.0
	合计	449	100.0	

（五）乡村教师生活补助范围不断扩大

自2013年实施乡村教师生活补助政策以来，截至2018年8月底，中国已经实现了对22个省份725个连片特困地区的全覆盖，政策惠及8万所乡村中小学校的130万名乡村教师。6年间中央政府和地方政府不断增加生活补助投入，扩大政策实施范围，按照"地方自主，中央奖补"原则促进政策的有效落实。据教育部官方统计数据显示，2013—2017年全国22个省份连片特困地区县乡村教师生活补助财政投入从9.98亿元增加到49.20亿元，乡村教师人均月补助标准由原来的258元增至322元，平均增幅25%左右。截至目前，乡村教师生活补助人均标准在200—400元的占比68%，人均400元及以上的占比27%。全国范围内95%以上的乡村教师生活补助标准都能保证每月200元以上，只有个别区域还不足200元。乡村教师生活补助除了面向集中连片特困区域外，即使在没有特困地区的地方，各级政府部门也在积极采取措施，对所属贫困地区或偏远地区的乡村教师给予适当的补贴，以帮助他们解决一定的难题。尽管各地具体补贴项目和标准有所不同，但从整体落实情况看，还是取得了一定的积极成效。

根据中华人民共和国教育部官方网站统计数据显示，2017年J省连片特困地区县乡村教师生活补助资金总额为3406万元，覆盖学校

245所，受惠教师7900人，人均补助标准为359元。与其他省份相比，2017年J省人均补助额度在22个连片特困地区省份中排名第8位。在全国最低标准基础上，J省也根据实际情况适当提高补助标准，尽管没有大幅度提升，但在全国排名还比较靠前。2018年J省又在3个国家级连片特困地区县以外的12个非连片地区县实施了乡村教师生活补助政策，覆盖学校819所，受惠教师达到25100人，资金总额达到10748万元，经计算人均补助为356元。近两年J省乡村教师生活补助政策在政策实施对象和范围上都有所扩大，除了连片特困地区实现了全覆盖，非连片区域乡村教师也可以获得地方乡村教师生活补助，部分地区补助级别在180—360元不等。

表4-6　　　　　　　　对生活补助政策的认知状况

问题	选项	频率	百分比（%）	累计百分比（%）
您是否听说过乡村教师生活补助政策？	是	325	72.4	72.4
	否	72	16.0	88.4
	不清楚	52	11.6	100.0
	合计	449	100.0	

　　本书也对J省的乡村教师生活补助政策执行情况做了相关调查。调查数据显示被调查的四个县域内，72.4%的教师表示知晓该政策（见表4-6），在被问及所在地区是否有效落实了该政策时，将近四成教师持肯定态度（见表4-7）。在个别访谈中，也有不少乡村教师谈到有关生活补助的内容。如JT-J2老师谈道："当地教育行政部门可能也在努力提升教师们的生活待遇。"YQ-J1老师提到："我们现在有一个乡村教师补助，每个月180元，根据工龄不同，最高补助360元。"YW-J2老师表示："我所在学校享受乡补，按照职称划分我是最低档180元，但不确定这个额度是否合适或者应该是多少。"TL-J1

老师反馈："我校享受乡补,满 20 年教龄的每月补助 300 元。"TG-J2 老师表示："享受乡补,按照教龄等级分,我现在每月是 300 元,我觉得对于在乡镇通勤的教师来说,还是有些少。"TA-J1 老师谈道："享受乡村教师补助,每月 240 元,与其他地区比还是偏低。"

表 4-7　　　　　　　所在地区生活补助政策落实状况

问题	选项	频率	百分比（%）	累计百分比（%）
您所在地区是否落实了乡村教师生活补助政策？	是	173	38.5	38.5
	否	209	46.6	85.1
	不清楚	67	14.9	100.0
	合计	449	100.0	

综上分析,以被调查的 J 省为例,乡村教师生活补助范围进一步扩大,除了集中连片特困区域以外,非连片特困区域也在逐步享受生活补助政策。越来越多的乡村教师可以获得相应等级的生活补助。尽管与个别经济发达的省份相比 J 省的乡村教师补助标准还不高,但与之前的情况进行纵向比较,还是有了一定程度的提升,各级政府的重视程度也在逐渐加强。

(六) 乡村教师整体职业期待正在提升

乡村教师对自身工作价值的判断是多元且立体的,既有物质层面的渴望,也有精神层面的期盼。我们必须清醒地意识到,改革开放之后走上乡村教师工作岗位的那一代"中师生"即将整体退出,越来越多的新生代师范生将要走上乡村教师岗位。与老一代"中师生"相比,新生代高校师范生具有鲜明的时代特点。他们既不甘心于物质生活的贫困,也不会甘心于精神生活的匮乏,他们对物质生活和精神生活有着更高的需求,渴望得到更多的满足。近年来,乡村教师工资待遇整体有所提高,住房、医疗等社会保障也有所改善。有些乡村学校还加强了教育信息化建设,不仅关注教师专业成长,而且关注大龄乡村教师婚恋、子女受教育、乡村文化设施建设以及乡村教师身心健康等,努力为乡村教师提供更优质的生活条件,搭建更广阔的学习和交流平台,让乡村教师能够共享城市优质资源,缩小乡村与城市的差距。各级地方政府部门还想方设法建立各项制度和实施办法,助力教师专业成长,满足其职业发展需要。

在这种大环境影响之下,与之前相比乡村教师整体职业吸引力有了明显的提升。根据教育部官方统计数据显示,2016年全国招聘特岗教师6.81万名,截至目前教师在岗率为94.4%;2017年招聘特岗教师7.69万名,教师在岗率为97.4%;2018年招聘特岗教师8.52万名,考上特岗教师的人数占比当年毕业生总数的1%,说明特岗教师的含金量也是在逐年增高。特岗教师是乡村教师队伍的中坚力量,其身份比较特殊,工作的主要区域多为乡村中小学校。当前,特岗教师规模和队伍不断扩大,越来越多的特岗教师选择在现有岗位上继续留任。

表4-8　　　　　　　　对乡村教师发展趋势的评价状况

问题	选项	频率	百分比(%)	累计百分比(%)
您认为目前乡村教师的发展趋势如何?	很好	33	7.4	7.4
	好	46	10.2	17.6
	尚可	226	50.3	67.9
	差	105	23.4	91.3
	很差	39	8.7	100.0
	合计	449	100.0	

本调查结果也显示,有96%以上的乡村学校校长认为落实乡村教师生活待遇政策对于提升教师工作积极性等有较大的促进作用。在对当前乡村教师发展趋势的评价上,有7.4%的乡村教师认为目前发展

趋势"很好",10.2%的教师认为"好",50.3%的教师认为"尚可"。可见,有近七成的乡村教师对当前乡村教师队伍的发展和建设给予了较为肯定性的评价(见表4-8)。

表4-9　　　　　　　　　对政策实施的评价状况

问题	选项	频率	百分比(%)	累计百分比(%)
您认为当前《乡村教师支持计划（2015—2020年）》政策落实情况如何?	很好	23	5.1	5.1
	好	51	11.4	16.5
	尚可	203	45.2	61.7
	差	122	27.2	88.9
	很差	50	11.1	100.0
	合计	449	100.0	

研究人员进一步要求对《乡村教师支持计划（2015—2020年）》的落实情况进行评价,也有六成乡村教师认为在"尚可"等级以上(见表4-9)。作为乡村教师队伍的后备力量,师范院校毕业生对从事乡村教师工作的态度也在发生微妙的变化,从以往的不关注不认可逐渐转变为开始关注和渴望被认可。例如J省通过实施"特岗计划""免费师范生计划""硕师计划"等为乡村教师输送优质教师资源,成效显著。以研究者所在J省C大学为例,2015年全校招收两个省级免费师范生班级,2019年秋季毕业。自入校以来,学校和学院不仅为他们单独设计人才培养方案,提升其教师基本技能素养,而且经常对其进行从教宣传和相关政策解读。免费师范生从最开始的职业懵懂、心理戒备和消极怠学,到现在的职业期待、心理认可和积极承担,所有这些均是受到了国家政策的导向和引领,对从事乡村教师工作有了更新的认识。

三 乡村教师生活待遇政策执行的现存问题

结合上述分析，乡村教师生活待遇政策在执行过程中确实获得了一定的积极成效，一定程度上解决了乡村教师的生活难题，促进了乡村教师队伍的整体建设及发展。但实证调查也反映出政策执行中依然存在一些问题及阻碍，与政策目标的要求还有一定的现实差距。政策工具在政策执行中也尚未完全发挥其应有的功能和作用，从而出现政策执行偏差现象。以下基于政策工具视角对政策执行偏差现象进行剖析。

（一）命令性工具在政策执行中权威受阻

乡村教师生活待遇政策在制定环节使用了一些行政命令的手段，其选用目的在于通过政府约束或者强制手段来保障乡村教师的合法权益。这样进行政策设计的出发点是没有问题的，但这些工具在具体执行中缺乏相应的法令加以保障，导致政策在执行中出现偏差行为。即便是部分命令手段可以上升到法律层次，也会出现执行不到位、监管不及时、惩处不严格等问题。

1. 工资收入水平及其发放未能达到法定要求

在中国相关法律中，对教师工资收入水平是有明文规定的。《中华人民共和国教师法》规定："教师的平均工资水平不低于或者高于国家公务员的平均工资水平。"《中华人民共和国义务教育法》也规定："教师的平均工资水平应当不低于当地公务员的平均工资水平。"可见，从法定意义上讲教师工资应至少与公务员工资水平持平。但现实中教师尤其是乡村教师的工资收入未能与当地公务员工资收入持平或者高于公务员的平均工资收入水平，两者之间还有较大差距，且个别地区出现乡村教师工资拖欠以及工资发放不及时、不足额等问题。

(1) 工资收入尚未达到当地公务员平均工资水平

中国公办学校教师属于事业人员，其工资收入应按照国家对事业单位人员的统一标准和要求进行核定。公务员是纳入行政编制的国家公职人员，属于机关工作人员。根据 J 省的统计数据，2017 年城镇非私营从业人员年平均工资为 61451 元。按照企业、事业和机关来划分，企业人员的年平均工资为 60464 元，事业人员为 62872 元，而机关人员则为 64830 元。目前该省事业人员平均工资水平低于机关人员平均工资水平。统计数据还显示，2017 年被调查的 4 个县域（J、A、T 和 Y）城镇非私营单位从业人员年平均工资分别为 47396 元、49914 元、51137 元和 45357 元，相比较来看被调查的 4 个县域城镇非私营单位从业人员平均工资也均低于全省的平均水平。

尽管当前乡村教师工资收入有所提升，但与急剧上涨的物价速度相比，工资收入增长速度显然还比较慢。从前面的调查数据来看，12% 的教师月工资收入低于 2000 元，19.8% 的教师低于 2500 元，28.7% 的教师低于 3000 元，53.9% 的教师低于 3500 元，76.6% 的教师低于 4000 元。即便是按照月工资 4000 元这一收入水平来计算，年收入也仅为 48000 元左右。这与上面公布的 J 省机关人员年平均收入相比还有很大的差距。虽然现有可供查阅的文献资料中尚未有专门针对乡村教师从业人员平均工资的统计，也少有公开文件公布其与公务员平均工资水平的绝对比较，但研究者可以根据上述资料进行粗略对比，试图说明一定的现实问题。根据访谈调查资料所示，关于工资收入的调查统计数据也有些许误差存在。访谈中 JF-J1 老师表示："我每个月到手工资 3500 元，这些不够基本生活所需。比如我来说，一周来回车费需要 300—400 元，一个月下来就是 1000 元，余下 2500 元就够自己零花，家里孩子的花销都是我爱人负担。"JT-J1 老师谈道："现在的花销比较大，我在读研究生，需要交学费，还有房租、车费、饭费,这些基本上就占到工资的一半了。每个月还有些孝敬老人的、人情往来的,所以感觉目前生活品质不高,工资勉强能维持生活吧。"TG-J1 老师表示:"如果说满足吃饱穿暖,偶尔享受下美食的话,也就是保证一家三口能'活着',现在的工资是够的。但如果说还想赡养老人,给孩子稍微优质点的教育,一家人出去旅游享受一下生活,那就只能望洋兴叹了,那是想都不敢想的。应该说这也不是什么好高骛远的需求,从这些方面考虑,现在工资还是不能满足生活所需。"JS-J1 老师反馈:"工资待遇还是稍低,现在物价都上涨,家庭生活开销很大。像我们这样孩子上初高中的,补课就是一笔很大的费用,还有其他一些花销。"AY-J1 老师谈道:"现在的薪资待遇和生活条件仅仅可以满足基本开销,像娱乐支出、人情往来支出,或者想外出休闲旅游等就基本不敢想了。好在我还没有孩子,周围有孩子的同事们压力非常大。"因部分教师对工资项目理解比较模糊,访谈中大部分乡村教师表示从未查看过工资条目,对工资具体项目并不了解,因此在作答该项问题时,部分教师将工资总额简单等同于实发工资,故数据比例相对较高。就实际情况而言,月工资超过 4000 元的比例要更低一些,尚未达到当地公务员的平均工资水平。当被问及工资收入是否能够满足家庭生活开销时,仅有 1.6% 的人认为完全够用,有 58.8% 的人认为不够用甚至完全不够用(见表 4-10)。说明现有工资水平无法满足大部分乡村教师基本生活所需。

尤其是那些家庭子女人数较多、住所远离学校的乡村教师,工资收入大部分均用于子女教育和往返交通费用上(见图 4-7)。在工资收入支出备选项目中,除日常生活费以外,占比前三位的依次是子女教育费、人际交往费和交通费,分别占比 62.4%、46.1% 和 44.3%。其他如人际交往费、娱乐费以及其他费用支出等也占有一定比例。这些费用支出对于乡村教师个体及其家庭来说确实是一笔不小的数目,与乡村教师现有工资收入水平和物价上涨速度相比还有较大的实际差距。

表4-10 工资收入支撑家庭开销状况

问题	选项	频率	百分比（%）	累计百分比（%）
现有工资收入支撑家庭开销情况	完全够用	7	1.6	1.6
	基本够用	178	39.6	41.2
	不够用	205	45.7	86.9
	完全不够用	59	13.1	100.0
	合计	449	100.0	

	日常生活费	子女教育费	医疗保健费	人际交往费	娱乐费	交通费	其他
系列1	73.7	62.4	41.2	46.1	8.2	44.3	15.4

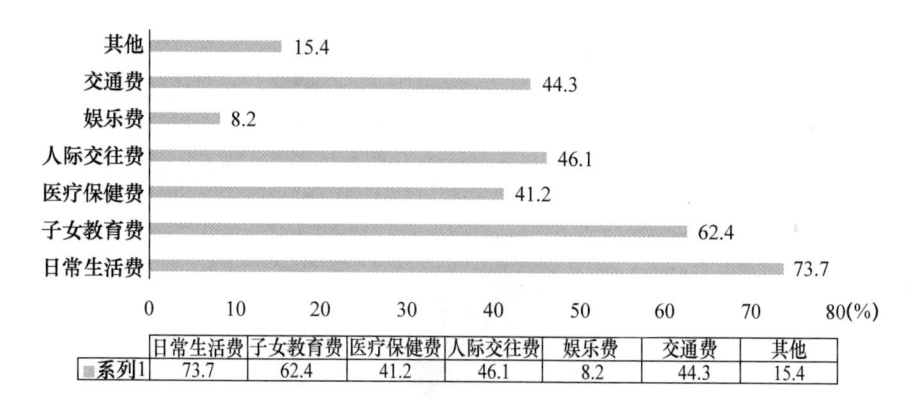

图4-7 工资收入中支出项目占比统计

这一问题在访谈中也得到了证实。如YF-J1老师谈道："我有三年教龄，有一个不到1岁的孩子，普通三口之家，生活条件中等水平吧，我工资每月3500元。现有工资水平不能满足我的基本生活所需。简单算一下吧，每月需支付水电煤开销约300元，交通费约700元，孩子花销1000元，家庭伙食开销2500元，通信费150元，这算下来我的工资基本就没了。还不算人情往来，或者家中有急事处理的时候。" AS-J1老师表示："当前的工资基本能满足，但是得有计划性地支出。如果有重大事件或者要购买贵重物品的时候，可能这个月生活方面就比较拮据了,其实生活压力还是很大。"

(2) 个别地区工资发放不够及时

《中华人民共和国义务教育法》规定"及时足额拨付义务教育经费""确保教职工工资按规定发放"。对于没有按照法律规定承担保障职责的,侵占或者挪用教育经费的都要依法追究相应责任。从工资发放情况来看,尽管大部分地区都能够保证及时足额发放,但依然有个别地区或者学校因多种原因导致工资无法按时并足额发放。

如图4-8所示,在被调查的449位乡村教师中,75.7%的教师表示每月工资能够按时足额发放,17.4%的教师表示能够按时但有时不能足额发放,4.9%的教师表示工资常常是推迟发放,还有2%的教师表示工资很难按时足额发放。整体来看,被调查区域中仍然有近三成的乡村教师表示工资发放还不够及时到位。

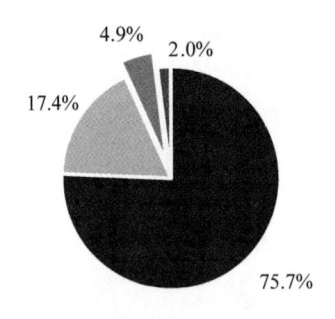

图4-8 工资发放情况统计

2. 社会保险待遇尚未达到法定要求

在社会保险项目费用的缴纳和使用上,《中华人民共和国义务教育法》明文规定"各级人民政府保障教师工资福利和社会保险待遇"。《中华人民共和国教师法》规定"教师医疗同当地国家公务员同等待遇",相关政策文本也明确指出"要及时足额缴纳社会保险",但在实际工作中个别地区和学校依然出现形式主义,做表面文章以应付检查的现象。

(1) 基本医疗保险尚未达到全覆盖

当前医保在广大乡村地区尚未实现全覆盖。被调查的乡村教师中,近四成乡村教师表示所在地区已经实现了医保定点门诊的全覆盖,可以就近选择就医,并及时使用医保。还有四成的乡村教师表示对医保是否实现全覆盖的情况并不了解,也从未关注过该问题,另有两成左右的教师明确表示所在区域并未实现定点门诊的全覆盖(见表4-11)。

表4-11　　　　　基本医疗保险区域全覆盖状况

问题	选项	频率	百分比(%)	累计百分比(%)
您所在地区是否实现医疗保险定点门诊对乡村地区的全面覆盖?	不清楚	190	42.3	42.3
	否	99	22.1	64.4
	是	160	35.6	100.0
	合计	449	100.0	

这里提到的医疗保险覆盖主要包括目标人群覆盖以及基金用途覆盖两方面内容。对于医保目标人群的覆盖,可能也理应实现全覆盖。社会保障理论中的"绿洲效应"可以解释这一现象,即把参加医保的人看作"绿洲",把不参加医保的人看作"沙漠"。如果"绿洲"不能覆盖"沙漠",那么"沙漠"就可能会吞噬"绿洲"。最好的办法就是将"绿洲"面积扩大,想尽办法将"沙漠"改造成"绿洲",达到应保尽保的状态。进入21世纪以来,中国医保体制改革如火如荼,取得了阶段性的成效。城镇职工基本医保、城乡居民基本医保已经基本覆盖,但依然没有做到目标人群的全覆盖,"沙漠"地带依然

存在。即便是全覆盖了,也要注意公平性和长期性,以免出现个别区域"缺水",导致"沙漠"重复出现。从医保用途上来看,要想达到全覆盖在现实中是做不到的。中国《社会保险法》规定,可以从基本医疗保险费用支出的主要包括"符合基本医疗保险药品目录、诊疗项目、医疗服务设施标准以及急诊、抢救的医疗费用"。所以,基本医疗保险可以支付的仅仅是"医疗费用"。在法律规定的应保之列所产生的费用,理应受到保障。如果超出上述"医疗费用"范围,则是法律所禁止的。现行国家医疗保障体系在技术上和能力上还不能实现医保用途的全覆盖。因此,对于医保全覆盖的理解并不是绝对意义上的,而是相对意义上的;从具体内容上看,主要考察适用对象的全覆盖而不是用途的全覆盖。

(2) 个别地区社会保险未能足额缴纳

当被问及"所在学校是否及时为教师缴纳社会保险"时,被调查的乡村教师中仍然有42.8%的人持否定态度,其中29.6%的乡村教师表示对该问题并不清楚。进一步对被调查的四个县域进行对比分析(见表4-12),每个县域内仅有三成左右的乡村教师明确表示所在单位及时为自己缴纳相关的社会保险项目。运用卡方分析的方法($\chi^2 = 12.121$, $df = 6$, $p > 0.05$)发现不同县域内乡村教师对这一问题的态度并没有显著差异。

3. 定期体检制度未能依法落实

《中华人民共和国教师法》规定:"定期对教师进行身体健康检查,并因地制宜安排教师进行休养。"因此,为乡村教师提供定期体检安排是学校的法定义务,获得体检待遇也是教师的合法权益。对于学校是否安排教师参加定期体检以及体检的具体项目情况,本调查结果显示66.4%的乡村教师表示所在学校并没有组织定期体检,仅有27.8%的乡村教师表示学校组织过定期体检,但定期的时间有所差异(见表4-13)。

第四章 乡村教师生活待遇政策执行成效及问题

表 4-12　　　　　不同县域缴纳社会保险状况交叉表

问题	您所在学校是否及时为教师缴纳社会保险？			χ^2	P
选项	是	否	不清楚		
T 县	61（23.7%）	9（15.3%）	32（24.1%）		
A 县	59（23.0%）	9（15.3%）	17（12.8%）		
J 县	81（31.5%）	28（47.4%）	57（42.8%）	12.121	0.059
Y 县	56（21.8%）	13（22.0%）	27（20.3%）		
合计	257（100.0%）	59（100.0%）	133（100.0%）		

表 4-13　　　　　　　学校定期体检状况

问题	选项	频率	百分比（%）	累计百分比（%）
学校是否定期安排教师参加体检？	不清楚	26	5.8	5.8
	否	298	66.4	72.2
	是	125	27.8	100.0
	合计	449	100.0	

运用卡方分析的方法进行统计，数据显示为 $\chi^2 = 123.088$，df = 6，$p < 0.001$（见表 4-14），说明不同县域内乡村教师对这一问题的作答态度有显著差异，其中 J 县和 T 县教师反映更为强烈，尤其是 J 县，有近五成教师表示自上班以来未曾享受定期体检待遇，这与两县相关政策未能具体落实有着直接性的关系。

从定期体检的具体项目来看，当前大部分乡村学校选择的还是常规性体检套餐项目（33%），乡村教师能够自主选择体检项目的为数还很少（4.5%）。此外，还有近五成的乡村教师表示自己并不清楚体检的具体项目（见图 4-9）。这个问题在个别访谈中也得到验证，大部分乡村教师表示还没有享受到规定的定期体检待遇。

表4-14　　　　不同县域学校定期体检状况交叉表

问题 选项	学校是否定期安排教师参加体检？			χ^2	P
	是	否	不清楚		
T县	27（21.6%）	71（23.8%）	4（15.4%）		
A县	60（48.0%）	21（7.1%）	4（15.4%）		
J县	12（9.6%）	147（49.3%）	7（26.9%）	123.088	0.000
Y县	26（20.8%）	59（19.8%）	11（42.3%）		
合计	125（100.0%）	298（100.0%）	26（100.0%）		

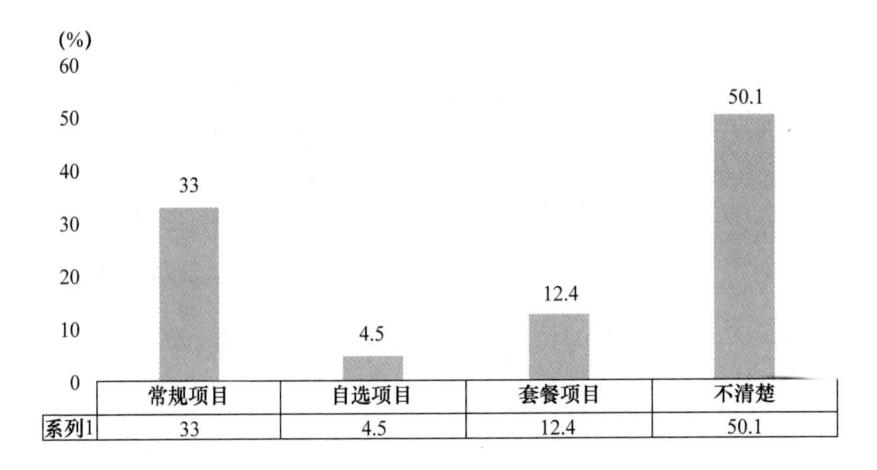

图4-9　定期体检项目统计

	常规项目	自选项目	套餐项目	不清楚
系列1	33	4.5	12.4	50.1

在对乡村教师的个别访谈中，绝大多数教师的反馈意见还是比较一致的。被访谈的41位教师中，有33位教师表示所在单位并没有安排教师参加定期体检，个别教师反馈自己已经有30多年没有体检过了。即使学校安排了体检，也多为常规项目，且体检机构基本都在社区医院或者乡卫生所。体检机构医疗器械有限，医生专业水平不高，体检结果也不够准确，有的时候严重病情得不到及时发现，因而耽误了最佳治疗时机。访谈中也有教师表示常规体检项目无法有针对性地对个体进行身体检测。对于自身的身体状况，一些老师认为自己处于

"亚健康"状态。如 JT-J3 老师谈道："我 55 岁了，从教 30 多年从来没有参加过学校组织的体检。平时身体也是小病不断，消炎药、清火药、降糖药、降压药等经常用，小病就自己在家吃药了，也不知道自己身体到底怎么样？"JL-J2 老师反馈道："很久以前有组织过老师到镇里的医院去体检，也有过县医院的医生带了简单的仪器到学校来体检。最近八年就没有过了。体检项目都是镇医院有啥，医生就检查啥，没有选择。本人身体亚健康，就是颈椎有些疼，常常有头晕的感觉，腰椎间盘脱出，久站和久坐就会非常疼。眼睛也近视，干涩。"JL-J1 老师表示："参加工作三年从未参加过任何一次体检，我的身体处于亚健康，工作压力较大。每天上课、批改作业、指导学生阅读，精神压力过大，导致内分泌紊乱，就会头疼、失眠、睡觉后出虚汗等。"YQ-J2 老师说道："单位组织过健康体检，但不是定期的，好多年前有一次。体检项目一般，太过于形式化。"YY-J2 老师谈道："组织过体检，但体检项目不好，固定的几项。像我这个年龄的人，身体各方面都不如从前，我有严重的糖尿病和高血压，希望在体检的时候能有针对性地选择"。TA-J2 老师反馈道："组织过体检，但是自费，检查的医院根本不行。"

表 4-15　　　　　　　　　　定期体检的频率

问题	选项	频率	百分比（%）	累计百分比（%）
距离上一次学校安排的体检有多久？	从未有过	139	30.9	30.9
	三年及以上	126	28.1	59.0
	两年	51	11.4	70.4
	一年	65	14.5	84.9
	不到一年	68	15.1	100.0
	合计	449	100.0	

关于定期体检的频率问题，在被问及距离上一次体检有多久时，

30.9%的乡村教师表示入职以来从未参加过学校组织的健康体检，28.1%的教师表示三年及以上时间，11.4的教师表示两年之内，14.5%的教师表示一年左右，还有15.1%的教师表示在一年之内（见表4-15）。

表4-16　　　　　不同县域定期体检频率状况交叉表

问题	距离上一次学校安排的体检有多久？					χ^2	P
选项	不到一年	一年	二年	三年及以上	从未有过		
T县	20 (29.4%)	3 (4.6%)	6 (11.8%)	62 (49.2%)	11 (7.9%)		
A县	26 (38.2%)	34 (52.3%)	18 (35.3%)	1 (0.8%)	6 (4.3%)		
J县	5 (7.4%)	12 (18.5%)	8 (15.7%)	55 (43.7%)	86 (61.9%)	236.789	0.000
Y县	17 (25.0%)	16 (24.6%)	19 (37.2%)	8 (6.3%)	36 (25.9%)		
合计	68 (100.0%)	65 (100.0%)	51 (100.0%)	126 (100.0%)	139 (100.0%)		

运用卡方分析的方法对不同县域的情况进行统计分析，数据显示为$\chi^2=236.789$，df=12，p<0.001（见表4-16），说明不同县域内乡村教师对这一问题的作答态度有显著差异。在教师个别访谈中，也有93.3%的教师对学校定期体检的开展情况不满意，个别县区内的教师表示自己从入职以来就从未参加过任何体检，有些30多年教龄的老教师也表示从未参加过学校组织的健康体检，对自己的身体健康状况并不了解。

（二）报酬性工具在政策执行中作用有限

与命令性工具相比，报酬性工具属于非强制性工具，是希望通过一定的经济手段来激励人们做出某种行为或施加某种影响。乡村教师生活待遇政策从政策制定到政策执行都离不开报酬性工具的设计和使用。给予乡村教师平等的工资待遇属于分配制度范围，其基本原则是秉持"按劳分配，多劳多得、少劳少得、不劳不得"。按照实际工作量、职称等级和教龄等划分工资等级水平，以货币手段来激励乡村教师从事教育教学工作。给予乡村教师生活补助属于奖励制度范围，对偏远贫困地区的乡村教师进行差别补助，按照"越边远越贫困，补助标准越高"原则进行差额补助，以激发边远贫困地区乡村教师的工作热情。从政策出发点来看，在分配制度和奖励制度中运用报酬性工具都是非常必要且可行的。在政策具体实施中，受经济实力水平、地区差异等因素的影响，报酬性工具发挥作用的深度和广度还比较有限。

1. 工资收入差别化不明显

如前所述，目前乡村教师工资收入并未超过当地公务员的平均工资水平，事实上这并不符合相关法律的规定性要求。此外，调研中也发现与体制内外工作人员的工资收入进行对比，乡村从教人员也并未体现出明显的收入优势。从教育体制内外工资收入的对比情况来看，当被问及现有工资收入与本县（区）其他职业人员相比较时，52.3%的乡村教师认为"差一些"，13.4%的乡村教师认为"差很多"。将现有工资收入与本县（区）同级教师收入相比较时，仍然有41.9%的乡村教师认为"差一些"，8.7%的教师认为"差很多"（见表4-17）。可见，乡村教师工资收入与本县（区）其他职业人员收入相比还有较大差距，与本县（区）同级教师收入相比，尤其是城市教师收入相比也有一定差距。

表4-17　　　　　　工资收入在教育体制内外的比较

问题	选项	频率	百分比（%）	累计百分比（%）
工资收入与本县（区）其他职业人员的收入相比	高很多	2	0.4	0.4
	高一些	16	3.6	4.0
	持平	136	30.3	34.3
	差一些	235	52.3	86.6
	差很多	60	13.4	100.0

续表

问题	选项	频率	百分比（%）	累计百分比（%）
工资收入与本县（区）同级教师的收入相比	高很多	1	0.2	0.2
	高一些	18	4.0	4.2
	持平	203	45.2	49.4
	差一些	188	41.9	91.3
	差很多	39	8.7	100.0
	合计	449	100.0	

对不同性别教师在两个问题上的作答情况分别进行卡方分析（$\chi^2=2.831$，df=4，p>0.05；$\chi^2=4.636$，df=4，p>0.05），说明不同性别的乡村教师在这两项问题上的作答态度并没有显著差异，男、女教师都觉得现行工资与区域内同级别教师或其他从业人员工资收入还有一定差距，乡村教师整体工资水平还有待于进一步提高。对不同县域所属乡村教师这两项问题的选择情况进行统计分析，T县有46.1%的教师认为目前工资收入与本县（区）其他职业人员相比"差一些"，5%的教师认为"差很多"；A县有36.5%的教师认为"差一些"，5%的教师认为"差很多"；J县有60%的教师认为"差一些"，20.1%的教师认为"差很多"；Y县则有61.5%的教师认为"差一些"，17.8%的教师认为"差很多"。运用卡方分析方法（$\chi^2=69.108$，df=12，p<0.001）（见表4-18），说明不同县域乡村教师对工资收入差距的态度有显著差异。相比T县和A县，J县和Y县教师收入问题更为突出，有近八成教师认为现有工资收入与其他县域相比有较大差距。

与本县域内其他同级教师工资收入相比，T县中55%的教师认为"持平"，其他三地的比例分别为56.5%、39.2%和35.4%。四个县域中认为自己工资收入与其他教师相比"差一些"甚至"差很多"的分别占比40.2%、34.1%、59%和61.5%。运用卡方分析的方法进行统计（$\chi^2 = 36.754$，df=12，$p<0.001$）（见表4-19），说明不同县域内乡村教师对这一问题的作答态度有显著差异。尤其是 J 县和 Y 县，乡村教师对县域外和县域内工资收入的额度还是有较大争议的。

可见，从乡村教师体制内外对比来看，被调查区域中近五成的乡村教师表示与同级教师或者其他职业人员收入相比还有较大差距，且不同县域内乡村教师对工资收入差距的态度有显著差异。近六成被调查乡村教师认为目前工资收入不能够满足家庭生活开销所需。在住房能力问题上，研究中曾对乡村教师是否有能力购房进行调查时，追问其到底是什么原因限制了个人的购买能力？将所有被调查者的作答情况按高低排序分别是工资待遇低（76.8%）、子女教育费用高（39%）、配偶无工作（14.7%）、交通不便利（12.7%）、其他（11.1%）和无住房公积金（3.1%）。统计结果表明，当前制约相关乡村教师住房支付能力的关键因素在于目前工资待遇水平不能够满足乡村教师的现实生活需要。面对高昂的住房市场价格，很多乡村教师只能望洋兴叹（见图4-10）。

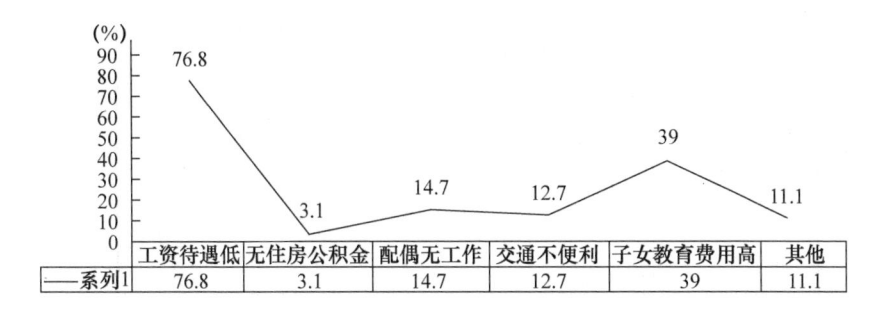

	工资待遇低	无住房公积金	配偶无工作	交通不便利	子女教育费用高	其他
系列1	76.8	3.1	14.7	12.7	39	11.1

图4-10　住房购买力影响因素统计

此外，当被问及除从事现有工作以外，自己是否有其他收入来源时，97.1%的教师表示没有其他收入，仅有2.9%的教师表示有额外

表4-18 不同县域教师工资收入体制外对比交叉表

问题	选项	您目前工资收入与本县（区）其他职业人员的收入相比					χ^2	P
		高很多	高一些	持平	差一些	差很多		
	T县	1 (50.0%)	7 (43.8%)	42 (30.9%)	47 (20.0%)	5 (8.3%)	69.108	0.000
	A县	1 (50.0%)	8 (50.0%)	41 (30.1%)	31 (13.2%)	4 (6.7%)		
	J县	0 (0%)	1 (6.2%)	33 (21.3%)	98 (41.7%)	34 (56.7%)		
	Y县	0 (0%)	0 (0%)	20 (14.7%)	59 (25.1%)	17 (28.3%)		
	合计	2 (100.0%)	16 (100.0%)	136 (100.0%)	235 (100.0%)	60 (100.0%)		

表4-19 不同县域教师工资收入体制内对比交叉表

问题	选项	您目前工资收入与本县（区）同级教师的收入相比					χ^2	P
		高很多	高一些	持平	差一些	差很多		
	T县	1 (100.0%)	4 (22.2%)	56 (27.6%)	38 (20.2%)	3 (7.7%)	36.754	0.000
	A县	0 (0%)	8 (44.4%)	48 (23.6%)	25 (13.3%)	4 (10.3%)		
	J县	0 (0%)	3 (16.7%)	65 (32.1%)	75 (39.9%)	23 (58.9%)		
	Y县	0 (0%)	3 (16.7%)	34 (16.7%)	50 (26.6%)	9 (23.1%)		
	合计	1 (100.0%)	18 (100.0%)	203 (100.0%)	188 (100.0%)	39 (100.0%)		

收入，具体来源主要有务农收入、理财收入、生意收入、课外辅导以及其他方面（见表4-20）。

表4-20　　　　　　　　　　额外收入状况

问题	选项	频率	百分比（%）	累计百分比（%）
除工资收入外您是否有其他收入？	是	13	2.9	2.9
	否	436	97.1	100.0
	合计	449	100.0	

研究人员将同样的问题换了一种方式进行提问，不再要求被调查者个人反映情况而是询问其周围同事是否有额外收入以及额外收入的来源途径时，教师们的作答情况就有了明显差异。如表4-21显示，除了打工收入和理财收入以外，每一个选项均有高于50人次的作答记录，其中课外辅导收入和生意收入占比较大，说明乡村教师在日常教学工作之余，受生活所迫也会在制度所限外私自从事一些其他工作，以获取一定报酬，这种情况在实际生活中还是存在的。在调查他人额外收入来源情况时，有289次选择记录显示"不清楚"，但其前提可能是"有"，这与之前问及个人额外收入来源的态度有明显差异，即对自己状况的回答形式上是非常明确的，对于他人的状况则显示出一定的质疑和不确定。首次调查中之所以没有人回应，主要是被调查者有一定的顾虑，中小学教师在工作之外从事其他营利性工作是不被允许的，会受到行政处分甚至会被撤销公职，因而即使有也不能如实作答。对于调查同事的情况，被调查者则放松了心理防线，加之匿名调查，也不会影响他人的工作稳定及安全，作答结果便有了明显的不同，其调查结果也能够说明一定问题。由于目前工资收入还不能满足其生活多方面要求，一些乡村教师便会想方设法通过其他路径增加额外收入，其中不乏违规行为。

表 4-21　　　　　　　　　额外收入具体来源　　　　　　　　单位：人

选项	自己的额外收入来源	他人的额外收入来源
务农收入	3	77
打工收入	0	35
生意收入	3	65
课外辅导收入	2	57
理财收入	3	43
其他	5	51
不清楚	0	289
总计	16	617

2. 生活补助额度普遍较低

尽管各地方政府根据实际情况提升了补助的标准，但提升幅度还很有限，每月 300—500 元的补助额度并不能从根本上解决乡村教师面临的实际困难。调查结果显示，关于乡村教师生活补助增长额度，近五成教师认为虽然有相关政策，但生活补助额度增长缓慢。超过三成的教师认为自己对额度增长等并不知情，缺乏一定认识和了解（见图 4-11）。

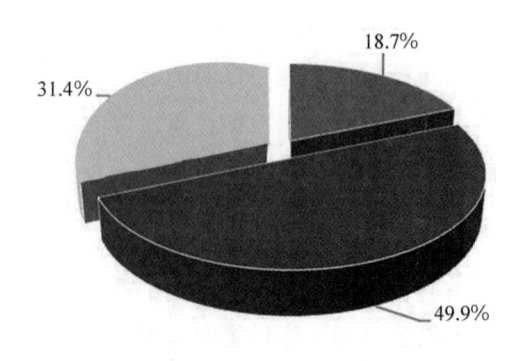

图 4-11　生活补助额度增长统计

第四章 乡村教师生活待遇政策执行成效及问题

在被调查的四个县域中，教师对该问题的作答差异非常显著（$\chi^2 = 57.661$，$df = 6$，$P < 0.001$）（见表4-22）。尤其是J县和Y县，被调查老师反映意见较大，认为该县乡村教师生活补助政策执行情况还不够理想。

表4-22　　　　　不同县域对生活补助额度态度状况交叉表

问题	您觉得乡村教师生活补助额度是否有较大幅度增长？			χ^2	P
选项	是	否	不清楚		
T县	26（30.9%）	39（17.4%）	37（26.2%）	57.661	0.000
A县	34（40.5%）	35（15.6%）	16（11.4%）		
J县	11（13.1%）	107（47.8%）	48（34.0%）		
Y县	13（15.5%）	43（19.2%）	40（28.4%）		
合计	84（100.0%）	224（100.0%）	141（100.0%）		

对于当前的生活补助，被调查乡村教师觉得额度还是比较低。那么乡村教师心目中的理想补助额度是多少呢？调查结果显示，被调查区域中仅有9.6%的乡村教师表示生活补助标准达到500元左右可以继续留任，27.4%的乡村教师表示如果标准提高到1000元左右自己将选择继续留任，近28.5%的教师认为1500—2000元比较合适，31.4%的教师认为高于3000元比较合适，还有3.1%的教师表示无论生活补助有多大幅度的提高，自己都不愿意在乡村长期任教（见图4-12）。

尽管数据具有地区差异，不具有普遍性意义和影响，但这也在一定程度上反映出乡村教育工作的现实困境，广大乡村教师在较为艰苦的任教环境和较低的福利待遇水平下，其职业认同感还有待于进一步加强。此外，部分省份仅仅落实了国家政策，即仅对属于政策范围的乡村教师进行补助，而对其他非国家所列区域的乡村教师则没有给予相应补助，出现身份相同但待遇不同的现象，影响乡村教师队伍的整

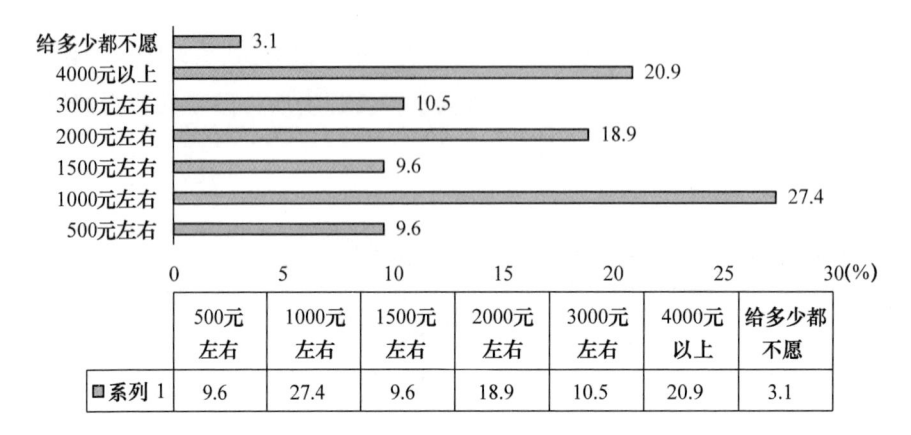

	500元左右	1000元左右	1500元左右	2000元左右	3000元左右	4000元以上	给多少都不愿
系列1	9.6	27.4	9.6	18.9	10.5	20.9	3.1

图 4-12　生活补助理想额度统计

体稳定性。此种现象在 J 省也有相应表现，在个别撤市设区的地方，原本应该享受乡村教师生活补助的学校及教师受行政体制归属的影响，成为政策的盲区，身份模糊导致部分乡村教师无法享受应有的政策待遇。

3. 职称差异及身份模糊的负导向

教师职称等级对工资收入有直接的影响，职称等级越高，岗位工资部分越高，相应的工资收入也就越多。一般情况下，同等学力水平和相同教龄的教师，高级职称与初级职称之间的工资差距可达1000—1500 元，而且每次工资调整，不同级别的教师工资涨幅额度也有所不同。可见，职称等级在工资收入差距中的重要影响。一直以来乡村教师职称评审机会较少，标准又较高，很多乡村教师认为职称评审犹如天方夜谭。自《乡村教师支持计划（2015—2020 年）》发布以来，系列相关文件中也有提及要对乡村教师职称评审进行适度倾斜，一些乡村教师也受到了政策红利的影响，但仍然有部分地区政策落实情况并不乐观。加之部分地区行政区划的变化，使得部分乡村教师身份更加模糊，出现了学校地理位置没有改变但教师身份变更导致

第四章 乡村教师生活待遇政策执行成效及问题

其不能获得应有的福利待遇。在被调查的 J 省就出现了这种情况，如 J 县和 T 县的乡村教师职称历史遗留问题迟迟未能得到有效解决，受行政区划改变的影响，J 县部分乡村学校教师身份模糊，直接影响了乡村教师的工资收入和各项补助的获得。在对 J 县的调查中，大部分被访教师均有谈及该区教师职称评审迟迟没有落实的问题。JT-J1 老师谈道："生活补助没有发放，工作以来一直没有。我们学校现在归街道了，上面说我们是城市教师，就没有补助。可是，我们学校地理位置这么偏僻，区域上来讲确实是乡村教师啊。关于身份的问题，我们一直也很模糊，学校处于三角地带，说城市不是城市，说乡村又不算乡村。我工作 10 年了，职称还是二级教师，我们学校只有校长是副高级，职称评审难度很大。"还有些教师谈及个人身份问题，如 JL-J3 老师也提到："我所在的学校没有享受乡补。因为我们学校虽然身居乡村，但镇政府不叫镇政府了，挂的牌子是街道办事处，所以就不能算乡村学校。"JL-J2 教师谈道："我们没有享受乡村教师生活补助政策，学校确实属于乡镇学校，但现在乡镇都变成街道了，原本的补助我们一点得不到。据我所知，邻近的地区都已经兑现了乡补，但我们这迟迟没兑现。如果把它列为城市学校，那也应该有阳光工资。"

实证调查中也对不同性别（$\chi^2 = 0.319$，$df = 2$，$P > 0.05$）、不同学历层次（$\chi^2 = 4.571$，$df = 8$，$P > 0.05$）的乡村教师对政策落实情况的态度进行了卡方分析，结果显示其差异并不显著，说明不同性别和不同学历层次的乡村教师对于政策落实成效评价较为一致。但对不同县域的乡村教师作答情况进行了卡方分析（$\chi^2 = 246.867$，$df = 0$，$P < 0.001$）（见表 4 – 23），结果显示不同县域乡村教师对政策落实的评价差异非常显著，说明地方政策在具体执行中可能出现了一定程度的偏差，政策实效有待于进一步检验。

表 4-23　　　　　不同县域对政策落实态度状况交叉表

问题	您所在地区是否落实了乡村教师生活补助政策?			χ^2	P
选项	是	否	不清楚		
T县	63（36.4%）	23（11.0%）	16（23.9%）	246.867	0.000
A县	63（36.4%）	11（5.3%）	11（16.4%）		
J县	3（1.8%）	153（73.2%）	10（14.9%）		
Y县	44（25.4%）	22（10.5%）	30（44.8%）		
合计	173（100.0%）	209（100.0%）	67（100.0%）		

此外，对不同职称等级的乡村教师作答情况进行了卡方分析（χ^2 = 18.986，df = 6，P < 0.01）（见表 4-24），发现不同职称等级水平的从教人员对于乡村教师生活补助情况的关注度和期望值也有较大差异。一般情况下，职称等级水平越高的教师，越关注政策的有效落实情况，因这将直接影响教师的福利待遇水平。

表 4-24　　　　　不同职称对政策落实态度状况交叉表

问题	您所在地区是否落实了乡村教师生活补助政策?			χ^2	P
选项	是	否	不清楚		
三级教师	20（11.6%）	15（7.2%）	10（14.9%）	18.986	0.004
二级教师	56（32.4%）	89（42.6%）	34（50.7%）		
一级教师	72（41.6%）	91（43.5%）	20（29.9%）		
高级教师	25（14.4%）	14（6.7%）	3（4.55）		
合计	173（100.0%）	209（100.0%）	67（100.0%）		

注：三级教师（原中学三级和小学二级、三级教师）；二级教师（原中学二级和小学一级教师）；一级教师（原中学一级和小学高级教师）；高级教师（原中学高级和在小学聘任的中学高级教师）。

（三）权威重组性工具在政策执行中形式单一

乡村教师生活待遇政策的有效落实，不仅需要中央政府的宏观调控，更需要地方政府的积极配合；不仅需要教育部门的统筹部署，更需要相关部门的通力合作。现行政策在执行过程中，尚缺乏相关组织机构的配合及有效沟通，政策合力效果不够明显。

1. 住房保障缺乏约束力和执行力

当前乡村教师住房大多数为自购房或自建房，只有少数特岗教师或者有特殊需求的乡村教师可以住在学校提供的教师周转宿舍中。在乡村教师住房保障的相关规定上，除要求按时为乡村教师缴纳住房公积金以外，目前尚未涉及其他部门的专有方案及其计划安排，如优先提供一定数量的保障性住房，建设一定数量的周转住房以及完善附近交通和生活设施等具体方案。调查结果显示，在被调查的四个县域中仍然有23.2%的乡村教师住房面积在50平方米以下，其中5.8%的新教师居住面积在20平方米以下。以一个三口之家来计算，住房面积在50平方米左右，人均住房面积在15平方米左右。如果家庭人数较多，则人均面积就更少。关于住房条件及保障问题，在教师个别访谈中TW-J1老师说道："我所在的学校，安排通勤教师的住宿，四人间集体宿舍，20平方米左右。"JT-J3教师谈道："学校在尽最大的努力解决我们这些外地老师的住校问题，但是学校的能力有限，目前五个人住在不到20平方米的屋子里，这是2015年改善后的住房了。今年新来的同事住到了值班室，晚上需要自己烧炕，不过学校已经提出申请改善住房了，我们也在期待中。因为周末老师们都回家了，我家在外地，为保证人身安全，周末就得和别人合租房子，这点是比较麻烦的。"AY-J2教师反映："学校给远道的年轻教师安排住宿，但是宿舍很拥挤，五个人一间，有时候通勤的教师留宿，那就是能睡几人睡几个，老师们都很和气。"YQ-J1教师反映："现在住房都是自己解决，可以用公积金购买自住房。但是像我们这样家离学校较远的教师，中午连个午休的地方都没有，办公室面积又十分有限，有时候几个老师共用办公桌，这种情况下，大家也是身心疲惫。"在对校长的个别访谈中，JL-X 校长提到:"本校教师住房主要分为三部分,一是在学校附近买房;二是在 J 县买房;三是在附近的 C 市买房。无论是哪种形式,都由教师自行解决。由于教师离校较远,大部分教师都是通勤方式,增加了上班赶时间的负担,同时没有交通补助也增加了教师的经济压力。"

由于乡村学校大部分地理位置比较偏僻,而教师自购房又主要集中在市区内,这样每天往返于学校和家庭之间,教师出行也面临着较大的困难。调查中进一步追问乡村教师出行的交通方式,被调查者中仅有 26.3% 的教师是步行上下班,27.1% 的教师乘坐公交车上下班,13.4% 的教师需要自驾车上下班,7.8% 的教师需要乘坐出租车上下班,8% 的教师乘坐学校或者县里班车上下班,另有 8.3% 的教师需要骑车上下班（见图 4-13）。这里无论是自驾车还是乘坐公交车、出租车上下班,不仅涉及往返交通费用问题,更涉及上下班的人身安全问题。

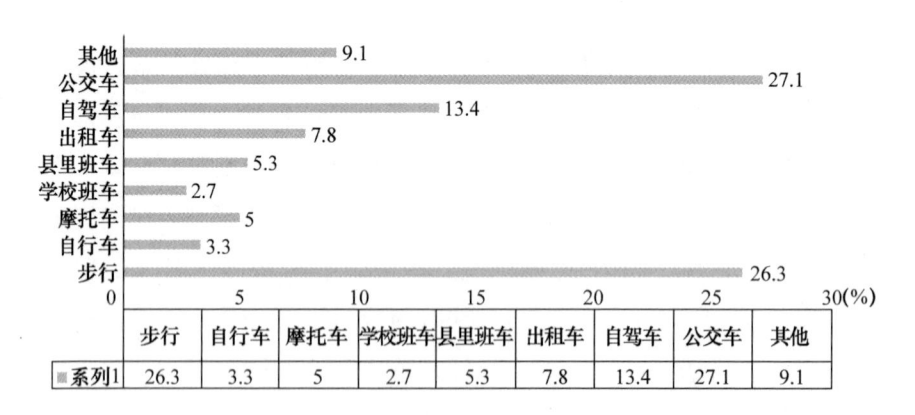

	步行	自行车	摩托车	学校班车	县里班车	出租车	自驾车	公交车	其他
系列1	26.3	3.3	5	2.7	5.3	7.8	13.4	27.1	9.1

图 4-13　出行交通工具选择方式统计

大部分乡村学校位置偏僻,路况较差,尤其是冬天冰雪天气,路面湿滑,极其危险。从上下班的时间来看,无论是选择哪一种交通方式,大部分乡村教师上下班时间相对都比较长。表 4-25 数据显示,

第四章 乡村教师生活待遇政策执行成效及问题

有近56%的乡村教师从住所去往所在学校需要1个小时左右，10%的教师在2个小时左右，还有2.4%的教师出行时间在3—4个小时。访谈中JT-X校长描述道："我们学校是九年一贯制学校，地理位置非常偏僻。全校共24位教师、152位学生。全校只有3位教师家在附近，其他教师大部分都住在C市，这些老师需要每周五晚结伴开车回家，周一早上再返回学校，来一次学校大概3个半小时。也就是说每周一早上，这些老师要在凌晨2、3点起床，4点出发，7点半左右才能到学校，开始一周的工作。先不说这一路的路况如何，单从身体消耗来讲，也是极大的体力消耗。老师们很辛苦。你们来的时候应该有感受了，通往我们学校的就这一条路，冬天的时候路面全是冰，路上还跑大车，大车把路面压得全是坑，上面很少下来检查，因为交通真的不方便。即使有文件、有任务也是我去开会，然后回来传达。往返学校的交通很不便利，所以老师们即使生病了，也不能马上就医，需要去县城或者到C市的医院就医，这一来一回就得半天时间。"JL-X校长也谈道："我校大部分教师离校较远，教师只能选择通勤的方式。这样增加了上班的时间，路途中也有危险因素存在；另外，老师们没有交通补助，增加了经济压力。学校是否可以考虑配备通勤车，方便老师上下班。"

表4-25　　　　　　　　上下班路途用时状况

选项	频率	百分比（%）	累计百分比（%）
5分钟以内	36	8.0	8.0
大约10分钟	107	23.8	31.8
大约30分钟	180	40.1	71.9
大约60分钟	72	16.1	88.0
大约90分钟	24	5.4	93.4

续表

选项	频率	百分比（%）	累计百分比（%）
大约150分钟	19	4.2	97.6
大约180分钟	5	1.1	98.7
大约240分钟	6	1.3	100.0
合计	449	100.0	

如果按照早七点半到校的时间来计算，个别住得较远的教师需要半夜起床赶路，一路颠簸3—4个小时才能到达学校，开始一天忙碌的教学工作。即使是对于家住县城的乡村教师，也需要将近1个小时的路程才能到达所在单位。为了减轻部分教师的出行难题，保障教师有足够的体力和精力从事教学工作，个别乡村学校都为每周通勤的教师安排了简易宿舍，但条件也非常有限。

2. 社会保险与商业保险耦合滞后

社会主义市场经济体制背景下，事业单位职工除享受国家基本社会保险以外，还可以购买其他商业保险以减少风险带来的损失，获得一定数额的赔偿保险金。与国家基本社会保险不同，商业保险是以营利为目的的保险形式，经营主体是商业保险公司。商业保险主要是按照自愿的原则签订保险合同来确定投保人和保险公司的责任关系。投保人根据合同向保险公司支付保险费，保险公司则根据合同的约定向其损失承担赔偿保险金责任。商业保险的范围和险种比较多样，有健康险、养老险、财险和寿险等。与社会保险由单位和个体共同按比例负担不同，商业保险完全由个人负担。遵循多投多保、少投少保的等价原则，投保人前期投保数额越大，当遇到风险遭受损失时获得的保险金就越高。对于乡村教师来说，除参与事业单位基本社会保险以外，是否还参与了其他商业保险？调查结果显示，被调查者中有76.8%的乡村教师表示没有参加过其他商业保险（见图4-14）。

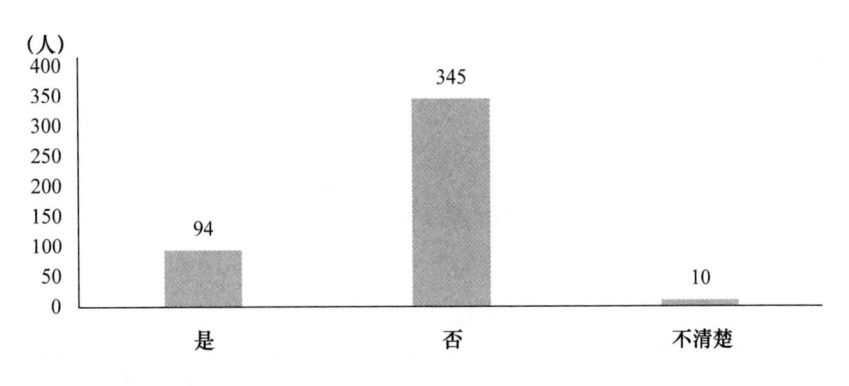

图 4-14　参加商业保险频数统计

运用卡方分析的方法对不同性别教师在该问题作答上进行检验，结果显示在是否参与其他商业保险的行为上不同性别的教师并无显著差异（$\chi^2 = 2.139$，$df = 2$，$p > 0.05$）；不同学历层次的教师在该项行为中也无明显差异（$\chi^2 = 7.539$，$df = 8$，$p > 0.05$）。另对具有不同职称的教师在该项行为中的选择情况进行分析，结果显示具有显著差异（$\chi^2 = 13.227$，$df = 6$，$p < 0.05$）（见表 4-26）。数据进一步显示职称等级越低的教师往往越关注基本社会保险以外的商业险种，并对这一问题给予更多的关注和采取相应的行动。

表 4-26　不同职称教师参与商业保险状况交叉表

问题	除了学校参保以外，您是否还参加了其他商业保险？			χ^2	P
选项	是	否	不清楚		
三级教师	11（11.7%）	32（9.3%）	2（20.0%）	13.227	0.04
二级教师	32（34.0%）	143（41.4%）	4（40.0%）		
一级教师	34（36.2%）	146（42.3%）	3（30.0%）		
高级教师	17（18.1%）	24（7.0%）	1（10.0%）		
合计	94（100.0%）	345（100.0%）	10（100.0%）		

3. 基层医疗机构资源分布不均衡

教师被誉为人类灵魂的工程师、春蚕、蜡烛……但这些蜡烛们、春蚕们的身体、心理状况如何？他们是否有足够健康的体魄和良好的心理素质从事教育教学工作？教师承担着教书育人的重任，其劳动具有复杂性和长期性特点，工作和精神压力都很大。当前不少一线教师身体都处于亚健康状态，颈椎病、静脉曲张、咽炎等成了最为普遍的教师职业病。人们常会听到某教师病倒、累倒在讲台，罹患绝症却依然带病坚持上课等报道。在广大乡村地区，教育资源的稀缺、教学环境的优劣、交通以及家校合作的阻碍等都会在一定程度上影响教师的身心健康。如表4-27所示，19.6%的乡村教师认为自己身体状况"差"甚至"很差"，47.2%的乡村教师认为自己身体健康状况"尚可"，16.7%的乡村教师认为自己身体状况"较好"，仅有16.5%的乡村教师认为自己身体状况"很好"。

表4-27　　　　　　　　　对自身健康状况的评价

选项	频率	百分比（%）	累计百分比（%）
很差	13	2.9	2.9
差	75	16.7	19.6
尚可	212	47.2	66.8
好	75	16.7	83.5
很好	74	16.5	100.0
合计	449	100.0	

在对一线校长的个别访谈中，YY-X校长谈道："教育局每两年组织一次体检，检查项目是套餐。目前学校教师身体状况一般，有几位患有重大疾病的都在休养中，家庭负担也比较重。"YW-X校长说道："现在的体检项目还是流于形式，老师们身体状况不太好，尤其是班主任老师都有一些隐形病，比如甲状腺、慢性咽炎和肺炎等。"

第四章 乡村教师生活待遇政策执行成效及问题　　147

当被问及目前乡村教师就医面临的主要问题时，根据教师们的选择进行排序，依次为医疗服务及用药费用高（68.8%）、医疗保障及救助体系不健全（43.4%）、政府财政投入不足（39.2%）、就医交通不够便利（33%）、医护人员服务意识不高（22.5%）以及其他（11.1%）（见图4-15）。

	医疗服务及用药费用高	医疗保障及救助体系不健全	政府财政投入不足	就医交通不够便利	医护人员服务意识不高	其他
系列1	68.8	43.4	39.2	33	22.5	11.1

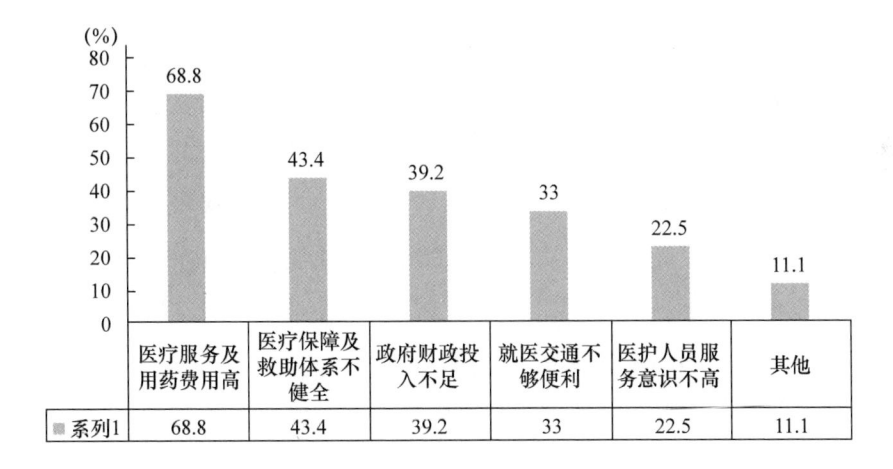

图4-15　乡村教师就医问题统计

在医疗保障服务方面，乡村教师更为关注医疗服务质量、药物费用以及医保救助体系建设等制度建设。尽管部分地区已经实现了医疗保障联网服务，但制度间的衔接障碍和相关部门之间的分散管理现象依然存在。当前，乡村地区医疗机构资源不足，设备不够先进，医务人员专业水平有限。可以说乡村教师这一特殊群体尚处在制度体系之外的边缘地带，更容易因病致贫，更需要给予更多的制度倾斜和政策保护。在政府机构改革和权力分配与协调方面，地方政府部门还有很大的操作空间，要充分利用现有的有限的教育资源，站在制度设计的高度，重新审视基层医疗服务保障体系的构建，统筹安排以发挥其最大的效用。

(四) 职能拓展性工具在政策执行中易被忽视

职能拓展性工具其根本出发点在于通过"投资"使组织机构及个体实现功能的永久性变化。在教育领域中，教育投资本身具有间接性和长效性特点，应用职能拓展性工具解决教育政策问题也属于一种长期性投资。落实乡村教师生活待遇政策，提高其基本工资收入、保障其享有规定的生活福利待遇都需要进行大量的经费投入，成本消耗较大。在确保物质生活条件的基础上，广大乡村教师还需要更高的精神激励、心理诉求以及良好的教育教学环境创设，而这些也需要高昂的费用支出和政策支持。由于各地经济、文化、历史发展等存在较大的现实差异，对长期性投资缺乏足够的认识，故地方政府在政策具体执行过程中，难免会出现"缩水"现象。

1. 尚未关注乡村教师的心理诉求

乡村教师工资收入受教龄和职称等级水平的直接影响，一般情况下职称等级越高，相应的工资收入也就越高。尽管目前的职称评审标准和要求已经有所改革，如中小学教师统一标准、改变唯学历、唯论文的评价导向等。但对于乡村教师而言，评审高级别职称相对来说还是比较难，名额非常有限，传统观念及人为因素也会影响评审的公平公正。就生活补助待遇来讲，乡村教师生活补助政策最初是针对集中连片特困地区的乡村教师，为其提供特殊区域工作补贴，以鼓励其更好地从事乡村教育工作。根据政策文本的要求，乡村教师生活补助是按照工作区域艰苦和边远程度来进行等级划分的，未在补助范围内的教师是没有办法获得相应补贴的，这样就会出现同为乡村教师但待遇不同的现象。

在广大基层乡村教师心目中，生活补助标准应该如何确定？怎样发放？本书也对这些问题进行了实证调查，根据教师们的作答情况按照比例高低依次排序，分别是教龄（78.2%）、教学工作量

第四章 乡村教师生活待遇政策执行成效及问题　　149

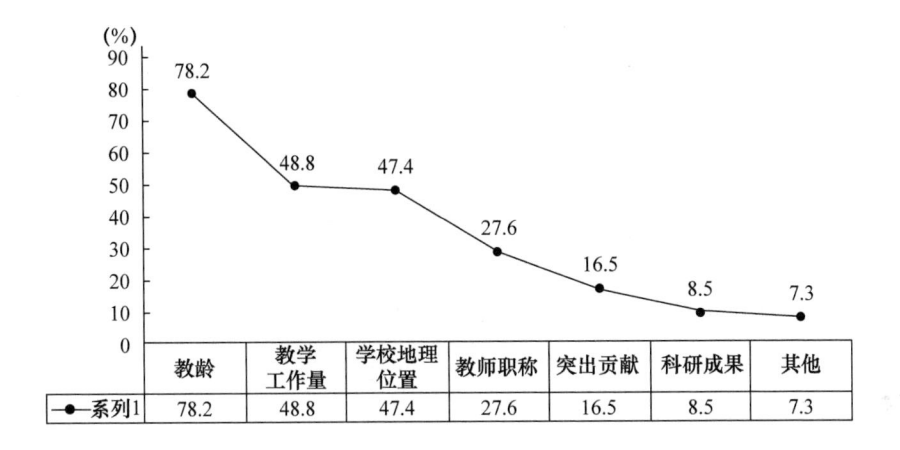

	教龄	教学工作量	学校地理位置	教师职称	突出贡献	科研成果	其他
系列1	78.2	48.8	47.4	27.6	16.5	8.5	7.3

图 4-16　生活补助额度影响因素统计

（48.8%）、学校地理位置（47.4%）、教师职称（27.6%）、突出贡献（16.5%）、科研成果（8.5%）以及其他因素（7.3%）（见图4-16）。从教师个体层面来看，在众多影响因素中，广大基层乡村教师认为教龄应该成为首要考虑因素，近八成教师都认为应该根据教龄长短来核定补助标准，任职时间越长的教师补助额度应该越大。其次应该考虑教学工作量，即是否完成了一定的教学任务。教学工作是学校教育的核心环节，是否完成规定的教学任务也应该成为核定标准的一个影响因素。学校地理位置也应重点考虑，越是边远、贫困的地区，补助标准应该越高。对于有突出贡献的乡村教师，也应该给予适当的奖励或者提高补助标准。至于科研成果等因素相对来说比较次要，尤其是对于乡村教师来说，科研整体实力比较薄弱，教师科研意识和能力水平等与城市教师相比还有较大差距。可见，无论在职称等级评定还是业绩贡献考察等方面，对于乡村教师科研成果的考核不应该成为主要因素，不应再用硬性指标来加以约束和衡量，应考虑更贴近乡村教师工作实际的影响因素。

2. 尚未关注政策执行的长期效应

落实乡村教师生活待遇政策是项系统工程，不仅包括生活补助政策的落实，还包括住房保障待遇、医疗保障待遇以及社会保险待遇的落实等方面。在住房保障和医疗保障方面，只聚焦政策文本的规定任务，没有更多考虑其他相关因素的影响，如交通是否便利、子女受教育问题能否解决、周边生活设施是否完善、医疗服务体系是否健全、社会保障部门能否积极配合等。政策执行中较多关注政策的短期效应，并未从长远角度把握政策发展的动向及其影响。

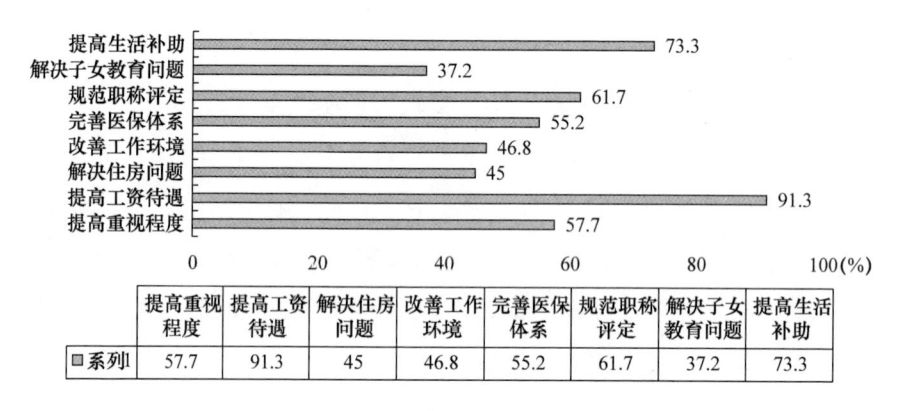

	提高重视程度	提高工资待遇	解决住房问题	改善工作环境	完善医保体系	规范职称评定	解决子女教育问题	提高生活补助
系列1	57.7	91.3	45	46.8	55.2	61.7	37.2	73.3

图 4-17 乡村教育急待解决的问题统计

在被问及当前乡村教师工作亟待解决的问题时，根据作答比例排序依次为提高工资待遇（91.3%）、提高生活补助（73.3%）、规范职称评定（61.7%）、提高重视程度（57.7%）、完善医疗保障体系（55.2%）、改善工作环境（46.8%）、解决住房问题（45%）以及解决子女教育问题（37.2%）（见图4-17）。显然当前乡村教师对于工资福利待遇内容的关注度较高，期待值也较高，说明现行工资福利待遇水平还不能完全满足乡村教师生活所需，为了追求更高质量的生活水平，乡村教师迫切希望能够得到更为理想的工资收入，获得更高的生活待遇。除了对直接货币内容的关注外，乡村教师对于职称评审等能够间接影响福利待遇水平的内容也较为关注。除了工资待遇以外，乡村教师质疑声较大的主要在职称评审方面，这一现象在教师个别访谈中也得以体现，大部分教师反馈意见比较多。此外，社会重视及评价程度、工作环境等外在因素也能够直接影响乡村教师工作的积极性和主动性，进而影响整个乡村教师队伍的稳定性，也需要各级政府给予更多的关注。

（五）劝告性工具在政策执行中力度不足

政策执行是政策过程的关键环节，政策宣传是否及时、到位和有效也会影响政策的实施成效。宣传手段是一种非强制性工具，政策制定者和执行者都需要对政策进行全方位的分析和解读，全面理解政策要求，才能在政策过程中遵循政策目标做出相应的政策行为。政策宣传包括政策信息的发布以及提供技术支持等。以乡村教师生活待遇政策为例，调查研究表明广大乡村教师对该政策的了解程度还很有限，对具体标准及相关要求等内容的认识比较模糊。

1. 对医疗保障内容认识模糊

如表 4-28 所示，在被问及对现有医疗保险政策及内容的了解时，仅有 0.7% 的乡村教师认为自己非常了解相关政策，有 67.5% 的教师表示不太了解，还有 8% 的教师表示完全不了解现行相关医保政策。说明几经改革的医保政策在广大乡村教师意识中还没有明确的认识和定位，对其内容以及教师应该享受的相关福利待遇的认识也较为模糊。

表4-28　　　　　　　对医疗保险政策的了解程度

选项	频率	百分比（%）	累计百分比（%）
非常了解	3	0.7	0.7
比较了解	107	23.8	24.5
不太了解	303	67.5	92.0
完全不了解	36	8.0	100.0
合计	449	100.0	

对于具体选择何种医疗保险方式，49.2%的教师认为基本医疗保险更为稳妥，5.6%的教师选择了商业医疗保险，还有21.6%的教师认为自己对相关医保方式并不清楚，因而无法进行对比选择（见图4-18）。

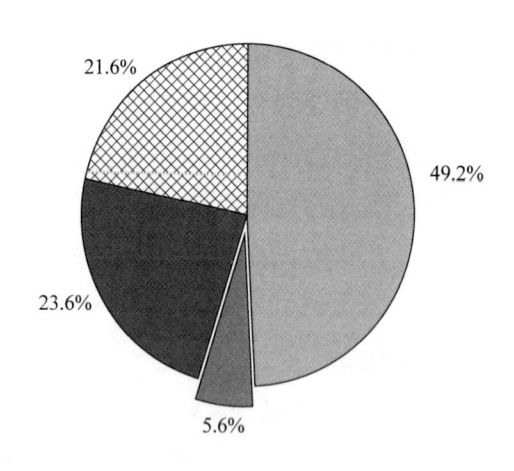

图4-18　倾向选择的医疗保险方式统计

这说明乡村教师对除基本医疗保险之外的其他商业医疗险种的了解和认识程度还非常有限。如前所述，近七成的乡村教师对现有医疗保险政策及内容不够了解，对教师应该享受的相关福利待遇也并不清楚。虽然广大乡村教师对每月工资收入的发放情况比较了解，但对于单位及其个人的医保缴纳情况并不是很清楚。对于当前医保的全覆盖情况，也有近四成乡村教师表示对情况并不了解，也从未关注过该问题。

2. 对社会保险及其他保险种类认识不足

在社会保险方面，近三成的乡村教师对学校缴纳社会保险的情况尚不清楚，对具体执行情况也不了解。从作答情况来看，还是以传统"三险一金"为主要项目种类，乡村教师对其他险种的了解程度还很有限，对自己是否享受其他各类险种意识还很模糊。大部分教师对社会保险种类、缴存比例等内容表示"不清楚""具体多少不知道，缴纳比例多少也不知道""能及时缴纳，但具体项目不清楚，好像是三险一金"等。

访谈中也有乡村教师表示"没有保过其他保险，也不太了解有哪些种类"；"亲戚家有个做保险的，一见面就开始推销保险，感觉那些都是骗人的，没参与过"；"不太懂什么商业保险，家里也没那个条件。听说一份保险都很贵，没有那些余钱购买"；"买商业保险都是有钱人的事吧，不懂也没买过，感觉没啥太大用处"。还有一位刚入职两年的 JD-J2 老师谈道："虽然我还年轻，身体也还好，但是正在考虑自行购买商业保险。学校的医保都是基本保险，报销比例有限，不想后期给家庭增加麻烦，有点余钱就准备购买了。"在 T 县的教师个别访谈中，TF-J2 老师谈道："我的一个同学，在另外一个学校工作。去年年底发现得了肺癌，情况不太好，需要住院手术。学校领导倒是挺关注的，也给了病假。但是对于她家来说，本来生活压力就比较大，再加上得了这么个病，花销马上就大了。好在她之前买过一个商业的医疗保险，具体是什么我不清楚，除了医保报销以外，这个商业险也报了很大一部分，最后算下来自己就没花多少钱了。以前我对保险也没有多少了解，也不太关注，同学这件事后，我就开始关注了，也琢磨着买一种合适的保险，正在考虑中。"调查结果显示，被调查县域内乡村教师社会保险待遇上，很少有其他专属项目或保险形式的介入。

3. 对住房保障内容认识不全面

在住房保障方面，关于住房公积金的缴纳、使用以及具体额度情况，绝大部分教师在认识层面还比较模糊。对于住房公积金的办理流程及相关手续，近四成的乡村教师表示并不清楚办理公积金的基本程序，也从来没有关注过公积金的额度及其使用情况。一直以来公众对于住房公积金的具体额度，计算比例以及提取过程等不是很了解。经调查统计可知，对于住房公积金的办理流程及相关手续，53.3%的乡村教师表示可以顺利办理公积金的基本程序，但仍然有36.7%的乡村教师表示对是否可以顺利办理以及如何办理等具体内容并不了解（见图4-19）。

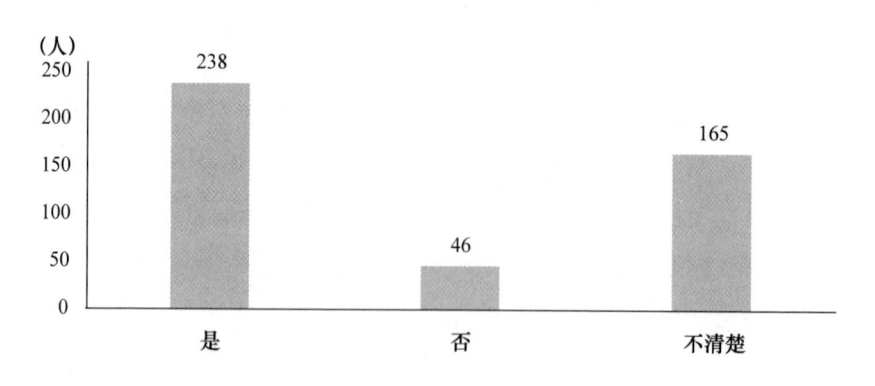

图4-19 使用住房公积金状况统计

关于个人住房公积金缴纳额度，被调查的教师中有20%的教师表示自己并不清楚每个月的公积金缴纳额度，有39%的教师表示每月个人需缴纳200—400元，21.4%的教师表示每月缴纳额度在400元以上，还有1.8%的教师表示由于各种原因目前尚未享受住房公积金

第四章　乡村教师生活待遇政策执行成效及问题　155

待遇，也并未进入个人缴纳环节（见图4-20）。在被调查的J省各级教育部门官方网站中，也尚未查询到有关于乡村教师住房保障待遇的专门性文件和统计数据。在对被调查县域相关教育主管领导进行的个别访谈中，四位教育主管部门领导对这一问题的回答也比较模糊，均表示各属地虽然已经意识到乡村教师住房保障待遇的重要性，但目前尚未对乡村教师住房待遇情况进行实质性的追踪调查及分析，也尚未形成专门的调研报告。教师住房问题主要还是依靠教师个人解决，教育部门与社会保障部门还缺乏有效的沟通与合作。

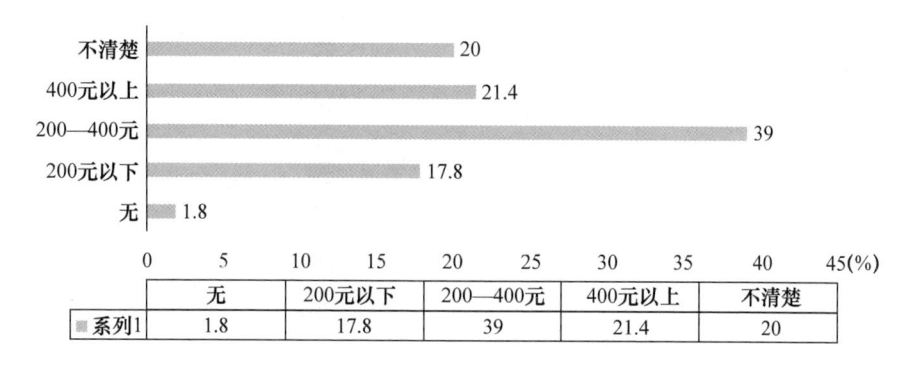

	无	200元以下	200—400元	400元以上	不清楚
系列1	1.8	17.8	39	21.4	20

图4-20　住房公积金缴纳额度统计

4. 对生活补助内容认识不到位

在生活补助方面，近七成的乡村教师表示知晓该政策，还有三成的教师表示并不知晓该政策（见图4-21）。尽管大部分乡村教师能够感受到国家对乡村教育工作的高度重视，但对究竟有什么样的政策、有哪些具体要求等并不清楚，说明政策信息的宣传范围有待扩大、力度还有待于加强。

另有调查研究显示，57.2%的乡村教师回应学校尚未及时发放生活补助，17.4%的乡村教师表示对是否及时发放等情况并不了解，说明被调查县域乡村教师生活补助政策执行还存在一定问题，政策宣传

156 乡村教师生活待遇政策执行研究

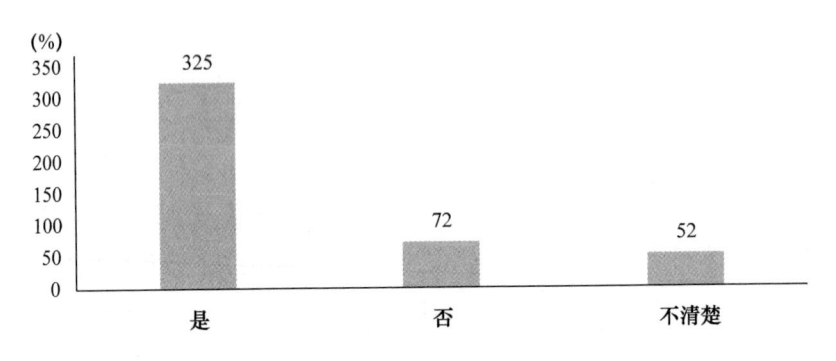

图 4-21　对生活补助政策的认知状况统计

和落实的还不够到位（见表 4-29）。

表 4-29　对所在学校政策落实态度状况

问题	选项	频率	百分比（%）	累计百分比（%）
您所在学校是否及时为教师发放生活补助？	是	114	25.4	25.4
	否	257	57.2	82.6
	不清楚	78	17.4	100.0
	合计	449	100.0	

对不同职称等级水平和不同县域的乡村教师对这一问题回答进行卡方分析，结果分别为 $\chi^2 = 23.851$，df = 6，$P < 0.01$ 和 $\chi^2 = 156.003$，df = 6，$P < 0.001$（见表 4-30、表 4-31）。数据显示不同职称水平的教师对政策落实情况的态度差异显著，而不同县域的教师对该问题的作答结果则差异非常显著。这说明乡村教师生活补助政策在地方政府层面和学校层面落实情况还有待于进一步加强。当然，这里有比较明显的地方影响因素。

表4-30　　　不同职称对学校政策落实态度状况交叉表

问题	您所在学校是否及时为教师发放生活补助?			χ^2	P
选项	是	否	不清楚		
三级教师	16 (14.0%)	13 (5.1%)	16 (20.5%)		
二级教师	49 (43.0%)	107 (41.6%)	23 (29.5%)		
一级教师	36 (31.6%)	116 (45.1%)	31 (39.7%)	23.851	0.001
高级教师	13 (11.4%)	21 (8.2%)	8 (10.3%)		
合计	114 (100.0%)	257 (100.0%)	78 (100.0%)		

表4-31　　　不同县域对学校政策落实态度状况交叉表

问题	您所在学校是否及时为教师发放生活补助?			χ^2	P
选项	是	否	不清楚		
T县	26 (22.8%)	49 (19.1%)	27 (34.6%)		
A县	55 (48.3%)	22 (8.5%)	8 (10.3%)		
J县	7 (6.1%)	146 (56.8%)	13 (16.7%)	156.003	0.000
Y县	26 (22.8%)	40 (15.6%)	30 (38.4%)		
合计	114 (100.0%)	257 (100.0%)	78 (100.0%)		

在政策执行过程中，也需要对政策执行成效进行及时的反馈。被调查的J省虽于2014年就制定了该省连片特困地区乡村中小学教师生活补助的相关管理办法，但对于具体执行成效并未进行及时的追踪和记录，也并未进行相应的信息公开。尤其是缺乏对各地执行情况的综合整理与分析，没有及时总结和反馈，政策信息资源的应有价值尚未得到很好的体现。

（六）对政策执行的总体评价

1. 政策满意度测评

尽管当前国家出台了系列发展乡村教育的政策文本，从物质上和精神上给予乡村教师更多的关注，但是从政策执行现状来看，地区差异比较大，依然存在一定的现实问题，乡村教师的职业期许并未完全实现。如教师们谈道："政策落实得还算可以，但是对乡村教师提高生活质量、提高自信这些方面还是欠缺。""政策还是非常好的，但一步步地落实下去犹如登天。政策落实不到位，我认为主要是缺少对政策落实的监督和评价。需要从上到下一步步做调研。""上面的这些政策，大部分是实施了的。我们也受益了，但是根据地方的实际情况，有时候就不一定会施行得那么到位，希望能有政策的直通渠道，让我们能够了解政策内容，上面也能实打实地、不受地域影响地落实到每个乡村教师身上。""教师待遇不应该低于公务员标准，但发放时间却和公务员不同，导致实际到手的却没有增长。各学校考核方案不同，教师过分注意学生的考试成绩而不关注学生其他方面的发展，补贴等有时候跟成绩挂钩，这点还是有问题的。"教师个别访谈中对于政策落实情况的整体评价，大部分老师对于政策出台本身还是比较认可的，但是对于具体执行效果以及出现的现实问题还是比较担忧。

表4-32 不同县域对乡村教师未来发展趋势评价状况交叉表

问题 选项	您认为目前乡村教师的发展趋势如何？					χ^2	P
	很好	好	尚可	差	很差		
J县	17 (51.5%)	19 (41.3%)	55 (24.3%)	10 (9.5%)	1 (2.6%)		
A县	9 (27.3%)	12 (26.1%)	50 (22.1%)	9 (8.6%)	5 (12.8%)		
J县	2 (6.1%)	8 (17.4%)	76 (33.6%)	55 (52.4%)	25 (64.1%)	78.123	0.000
Y县	5 (15.1%)	7 (15.2%)	45 (20.0%)	31 (29.5%)	8 (20.5%)		
合计	33 (100.0%)	46 (100.0%)	226 (100.0%)	105 (100.0%)	39 (100.0%)		

对不同县域乡村教师作答情况进行卡方分析，统计结果显示对于未来乡村教师发展的评价差异极其显著（$\chi^2 = 78.123$，df = 12，P <

0.001)（见表 4-32）。对《乡村教师支持计划（2015—2020 年）》的落实情况进行评价，不同县域教师作答差异显著（$\chi^2 = 111.298$，df = 12，P < 0.001）（见表 4-33），其中被调查的 J 县和 Y 县教师反馈意见较大。

表 4-33　　不同县域对乡村教师政策落实评价状况交叉表

问题	您认为当前《乡村教师支持计划（2015—2020 年）》政策落实情况如何？					χ^2	P
选项	很好	好	尚可	差	很差		
J 县	5（21.7%）	26（51.0%）	59（29.1%）	8（6.6%）	4（8.0%）		
A 县	8（34.8%）	13（25.5%）	49（24.1%）	9（7.4%）	6（12.0%）	111.298	0.000
J 县	4（17.4%）	4（7.8%）	53（26.1%）	71（58.2%）	34（68.0%）		
Y 县	6（26.1%）	8（15.7%）	42（20.7%）	34（27.8%）	6（12.0%）		
合计	23（100.0%）	51（100.0%）	203（100.0%）	122（100.0%）	50（100.0%）		

对不同职称等级的乡村教师作答情况进行卡方分析，关于未来乡村教师发展的评价结果存在显著差异（$\chi^2 = 30.948$，df = 12，P < 0.01）（见表 4-34），拥有中级职称的乡村教师对于未来发展的期许较低。在实证调查中，研究发现广大乡村教师职称评定比较滞后，拥有高级职称的教师少之又少，职称评审成为限制乡村教师专业发展的一大障碍。

在对现行乡村教师政策落实进行评价时，不同职称等级的乡村教师作答也呈现显著差异（$\chi^2 = 25.635$，df = 12，P < 0.05）（见表 4-35）。而对不同性别和学历水平的教师进行统计分析，则无明显差异，对当前乡村教师发展工作的整体评价比较一致。

表4-34　不同职称对乡村教师未来发展趋势评价状况交叉表

问题	您认为目前乡村教师的发展趋势如何？					χ²	P
选项	很好	好	尚可	差	很差		
三级教师	4（12.1%）	5（10.9%）	25（11.1%）	8（7.6%）	3（7.7%）		
二级教师	6（18.2%）	18（39.1%）	86（38.0%）	45（42.8%）	24（61.5%）		
一级教师	14（42.4%）	17（37.0%）	93（41.2%）	49（46.7%）	10（25.7%）	30.948	0.002
高级教师	9（27.3%）	6（13.0%）	22（9.7%）	3（2.9%）	2（5.1%）		
合计	33（100.0%）	46（100.0%）	226（100.0%）	105（100.0%）	39（100.0%）		

表4-35　不同职称对乡村教师政策实施评价状况交叉表

问题	您认为当前《乡村教师支持计划（2015—2020年）》政策落实情况如何？					χ²	P
选项	很好	好	尚可	差	很差		
三级教师	4（17.4%）	11（21.6%）	19（9.4%）	6（4.9%）	5（10.0%）		
二级教师	8（34.8%）	13（25.5%）	80（39.4%）	51（41.8%）	27（54.0%）		
一级教师	9（39.1%）	18（35.3%）	83（40.9%）	57（46.7%）	16（32.0%）	25.635	0.012
高级教师	2（8.7%）	9（17.6%）	21（10.3%）	8（6.6%）	2（4.0%）		
合计	23（100.0%）	51（100.0%）	203（100.0%）	122（100.0%）	50（100.0%）		

为了更加系统、全面地把握乡村教师对生活待遇政策的评价，在问卷第二部分还对政策整体满意度情况做了数据统计和分析。此部分调查，研究者是想了解样本人群对现有生活待遇的总体满意度情况。因此，该部分选择量表式问题进行设计，选项具体分为五个满意程度等级，分别是"非常不满意"（1分）、"不满意"（2分）、"基本满意"（3分）、"比较满意"（4分）和"非常满意"（5分）。

纵观被调查者对乡村教师当前生活待遇状况的态度统计数据，如表4-36所示，乡村教师对现有工资、住房、医疗、社会保险及生活补助待遇的满意度分别为2.32分、2.53分、2.55分、2.65分和2.13分，各方面满意度得分值均在2—3分之间，即基本满意和不满意之间。尤其是对现有工资收入以及生活补助待遇的评价，更倾向于不满意态度。整体上看五项满意度调查其标准差均在 0—1 之间，说明样本对项目态度的波动不大，作答具有一定的共性特点。

表 4-36　　对乡村教师生活待遇整体满意度情况

变量名称	样本	极小值	极大值	均值	标准差
对工资水平的满意度	449	1.00	5.00	2.32	0.895
对住房待遇的满意度	449	1.00	5.00	2.53	0.832
对医疗保健待遇的满意度	449	1.00	5.00	2.55	0.847
对社会保险待遇的满意度	449	1.00	5.00	2.65	0.830
对生活补助待遇的满意度	449	1.00	5.00	2.13	0.861

2. 政策建议共性分析

由于 SPSS21.0 统计软件只能对数据进行量化分析，对问卷中涉及的文字信息则无法进行相应统计。为此，对于问卷中出现的开放性试题，本书采用 NVivo 12.0 质化分析软件进行分析。根据 Strauss 和 Corbin 的相关研究，基于扎根理论的质化资料分析主要包括开放编码（Open Coding）、主轴编码（Axial Coding）和选择性编码（Select Coding）三个步骤。其中开放编码主要是对文本资料进行逐字检视和加以比较；主轴编码主要是依据所分析现象的相似条件以及行动策略等，划出适当的范畴，并寻找之间的关系；选择性编码主要是将两个以上的内容建立相关范畴，建立概念框架来反映社会现象。[①] 根据该理论指导，利用 NVivo 质化分析软件对问卷开放性试题进行质性分析。

对于"请用三个词表述作为乡村教师的真实感受"问题，首先将

---

① 刘世闵、李志伟：《质化研究必备工具 NVivo10 之图解与应用》，经济日报出版社 2017 年版，第 6—8 页。

作答记录导入到系统文档中，利用查询功能对文档中经常出现的词进行查询，设置好预设词数量及长度后，进行查询（见图4-22）。当请被调查者用三个词描述作为乡村教师的真实感受时，大部分乡村教师用"劳累、辛苦、艰苦、待遇低、不受重视、工作量大"等词语加以描述。如图4-22所示，词频最高的是"辛苦"，其次为"待遇低""工资低""地位低""劳累"等表述，还有超过六成的乡村教师表示工作很艰苦、很清贫。此外，交通、环境、工作量、工作动力和情绪（如无奈、无助、压抑等）也成为出现频率较高的词语。在被调查的所有乡村教师中，仅有不到两成的乡村教师用"开心""快乐""幸福""自豪"等形容现有工作状态。

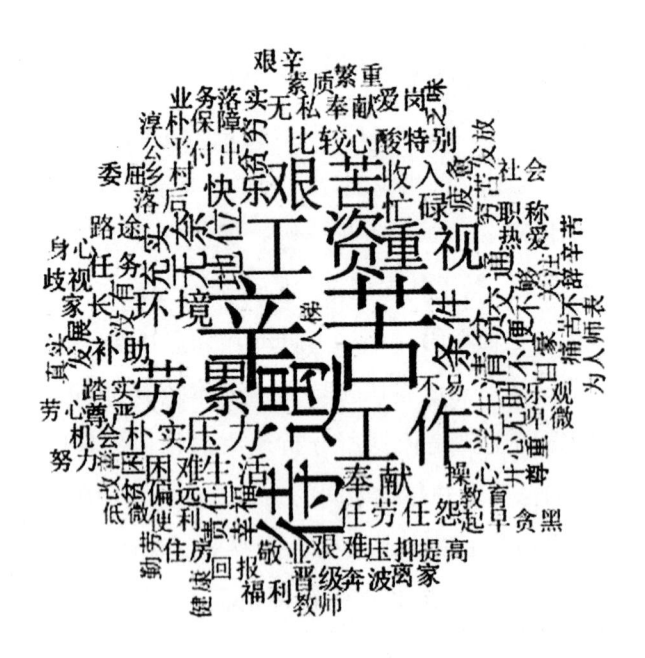

图4-22 从事乡村教师工作感受高频词汇

对于"乡村教师生活待遇政策还有哪些意见及建议"问题，首先将作答记录导入系统文档中，经逐字逐句分解后，进行自由节点编码，尽量保证自由节点丰富且具体，在编制自由节点过程中可以随时进行树状节点归集，并及时修改节点名称。文档经过主句分解后共建立 300 个自由节点，经过综合分析归类整理成树状节点（共七大项，每项中又具体包含若干个分支树状节点），最后分析各树状节点之间的关系（包括纵向关系和横向关系），通过建立分类关系模型，最后形成关系网状图。分析结果显示，对于现行乡村教师生活待遇政策，广大乡村教师普遍认为政策出发点还是非常好的，但政策在执行过程中还存在各种各样的问题。例如重视程度不高，工作负担较重，工资待遇较低，住房和医疗保障还不够完善，社会保险种类较少，此外教师职称评审不够规范、名额有限，工作环境较差，路途较远、交通不够便利等问题比较凸显（见图 4-23）。正是因为如此，广大乡村教师觉得与城市教师相比，与本应同等工资福利待遇水平的公务员相比，自己更像是"后妈的孩子"，生活和工作中所遇到的这些不公平待遇将会进一步导致乡村教师的流失，一旦有"更好的"机会便渴望"逃离"乡村学校。

如何切实解决这些现实问题，激发乡村教师更好地从事乡村教育工作呢？广大乡村教师从不同角度不同层面提出了相关政策建议，例如提高乡村教师社会地位，给予更多的社会关注及认可，提高各种福利待遇，落实各级政府责任，提供更为广阔的学习平台及发展空间，注重更高的精神追求，帮助弱势群体，呼吁公平对待等（见图 4-24）。可见，乡村教师生活待遇政策落实是项系统工程，不仅需要关注政策内容本身的相关要求，同时也需要其他配套性制度的改革与完善；不仅需要政府层面的统筹协调，同时也需要各地方政府的积极配合以及学校的保障落实。

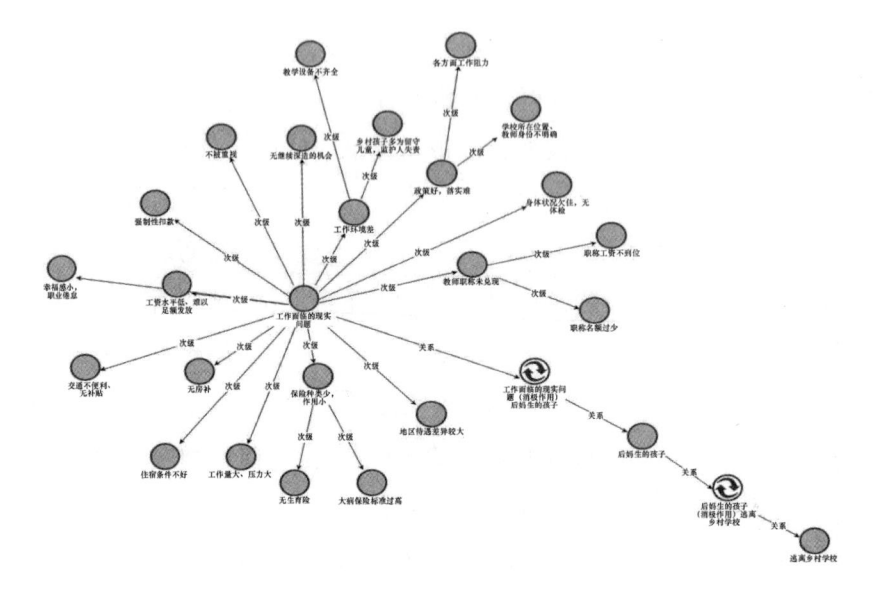

图 4-23　乡村教师生活待遇政策执行评价项目

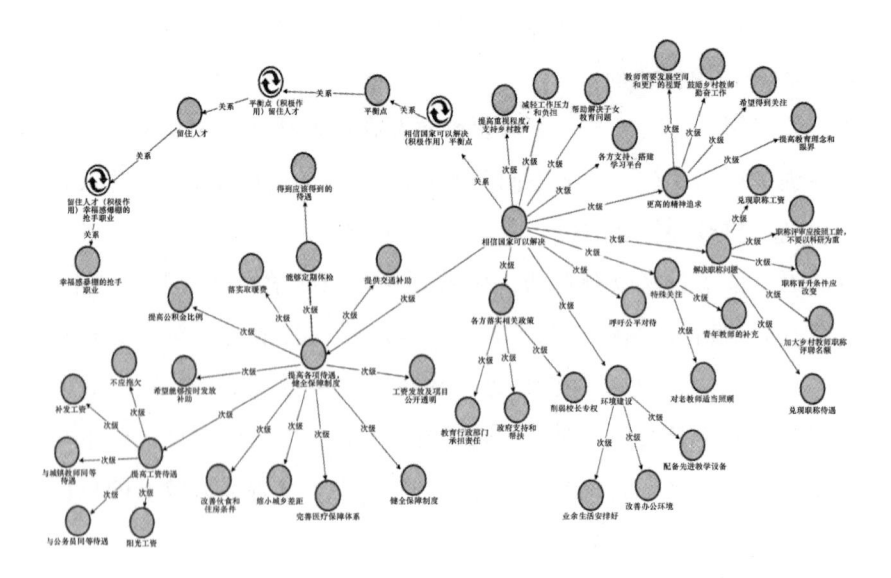

图 4-24　乡村教师生活待遇政策执行建议项目

第五章　乡村教师生活待遇政策执行问题的归因分析

如前所述，乡村教师生活待遇政策在执行过程中取得了一定积极成效，但依然存在一些现实性问题。究其原因，既有内部因素的直接性影响，又有外部环境的综合性影响，具体表现在政策工具差异性与工具选择复杂性、政府资源有限性与政策对象需要无限性、对组织的权威性期待与低效性现实、政策环境良性需求与现实偏差性影响之间存在矛盾冲突。

一　政策工具差异性与工具选择复杂性的冲突

政策工具是实现政策目标的具体方式和手段，在某种程度上要比政策目标的设计更为重要。公共政策研究认为工具是行动者采取或者潜在意义上可能采取的实现一个或者更多目标的任何手段。[1] 因此，政策工具有很多具体种类和表现样态，不同的政策工具有不同的特点、优势及不足（如第三章所述）。教育政策目标的实现依赖于教育政策工具的科学选择。但在实践过程中，政策工具选择也往往会出现一些现实问题，其原因一是对政策工具属性认识不够全面，二是政策利益相关者无法有效规避利益冲突。

---

[1]　张昕、李泉：《公共政策执行》，科学出版社2019年版，第167页。

(一) 对政策工具属性的认识存在现实偏差

从规范意义上说，进行政策工具选择时需要注意"有效性"和"合理性"。有效性追求的是技术的可操作性、过程的可控制性和方法的有效性。合理性追求的是政策目的与政策结果的道德合理性和公平公正性。① 对于一项政策而言，政策制定者和执行者都需关注政策的有效性及合理性。前述研究表明，对于乡村教师生活待遇政策，政策出发点并无问题，政策目标也比较明确，但在政策工具选择中却存在只注重短期效应，对政策工具本身的价值性和社会性缺乏一定的关注和研究。为实现既定的政策目标，无论是政策制定者还是政策执行者都倾向于选择最"省时、省力、省心"且"有效"的政策工具，并希望能够用较小的"资源投入"尽快地解决现实问题。但实际上这些被认为"有效"的政策工具并非是真正有效的，也并不一定会从根本上解决政策问题。

在提高乡村教师生活待遇过程中，使用货币方式无疑是最直接有效的。通过提高工资待遇、提高补助标准及扩大补助范围等激励性手段和方法，满足乡村教师的物质生活所需，以激发其工作动力。这种直接性影响确实起到了一定的积极作用，但要彻底解决乡村教师待遇问题，缩小城乡教师待遇差距，保证乡村教师较高的留任率，仅靠货币性方式是远远不够的。如在调查中乡村教师普遍反映除提高工资收入、增加生活补助等经济刺激以外，规范职称评审、提高重视程度以及营造良好的工作环境、完善社会保障制度和体系也是亟待解决的重要问题。访谈中个别老师也谈道："政策落实不好，没有看到实际效果。建议关注乡村教师医疗、住房、交通和文化设施建设和完善。比

---

① 杨华、王会：《"政府兜底"：农村社会冲突管理中的政策工具选择》，《国家行政学院学报》2015 年第 4 期。

如文化生活、体育锻炼等设施也应该及时完善。""希望教育专家和政府官员们能够真正走下来,做些实事,实地考察,在乡村学校听听课、蹲蹲点、脚踏实地地调研调研,然后再制定出切实可行的政策或者计划。""落实得一般,希望解决校内无车库、摩托车无处存放、通勤无补助等问题。""农村教师通勤多,没有交通补助,中午没有休息的地方。""生活补助不能按时发放。""不了解国家系列政策,应该让老师们更多地了解这些相关的政策,多给老师做宣传。""从源头上,政府要重视起来,要了解乡村教师的疾苦,现实点的话最好能下来体验一下乡村教师的生活和工作。只有亲身体验了、感受了,才能更多地考虑乡村教师待遇问题。乡村教师和市里教师的物质条件是没有可比性的。乡村教师付出更多,希望在培训方面能够多向乡村教师倾斜,希望多给乡村教师外出学习的机会,只有自己有一桶水,才能给孩子一杯水。""根据国家政策、结合地方实际解决乡村教师系列问题,如生活待遇要落实,另外职称评定等也应该落实,当然这块比较困难。"为乡村教师提供更为广阔的专业发展空间和平台,缩小乡村和城市的生活设施、教学设施及环境差距,给予乡村教师更多的社会关注和职业认可等都能够影响其工作动机和责任感,这是一项系统工程,需要政府调动一些可以调动的资源,各部门通力合作确保政策目标的实现。

(二) 难以规避政策利益相关者主观选择的倾向性

从本质上说政策过程是一种利益的分配与协调,公共政策是在个体价值判断基础上所作出的一种集体选择或者政府选择。每一位直接或者间接参与政策制定和执行的个体、组织都可能成为政策利益的相关者,都可能受到政策内容的影响和制约。这些政策利益相关者总是会关注对自己有益的政策,倾向于选择对自己有利的政策内容,一旦自己的利益受到损害或者是没有得到公平对待,就会马上对政策内容提出质疑或是对整个政策提出反对意见。约翰·爱默里克·爱德华·达尔伯格·阿克顿勋爵曾提到："权力倾向于腐败，绝对的权力导致绝对的腐败。"托马斯·霍布斯曾指出："人类具有永恒的无法宁静地追求权力的欲望。"① 对于政策利益相关者而言，一旦拥有了权力，就会通过行使权力来达到追求个人利益的目的，而个体或者组织利益得到满足的同时，也可能会侵犯他人或组织的利益，或者是与政策目标相偏离或者相违背。

本调查研究曾对乡村学校校长和教师进行个别访谈，关于学校是否安排教师参加定期体检、是否关注乡村教师身心健康等问题，校长与教师的回答具有较大差异。大部分乡村教师表示学校并未按照文件要求落实教师定期体检的规定，问卷调查中有72.2%的教师表示学校没有安排教师进行定期体检，个别访谈中也有80.1%的教师表示所在单位没有安排参加定期体检，有个别教师甚至反馈自己已经30多年没有参加过学校组织的体检了。即便是落实定期体检的学校，体检的时间间隔也比较长，体检项目也是常规的套餐项目，并未开展有针对性的体检项目，乡村教师在体检项目选择上几乎没有相对选择权。调查显示大部分教师对自身身体状况也没有给予更多关注，自我评价身体状况较好；而一线校长对该问题的回答具有明显的主观判断性，所有被调查学校主管领导均表示对所属教职工的身心健康情况较为关注，对学校员工的整体情况比较了解，对目前尚未有效执行的原因归结于学校层面"有心无力"，把主要责任归咎于上级教育行政部门的安排和指令，并未从自身及学校层面查找问题和深入反思。如TG-X校长谈道："没有组织教师集体体检；对于重大疾病教师，学校按规定要求尽力帮助其就医。"TL-X校长表示："学校教师年龄偏大，

---

① ［美］弗朗西斯·C. 福勒：《教育政策学导论》，许庆豫译，江苏教育出版社2007年版，第43页。

身体健康情况偏差，学校不组织体检。"TF-X 校长谈道："学校教师整体健康状况还可以，整体上年龄偏大，学校没有资金定期组织教师参加体检。"AS-X 校长反馈道："整体教师身体一般，体检不能每年保证，教师住院用医保。"在对乡村教师进行问卷调查时，被调查的 J 县教师对政策落实情况的反馈意见较多，满意度相对较低，这与 J 县乡村教师职称评审存在的历史遗留问题有直接的关联，一旦涉及自身利益问题时政策对象对政策的评价就可能出现一定偏差。

二 政府资源有限性与政策对象需要无限性的冲突

政策制定和政策执行受制于政府资源稀缺性的直接影响。一般情况下，政府资源越充足，政策制定和执行中可利用的资源越丰富多样，政策工具的可选择性就越大，政策工具发挥的效用就越大。然而，现实情境中政府可提供的资源是有限的，尤其是地方政府的可利用资源是更为有限的，有限的政府资源无法满足人民群众日益增长的物质和精神需要。在落实乡村教师生活待遇政策过程中，广大乡村教师对政府的依赖性增强，对政府行为给予更大的政策期许，然而政府资源的有限性及其对有限资源的调配能力却无法满足现实需要，面临现实阻碍。

（一）乡村教师住房保障供给不足

乡村教育落后的一个关键因素就是缺少优质教师。一直以来中国乡村教师队伍流动性较大，留任率较低，而住房问题是制约乡村教师流失的重要因素。在农业社会中，人口密度较低、土地资源相对丰富，人们居住所需土地资源只是当时可供资源的一小部分，人们对周围环境及条件的要求也并不高。进入现代工业社会以后，大量乡村人口涌入城市地区，城市地区人口密集、土地资源的有限性无法满足居民日益增长的住房需要，住房问题因而凸显。与之前相比，目前乡村教师工资水平虽然有了较大幅度提升，但仅凭提高教师工资收入来解决住房问题并不现实。

1. 乡村教师个人住房支付能力有限

在经济学领域中，需要与需求是不同的，它们之间既有联系又有区别。需要是人们的主观愿望，是需求产生的动力和基础，具有无限性特点；而需求是有支付能力的需要，只有具备了一定的支付能力，需求才能得到满足，因而需求是有限的。[①] 也就是说尽管人们对资源的需要是无限的，但能够满足这种需要的需求却是有限的。解决乡村教师住房需要的关键因素一方面是政府是否有能力提供或者鼓励市场提供充足的住房资源，另一方面则在于个人或者家庭是否拥有实际的支付能力。支付能力决定了个人或家庭是否可以购买或者租用住房，以满足生活实际需求。支付能力受工资收入的直接性影响，一般情况下个人及家庭收入越低，购房支付能力越低，占有住房越少，住房占有面积越小。

就中国目前实际居民收入来看，中低收入家庭者占有相当大的比例。根据国家统计局2018年统计数据显示，城镇居民收入按照五等份分组，年收入4.5万元左右的为中高等收入户，2.5万元左右的为中低收入户。由于各区域间经济发展水平不同，不同地域从业人员工资收入水平也存在较大差异。《2018年中国统计年鉴》显示，东北地区城镇人均可支配收入相对于东、中、西部地区还比较低，人均月工资在2500—3000元，人均年收入在3.1万元左右（见表5-1、表5-2）。另外，被调查的J省2016年教育行业就业人员年平均工资为65436元，在31个省、自治区和直辖市中位列第22位。2017年该省教育行业就业人员年平均工资为71526元，虽然与前一年相比绝对数

---

① 范先佐：《教育经济学新编》，人民教育出版社2015年版，第156页。

值有所增长，但相对比较而言并未有所提升，在全国位列第 27 位，处于下游位置。

表 5-1　城镇居民按收入五等份分组的人均可支配收入　　　单位：元

年份 组别	2015	2016	2017
低收入户	12230.9	13004.1	13723.1
中等偏下户	21446.2	23057.9	24550.1
中等收入户	29105.2	31521.8	33781.3
中等偏上户	38572.4	41805.6	45163.4
高收入户	65082.2	70347.8	77097.2

表 5-2　城镇居民按东、中、西部及东北地区分组的人均可支配收入　　　单位：元

年份 组别	2015	2016	2017
东部地区	36691.3	39651.0	42989.8
中部地区	26809.6	28879.3	31293.8
西部地区	26473.1	28609.7	30986.9
东北地区	27399.6	29045.1	30959.5

注：表中数据节选自中国统计局官方网站《2018 年中国统计年鉴》。

因统计年鉴中分析的是城镇教师的整体收入情况，并未对不同教育阶段的教师以及乡村学校教师等进行专门统计，根据 J 省乡村教师工资收入的实际情况，现行工资收入显然要比这一平均数值低得多。结合本调查研究统计结果，按照乡村教师月工资的平均数额来进行归组，即 2000—3500 元来进行粗略估计，目前被调查区域的乡村教师工资收入水平大体介于中等偏下和中等收入水平之间，绝大多数乡村教师属于中等收入户，这一水平与东北地区人均可支配收入的数值也基本一致。自农村土地改革后，在职人员没有土地，仅仅依靠工资收

入购买商品房或者自建房往往力不从心,即使自行购买或者自建,也无法达到理想标准。许多教师虽身处乡村学校,但在户籍上还是属于城镇户口,所以没有农村宅基地,无法自建房。自行购买商品住房,又受到工资收入水平的影响,实际支付能力有限,面临住房难题。如调查中有88.6%的乡村教师表示目前没有支付能力购房,76.8%的乡村教师认为主要限制原因在于工资待遇较低。访谈中JL-J1教师谈道:"家里有三口人,没和公婆住在一地区,有独立的房子,但属于公婆所有,他们出钱购买的。我爱人也是同校老师,虽然我们对物质要求不是很高,但认为付出和回报不成正比,我们与B城T县的同级老师相比每个月相差500多元呢。"AS-J1教师提到:"我的家庭属于工薪阶层,生活条件一般。住房是公积金贷款买的,单位按时缴纳住房公积金,但额度相比公务员和国企单位员工还是低很多。"AY-J2教师谈道:"我是2016年新入职的老师,家里四口人,弟弟读高三。现在每月工资收入扣除五险一金后是2190元,生活条件比较艰苦,没有抵御生活风险的能力,目前还不敢考虑买房的事情,也没有那个能力。"

2. 可供选择的保障性住房数量不足

一直以来国家用于经济建设的投资比例较大,在社会保障中的资金投入则相对有限。当前居民工资收入水平及其可支付能力与持续上涨的商品房价格相比,显然增长幅度不相匹配。相对于商品房市场的快速发展,以中低收入家庭为对象的保障性住房体系建设还处于初级阶段。① 保障性住房是住房社会保障的一部分,其主要经费来源渠道是国家财政投入。目前中国保障性住房的最大问题是政府供给不足,公共住房资源比较稀缺。根据住房和城乡建设部、财政部和国家发改

---

① 刘志林、景娟、满燕云:《保障性住房政策国际经验》,商务印书馆2016年版,第6页。

第五章 乡村教师生活待遇政策执行问题的归因分析

委关于住房制度的基本规定,符合中低收入、中等收入和中高收入户的保障性住房主要有公共租赁房、经济适用房和限价商品房。[①] 通过调查发现,大部分乡村教师处于中低收入与中等收入户之间,按照上述规定应该享有保障性住房的申请资格。

公共租赁房主要面向城镇中低收入住房困难家庭、新就业的无房职工以及在城市中有稳定工作的外来务工人员,其由政府限定建设标准和租金。21世纪以来,政府相继出台了多项政策文本规范公共租赁住房,不仅有利于解决中低收入人群住房难问题,而且有利于推进社会稳定。但公共租赁房的最大问题在于选址不够合理,多数都选在距离市中心较远的地方,交通不够便利,增加了居民的上班往返时间和交通费用。此外,处于中低、中等收入水平的居民对这种租金较低的保障性住房需求越来越大,但公共租赁房供应量却偏少,申请者一般需要等待较长的时间,覆盖人群范围也比较受限。如果没有特殊考虑或者政策倾斜,乡村教师申请公共租赁住房的概率还是比较低的,并没有享受到优先保障的待遇。

经济适用房主要面向城市中低收入住房困难家庭,由政府提供政策优惠,限定套型面积(一般约为60平方米)和销售价格。经济适用房的主要特点在于经济性和适用性,也就是说在市场竞争中价格适中,又具有必备的使用性。当前经济适用房保障群体不够明确,国家规定经济适用房的申请者必须是城镇中低收入家庭,家庭收入水平是衡量是否具有申请经济适用房的重要标准,但目前对于收入水平的界定还缺乏统一的标准。例如国家统计局界定家庭年收入在6万—20万元的为中低收入者,而国家发改委的课题组认为5.37万—15万元为中低收入者,衡量标准不够统一。此外,对于家庭总体收入的信息收

---

① 张跃松:《住房保障政策——转型期的探索、实践与评价研究》,中国建筑工业出版社2015年版,第7页。

集和统计等尚不完善，对于部分个体的"额外收入"等无法具体统计。因此，在申请经济适用房的过程中，难免会出现浑水摸鱼、虚报假报的情况。可能出现申请成功的并不是最需要帮助的个体，也不是真正遇到住房难问题，而是企图占有一部分政策性优惠。还有人虽通过各种渠道申请了低于市场价格的经济适用房，但实际并没有居住使用，而是用于投资收益，这样在一定程度上挤占了本应该享有该类住房的用户资格。

限价商品房属于商品房中的一种，主要是限价格和限面积，目的是为中低收入家庭解决实际住房困难。限价商品房主要采用政府监管与市场化运作相结合的模式。对于房地产开发商来讲，获得高额利润是其开发房地产的主要目的，而实现这个目的就需要向政府购买土地的使用权。政府为了解决中低收入家庭住房难的现实问题，也会积极想办法充分利用市场资源。如对土地的开发成本、预期利润等进行综合测算，在土地竞标之前就确定了住房的面积、价格以及销售群体，力争对不断上涨的房价进行宏观调控。对于乡村教师来说，现有工资收入水平不足以购买商品房，于是寄希望于政府推出的限价房，但苦于数量太少，又没有特殊的政策倾斜，申请成功的愿望变得遥不可及。

3. 乡村学校教师周转宿舍短缺

乡村教师住房困难是困扰乡村学校发展的一个现实性问题。乡村教师工作性质具有特殊性，一方面不像城镇教师那样相对固定，不可能一辈子固定在一所学校任教，他们可能在各所学校间流动；另一方面乡村教师大多不是当地人，在任教学校附近没有住房，所在镇村也少有商品房可供买卖，部分乡村教师需要依靠任教学校帮助解决住宿问题。在有关乡村教师生活待遇的政策文本中均有提及要加强乡村学校教师周转房建设，保证各级政府的财政投入力度，提高乡村教师的居住条件。

在本调查研究中，有的乡村学校把教学用房当作教师宿舍，有的将旧房或者危房临时安排给新入职的教师居住，个别学校还通过集资、学校补贴等手段在校内改建教师集体宿舍，还有的年轻、单身教师就直接挤在学校办公室居住等。个别访谈中部分乡村教师都有提到学校没有教师周转住房，提供给教师的临时宿舍条件也比较艰苦，尤其是地理位置比较偏远的村小，教师宿舍基本都是临时改造而成，住房面积非常小，人员也比较拥挤。如 JT-J1 教师反映："学校教师宿舍大约 10 平方米，住了四五位老师，是大炕，只够老师们晚上睡个觉。"JY-J2 教师谈道："学校无教师周转住房，但可以为新来的、家比较远的教师提供宿舍，四五个人一间。"JD-J1 教师表示："关于教师住房问题，应该是从省里到地方再到学校，各层级按照要求，但没有充足的经费，这个事情也是很难完成。学校领导班子倒是挺关心有特殊困难的老师，但他们也是有心无力，或者说力不从心吧，条件不允许。"TD-J1 教师反馈："安排通勤教师的住宿，有教师宿舍，四人间集体宿舍"。YF-J2 教师谈道："学校有安排可租的教师集体宿舍，水质发黄、时常停水，2—4 人合租一套。"调查中一些乡村校长也反映，所在学校并没有给教师提供周转住房，对于有些路途较远而且确实无法当天往返上下班的教师，学校只能简单修缮闲置的校舍或者食堂作为这部分教师的临时住所，住宿条件是比较艰苦的，而且也影响到教师的人身安全。这样的住宿条件和安排不仅不利于教师的日常工作和生活，影响教师身心健康发展，也不利于学校进行规范化管理。同时，挤占学校教学用房和学生活动用地、挪用教育专项公用经费等行为也都是法律所不容许的。当前，尽管政府对各级教育经费的投入已有大幅增长，但专项经费还仅限于学生宿舍的改造、教学楼的维护以及教学设施的建设等方面，在乡村教师住房建设上还少有专项经费来源。

(二) 乡村教师社会保险意识不强

保险意识是人们在社会实践中形成的对于保险产品的认识和了解程度。意识层面活动属于心理活动，具体表现为对保险产品的认可程度、需求程度以及购买动机等。受社会历史文化因素、经济因素和心理因素等影响，不同个体及不同群体的保险意识也会存在较大差异。

1. 传统思想观念根深蒂固

在中国广大乡村地区，"养儿防老""命中注定"等传统观念比较强烈。人们普遍认为未来的老年生活应该寄希望于自己的子女，对于自身面临的各种生活难题也往往从"天命"来寻求自我安慰。乡村教师中大部分都是土生土长的乡村人，骨子里的这些传统观念及意识还是占据主流影响。本调查研究显示，近九成的乡村教师对社会保险关注度不高，认知程度有限，对于自己缴纳了何种保险、保险的具体额度以及受益条件和具体情况等并不了解。根据《2017年全国教育统计公报》数据进行统计，截至2017年底全国各级各类学校专任教师近1653.98万人，其中普通小学专任教师594.49万人，初中专任教师354.87万人，中小学教师总占比57%。如此大规模的中小学教师队伍，其身体健康问题也应该得到更多的关注。本调查中乡村教师对医疗保险、医疗救助等具体内容并不了解，对自己的健康状态也缺乏持续关注。被访的乡村学校领导中八成以上均表示所属教职员工处在亚健康状态。教师职业亚健康的主要原因，一是工作需要导致的身体过度疲劳。在繁重的教学工作之余，教师们并没有太多的时间关注自己的身心健康。访谈调查中多数乡村教师谈及工作压力较大，自己患有咽喉炎、颈椎病、关节炎和腰椎病等慢性疾病。二是工作性质导致的心理压力较大，个别老师出现焦虑、压抑等心理问题。调查研究中曾请乡村教师用三个词描述从事乡村教育工作的真实感受，449位被调查教师中有362位教师表示辛苦、艰苦和劳累，还有一些教师表示出压力大、累心、操心、紧张、无助、无奈、烦恼、心酸、委屈等心理感受，仅有60多位教师用幸福、开心、快乐、乐观、热爱和责任等具有正能量的词形容自己的从教生活。在这种不良的健康状况和压抑的心理状态下，教师的工作动力和积极性将会大打折扣，进而产生低幸福感和满足感，以至于做出离岗选择。

2. 受制于经济条件的困扰

无论是基本社会保险还是商业保险都需要一定的经济支出。基本社会保险需要从在职人员每月工资收入中按照相应比例进行扣除，除工伤保险外其他险种均由所在单位和个人共同承担。与基本社会保险不同，商业保险是基本社会保险的有益补充，其由保险企业经营，追求利润的最大化，投保费用必须由个人支出，且为自愿行为。投保人按照自愿的原则，以个体生命或身体为保险对象进行保险投入。商业保险种类繁多，如健康保险、意外保险、疾病保险等。当面临风险和遭受损失时，商业保险提供的保险金额会按照之前投保缴纳的保险费额度来进行比例衡量，一般是"多投多保、少投少保、不投不保"。在广大乡村地区，人们普遍认为保险是高投入行业，是"富人们"才能做的事情，离自己的实际生活比较远。许多乡村教师缺乏对保险行业的全面认识，把商业投保看成是高档消费和奢侈消费。在这种情况下，很多乡村教师宁愿忍受各类风险发生的可能性，也不愿自行付费购买商业保险。尤其是在工资收入不高、经济压力较大的情形下，商业保险费往往被列入能省即省的范围。在之前的调查中，研究人员也发现被调查的449位乡村教师里仅有不到两成的乡村教师购买了商业保险，所占比例是相当少的。

3. 侥幸与猜疑心理作祟

现代心理学认为侥幸心理和猜疑心理都是人们的一种心理活动。这两种心理活动都会在一定程度上影响个体做出正确的价值判断及其行为选择。被调查的多数乡村教师侥幸地认为，危险不一定就会降临到自己头上，自己每天都是"三点一线"式的生活，从家里到学校再到班级，不涉及其他的工作场域，自认为没有其他风险。殊不知教师在教学工作中也会遇到各种潜在的风险，如在科学实验中、使用教学设施时、参与课外活动等过程中均可能存在意外伤害。另有一些乡村教师自认为身体状况较好，即便是生病入院也有医保能报销，对其他保险项目关注度不高。只有当其面临重大疾病和意外身故等突发问题时，才突然发现自己和家庭无力承担，此时再想投保为时已晚。由于对保险产品的内容、形式和运行程序相对陌生，加之网络信息平台的不良信息导向，一些乡村教师认为所谓的保险都是骗人的，对商业保险有着极高的猜疑心理。这主要是由于一些不法保险销售人员常以各种名义进行虚假宣传，加之周围购买商业保险的人又不多，一些有意愿投保的人往往不知道保险行业的水有多深，不敢盲目参与，导致保险观念出现偏差，保险诉求弱化。

三 对组织的权威性期待与低效性现实的冲突

教育政策隶属于公共政策，教育政策的制定和执行都需要由政府组织来完成。当然，除了政府以外，其他组织机构也应该根据实际情况积极参与，推动政策的有效执行。在政策执行的多元政策主体中，政府应该发挥更为重要的角色，社会公众对政府有着更高的期待，希望政府能够做好权力的均衡配置，做好"服务者"。然而，理想与现实往往存在较大差距，受各种因素的综合影响和制约，政府在履行责任的同时可能会出现缺位现象。中央政府与地方政府的权责划分不清，地方政府自身能力有限，加之学校自身参与动力不足等都会影响政策执行的成效，无法达到政策目标的实际要求。

(一) 中央政府责任划分不到位

从国家结构形式来划分，中国属于单一制国家，国家主权先于各地方的行政权力而存在，地方政府的行政权力来自中央政府的授权。因此，中央政府具有较高的政治话语权、决策权和资源分配权。对社会公共事业进行管理，中央政府需进行准确的职能定位，应将中央权力和地方权力进行明确的划分，实现权力制衡和资源的均衡配置。然而在实践中，中央政府往往不一定能够完全准确地把握不同地区的整体情况，所出台的政策文本也不一定能够解决所有地方的实际问题。

如在落实乡村教师生活待遇政策中，尽管中央政府意识到问题的重要性和紧迫性，也制定出系列政策加以提升和改进，但在权责划分上还存在不清晰、不均衡的现象。给予乡村教师生活补助应按照"地方负责，中央奖补"的原则来进行发放，但中央综合奖补的具体标准和比例并不明确，对于未能按时完成的地方应该采取何种处理举措，中央政府层面也未曾做出明确说明；加强乡村教师周转房建设，中央财政性投入中并未设有专门经费投入，地方政府执行方案中也很少有明确执行方案，很多解决举措还仅仅停留在建议层面，在强制力保障方面还有待于进一步提高。

(二) 地方政府执行力度不够

中央政府的政策方针需要地方政府的配合与落实。中央政府和地方政府的主要矛盾在于中央政府需要从全社会公共利益出发，而地方政府则更多考虑自身实际利益。地方政府在政策执行中考虑的不仅仅是中央政府的政策要求，还需考虑实际承担能力。为了完成中央政府的政策要求，地方政府就需要对所属范围内的人、财、物、时间、空间、信息等资源进行有效配置。教育资源的有限性和稀缺性、教育投入的长期性、教育经济效益的间接性等特点也在一定程度上限制了地方政府的行为选择。在中央政府"盲点"区域内，不损伤地方经济实力的、能够直观体现政府政绩的、不激化民众舆论的政策内容便会成为地方政府的首选。在众多外部因素的综合影响下，为保存自身发展实力，地方政府可能会将中央政府的政策意图"架空"或者"抛之脑后"。

乡村教师生活待遇政策实证调查所显示出的问题，除政策本身尚有未完善的内容外，更多的是地方政府在执行中没有更好地加以贯彻落实，事实上不是无章可循，而是有章未循的问题。如在对校长的个别访谈中，JY-X 校长表示："知道相关政策，但政策落实情况不好。" JD-X 主任表示："没有看到上级部门的规划或者具体执行方案，或是实施方案、路线图，等等。其实我们基层学校并没有看到为政策执行做了哪些工作，导致现在就是教育局感觉无力、学校无助、教师无奈的现实。" AS-X 校长谈道："本地教育行政部门能够按照政策推动工作，但是效果不好。政策执行也不到位，受到地方经济发展的制约。"另外，在问及当地教育行政部门是否有专门人员对本地区乡村教师生活待遇进行调研或者回访时，被访的 20 位乡村学校领导中 14 位都表示没有接待过相关人员。政策执行是个较为复杂的过程，政策不是万能的，不可能瞬时解决所有的政策问题。没有政策是万万不能的，政策执行总是需要不断地进行政策检验、查缺补漏，以达到政策目标的要求。

（三）学校参与动力不足

学校是基层教学组织，对上要接受教育行政部门的指令和安排，对下要部署师生员工的日常工作和学习。在教育政策研究领域，学校既可以作为政策主体存在，也可以作为政策客体存在。作为政策主体参与者，学校有权参与地方教育政策的制定，提出相关的政策建议；作为政策客体，学校应该积极落实地方政策要求，并充分调动全体教职员工的主动性和积极性，推动政策目标的实现。一般情况下，学校在教育政策具体执行中都会在原则允许范围之内，做出具有倾向性的适当调整。这种现象其实不足为奇，但关键问题是学校行为是否偏离了原有的政策宗旨。

在前面的实证调查中，研究人员曾经对 20 位乡村学校主管领导进行过个别访谈。当所提问内容涉及地方教育行政部门履责的具体行为时，几乎全部一线学校领导都给予了较为肯定的回答，这与在教师问卷和访谈调查中获得的资料形成了鲜明的对比，说明学校领导层面有着非常强的自我保护意识，对于那些可能会涉及隐私和政绩影响的问题还有一定的心理防线。当所提问题涉及学校自身资源配置和具体管理举措时，全部学校领导都谈及学校的现实困难和阻碍，将政策未能得以落实的主要原因归结于外部因素，而很少阐释其内部原因。实证调查中，被访的 J 县教师普遍比较敏感，尤其是谈及职称评审问题时，大部分受访教师情绪较为激动。后据当地教育行政部门主管领导反馈，J 县曾有几所学校乡村教师因不满职称评审组织了罢课行为，学校不仅没有及时进行安慰和调解，个别学校领导甚至蛊惑在职教师不断向上反映，影响了学校正常的教育教学秩序。此外，在涉及组织和安排教师参加健康体检、保证相对完备的教师住宿条件等方面，基层学校的参与动力明显不足。

四 政策环境良性需求与现实偏差性影响的冲突

凡事物均与环境有着诸多形式的关联。政策环境主要是指作用和影响公共政策的外部条件的总和。PEST 理论认为政治环境、经济环境、社会环境和技术环境都会在一定程度上影响政策效果。[1] 系统论

---

[1] 谢明：《公共政策导论》，中国人民大学出版社 2018 年版，第 65 页。

也认为系统是由相互作用和相互联系的若干组成部分结合而成的整体，它总是同一定的环境发生着密切的联系。① 在政策执行过程中，实际的实施过程和政策效果并不是仅由政策工具特性所决定，有些时候还是由工具使用所处的环境所决定。因此，基于政策工具视角的政策分析就需要将政策与环境有机结合在一起，关注政策环境对政策效果的影响。从大的政治环境看，当前乡村教师生活待遇政策已经被提到了前所未有的政治高度，中央政府和各地方政府都非常关注乡村教师待遇的提升。在经济环境、社会环境和技术环境的场域中，政策的实施成效还比较受限。

（一）政策执行环境良性互动不足

政策工具并不是"自我实施的"。② 政策工具的运用不仅需要组织机构及其成员协同努力，同时也需要构建有利于政策实施的良性发展环境。教育政策执行受政策环境的影响，如果政策环境发生了变化，教育政策执行也会面临新的问题，政策工具选择也会发生新的变化。

提升乡村教师生活待遇政策出发点是很好的，但就当前政策执行环境来看显然还不够完善。首先，经济环境有待于进一步改善。生活待遇的保障需要充足的经济支撑，乡村教师生活待遇政策必然要受到经济环境的影响和制约。一般来说，社会经济发展态势越好，可供教育发展的经费越充足，越有利于教育政策的有效执行。一直以来中国城乡经济发展水平差异较大，教育资源在城乡间的投入不够均衡。国家对乡村教育经费投入有限，乡村教师生活质量不高，生活补助基准较低，补助范围较小等均受到经济环境的直接影响。其次，社会环境

---

① 郭咸刚：《西方管理思想史》，北京联合出版公司2014年版，第204页。
② ［美］B.盖伊·彼得斯、弗兰斯·K.M.冯尼斯潘：《公共政策工具——对公共管理工具的评价》，顾建光译，中国人民大学出版社2007年版，第25页。

有待于进一步规范。一方面，乡村教师医疗、住房保障等还没有享受到专门的倾斜性政策，总体安排和部署线条还比较粗，缺乏具体的、有针对性的落实举措。从政策执行内容来看，住房、医疗和保险等待遇的保障均涉及政府各级社会保障部门的履责范围，需要加强各组织机构之间的沟通和联系，进一步完善社会保障制度的内容和形式，积极创设有利于政策执行的良性氛围。另一方面，乡村教师对所从事工作的职业认同感和满意度还有待于进一步提高。如 YY-J2 教师提到："教师的薪资待遇还有待于进一步提高，另外关于教师职业技能培训未能全面落实到位，每次培训都是校领导或者个别教师，势必会影响其他总没有机会的教师，抱着当一天和尚撞一天钟的心理，对学校、对教师个人、对学生的发展都会产生不利影响。"AL-J2 教师对政策执行的感受是："只能说在乡村学校，理论和实践的统一还需要很多因素的支持。"AY-J1 教师说："教育主管部门对宏观政策的出台很重视，微观到地方上则以增加生活待遇来考核，各学校的考核方案各有不同，可以感受到同一群体中差距很大，实质上并没有实现乡村教师整个行业的生活待遇的提高。"乡村教师对政策的认同态度、情感和价值判断等也会对政策实施产生一定影响。

（二）政策信息传递时效性不强

对于政策执行者来说，只有在充分了解政策内容的基础上才可能积极地参与政策行动。从政策工具角度来说，信息传递是一种"软工具"。当所提供的信息并未引起目标群体行为发生变化时，首先需要解决的就是如何使这些信息传达到这些群体的问题。政策信息传递的主要途径就是政策的上传下达，政策宣传是否及时有效直接影响着政策执行的成效。政策宣传就是要将政策目标、政策内容进行广泛的解释和说明，使得政策对象能够了解政策、理解政策，从而主动地接受政策。

当前中国乡村教育与城市教育相比，在地理位置、交通条件、教学设施、教育对象以及教学方式上尚有较大差距，这些差距有其历史原因，不可能在短期内得到彻底性解决。在政策信息的传递广度和速度上，乡村地区明显要落后一些。本调查研究显示，大部分乡村教师对现行生活待遇政策并不了解，对其基本政策要求及相关标准等也并不清楚。如67.5%的被调查乡村教师表示自己对医疗保险相关要求"不太了解"，8%的教师表示"完全不了解"；对于所在单位是否为其及时缴纳了医保，21.8%的教师表示"不清楚"；生病住院时是否可以及时享受医保，39.6%的教师也表示"不清楚"；对于学校提供的体检项目类型，仍然有50.1%的教师表示"不清楚"。在广大乡村地区，乡村教师对于政策的了解还多为传统信息传递方式，即中央政策信息下达到地方政府相关部门，然后再由地方政府部门进行层层传达，最后到达基层学校，再由学校领导传达给师生。这种传统的自上而下的信息传递方式，不仅造成了时间上的浪费，也会影响信息内容的准确性。因为在传递的过程中，每一个涉及的传递个体或者组织，都会对信息进行再一次解读和筛选，其中难免会加入参与者的主观价值判断，忽略了政策信息的客观性。此外，传统的层层传达或者口头传达，也会出现对政策新概念、新名词等的误解与混淆。个别学校由于地理位置较为偏僻，教师对外界信息的了解范围极其有限，尤其是一些老教师对新政策缺乏较为全面的理解，因而在政策执行中也有可能存在抵触情绪或者负面评价。

第六章　乡村教师生活待遇政策执行的改进建议

乡村教育是中国教育发展的短板，乡村教师队伍建设也是整体教师队伍建设中的薄弱环节。截至2018年底，全国乡村教师人数已达290多万人，占整体教师数量的四分之一左右。要想让更多的乡村教师能够"下得去，留得住，教得好"，除了要提升乡村教师专业素养，均衡城乡教师资源配置以外，还需要切实提高乡村教师生活待遇，从其生活源头上加以保障，改善其生活条件，提高其生活质量，确保生活待遇政策执行到位。

一　他山之石，借鉴国际共识

在漫长的历史长河中，各国都非常关注乡村教育的发展，将其作为本国政府决策的重要领域。国外乡村教师发展政策及其保障制度值得我们深入探究和学习。对国外乡村教师生活待遇政策内容及工具选择进行对比分析，总结规律性特点，探讨其对中国乡村教师生活待遇政策执行的启示，以期借鉴其先进经验为我所用。

（一）国外乡村教师生活待遇政策执行特点

1. 政策目标趋于一致

政策目标是政策制定者希望通过政策决策和执行过程所要达到的

预期效果。确定政策目标需要首先界定政策问题，并对其进行科学的分析，而后将政策目标进一步具体化为可行动的政策方案。良好的政策目标应具有针对性、可行性和规范性。如前所述，无论是欧美国家还是亚洲国家，乡村教师数量不足和补充困难的主要原因均在于教师福利待遇较低，教师专业发展空间受限。如有数据表明，美国接受同等教育水平的新教师与其他职业从业人员的工资待遇相比，从事销售业的人员工资要比教师的工资高35%、从事商业管理的要高出43%，从事工程设计的要高出68%。① 据统计，全美50个州中有44个州的非乡村教师比乡村教师平均工资高，高出13.4%左右。② 众多美国教育研究人员也普遍认为应该通过提高教师待遇来解决这一现实问题。与美国相同，澳大利亚、日本和韩国等国家出台的乡村教师生活待遇系列政策主要目的是趋于一致的，即为了解决乡村教师队伍师资短缺的问题，通过提高工资和生活待遇等吸引更多的优秀人才从事乡村教育，增强乡村教师职业吸引力。

2. 政策工具选择有所不同

为发展乡村教育，增加乡村教师职业吸引力，各国政府在乡村教育经费投入、乡村教师身份定位、法律制度保障等方面做了很多的努力和尝试。从政策工具视角进行分析，各国的具体表现如下：

（1）美国：通过满足乡村教师多种需要鼓励留任

美国政府高度重视应用报酬性工具、职能拓展性工具和权威重组性工具来解决现实政策问题，主要通过加大教育经费投入、提供多重路径服务以及组织各种教师培训项目等方式，激励乡村教师继续留任。

---

① Jimerson, Lorna, "The Competitive Disadvantage: Teacher Compensation in Rural America", *Rural School and Community Trust*, Vol. 18, March 2003.

② Gibbs, Robert, "The Challenge Ahead for Rural Schools", *Forum for Applied Research and Public Policy*, Vol. 15, No. 1, April 2000.

第六章　乡村教师生活待遇政策执行的改进建议　　*187*

一是加大教育经费投入，缓解教师生活压力。美国也曾一度面临乡村教师流失的现象，提高乡村教师待遇，增强乡村教师补充机制，也是美国政府需要解决的现实问题。① 美国加利福尼亚大学博士曾对美国留任教师进行了实证研究，研究发现教师离职原因中，薪酬问题和上下班路途远位居榜首。② 美国主要采用加大教育经费投入来留住和吸引乡村教师从教。③ 在职前阶段对将要去偏远地区从教的大学毕业生，减免其大学贷款；在职后阶段对已经在偏远地区从教的教师给予丰厚的物质奖励，包括提高工资待遇，发放各种奖金、津贴，减免税收和贷款等。如密西西比州为从教满三年以上者提供60000美元的住房资助，同时为教师提供贷款租房或者买房服务。④ 为了使更多的新任教师留任，美国各州也相继出台文件，采取多种手段提高教师留任率。如给留任教师提供一次性奖金、安家补助、住房贷款、免费住房、免费棚车、免费汽油等。⑤

二是提供多重路径服务，满足教师的多种需要。单纯的工资激励不能保证教师留任，要根据不同地区教师的需求有针对性地进行激励。事实上，无论是在任教师还是离职教师都认为情感支持是最重要的支持类型。尤其是对乡村教师而言，应该有正面积极的态度，给予必要的支持，多了解教师的意见和需要。只有改善了学校的工作和文

---

① Donna S. Mccaw, Robert Freeman, Susan Philhower, "Teacher Shortages in Rural America and Suggestions for Solution", *Illinois Institute for Rural Affairs*, Vol. 13, No. 8, 2002.

② Patricia Cahape Hammer, Georgia Hughes, Carla McClure, "Rural Teacher Recruitment and Retention Practices: A Review of the Research Literature, National Survey of Rural Superintendents and Case Studies of Programs in Virginia", *Appalachia Educational Laboratory at Edvantia*, Vol. 37, No. 2, December 2005.

③ U. S. Department of Education, *10 Fact About K - 12 Education Funding* (http://www.ed.gov/about/overview/fed/10facts/index.html).

④ Jimerson, Lorna, "The Competitive Disadvantage: Teacher Compensation in Rural America", *Rural School and Community Trust*, Vol. 18, March 2003.

⑤ Hobart L. Harmon, "Attracting and Retaining Teachers in Rural Areas", *Beginning Teacher Induction*, Vol. 17, March 2001.

化环境，在满足基本物质需要的同时满足乡村教师的精神需要才能从根本上留住他们。美国偏远地区的学校远离市区，交通和信息比较闭塞，教师专业发展受阻。① 为吸引和留住更多的乡村教师任教，美国各州政府不仅在计算机、网络、多媒体等现代化信息技术手段上进行更新换代，更是出巨资搭建援助项目平台。② 如加强大学、教育管理机构与乡村学校之间的沟通与交流，在高校内部设立乡村教师在线帮助工作室，③ 凭借网络平台帮助乡村教师研讨专业发展问题。

三是积极探索有效项目，以激励乡村教师留任。美国佐治亚州、弗吉尼亚州等采取了"家乡教师项目"，经费上得到州政府和各级教育部门以及一些民间组织的支持。如果毕业后不去乡村中小学工作，诚信和就业系统会将其列入黑名单。相比之下，此项目招收对象更为广泛，除了高中在校生外，还包括乡村地区其他领域的教师、教辅人员等。项目成员需要在社区学院进行特殊课程的学习，包括乡村社会、乡村文化、乡村环境等通识内容，还要经常去乡村中小学观摩学习。④ 密歇根州、印第安纳州、俄亥俄州等采取新教师支持计划，给予新教师更多的关注和支持，增加新教师候选人数量以解决教师短缺问题。在职教师可以获得针对性的奖学金以及住房奖励，州政府也可以为乡村教师免费提供住房或象征性地收取少量房租，或者提供低成本住房。

---

① Mitchell L. Yell, Erik Drasgow, Allyn & Bacon, "No Child Left Behind", *Authorsden Com*, Vol. 22, October 2004.

② R. Clarke Fowler, "The Massachusetts Signing Bonus Program for New Teachers: A Model of Teacher Preparation Worth Copying?", *Education Policy Analysis Archives*, Vol. 22, No. 2, April 2003.

③ Donna S. Mccaw, Robert Freeman, Susan Philhower, "Teacher Shortages in Rural America and Suggestions for Solution", *Illinois Institute for Rural Affairs*, Vol. 13, No. 8, 2002.

④ Proffit, Alvin C., Sale, R. Paul, Alexander, Ann E., "The Appalachian Model Teaching Consortium: Preparing eachers for Rural Appalachia", *Rural Educator*, Vol. 26, No. 1, 2004.

（2）澳大利亚：依托一体化教育项目激励乡村教师留任

澳大利亚政府高度重视报酬性工具、职能拓展性工具和权威重组性工具的选择和使用，主要通过完善一体化教育和依托系列项目、计划等刺激性政策来保证乡村教师留任率，保障乡村教师的合法权益。

一是职前、职中和职后教育一体化，提升乡村教师职业吸引力。澳大利亚乡村青年教师的流动速度也比较快，新手教师由于缺乏一定的教学经验，工作动力也不足。①

澳大利亚政府非常重视一体化教育模式。在职前教育方面，加强师范生从事乡村教育的意愿，变被动接受为主动承担，从思想认识层面加深对乡村教育的认识和了解。通过开设乡村教育相关课程、教育实习活动等环节，让其提前感受乡村教育环境，对乡村、乡村教育、乡村学校、乡村教师和乡村学生等有更为充分和全面的了解，增强他们对乡村教育工作的职业情怀，消除师范生对乡村教师职业的恐惧和担忧。在职中教育方面，通过加强乡村教师间的合作与交流，为其搭建良好的沟通平台，消除乡村教育的社会隔离障碍，保证初任教师的留任数量。在职后教育方面，主要是加强对在职教师的培训，促进其专业发展，以最积极的工作态度投入到乡村教育中去。澳大利亚政府倡导多方合作思路，多渠道、多路径消除乡村教师专业发展障碍，②采取多种激励性举措满足教师的生存需要和精神需要。

二是依托相关项目和计划，突出政府引领、社区合作的基本发展格局。澳大利亚联邦政府和各州政府对发展乡村教育的关注度非常

---

① Philip Roberts, "Staffing an Empty Schoolhouse: Attracting and Retaining Teachers in Rural, Remote and Isolated Communities", *Online Submission*, No. 2, January 2005.

② Herrington, A. Jan, *Web-based strategies for professional induction in rural, regional and remote areas* (http://pandora.nla.gov.au/pan/148219/20141031 - 1115/www.aare.edu.au/data/publications/2001/her01711.pdf).

高。联邦政府的主要角色在于发挥信息引领和决策服务，同时提供充足的经费资源。联邦政府相继出台《优秀教师计划》《乡村地区计划》等对所有的州，特别是北领地的乡村以及偏远地区提出了统一要求。据资料统计，澳大利亚政府"TFA"（Teaching for Australia）项目志愿乡村教师年薪，近三年（2016—2018年）第一年分别为54811澳元（约26.6万元人民币）、56468澳元（约27.4万元人民币）和57315澳元（27.9万元人民币）。[1] 工作一年后，第二年工资收入就会有大幅度提升，按照每年5000澳元左右的速度递增，这个工资待遇额度还是非常高的，吸引了更多教师志愿者参与该项目。各州也在联邦政府的统一要求下出台了有针对性的实施策略。如新南威尔士州的《边缘地带计划》、西澳大利亚的《乡村体验计划》、昆士兰州的《偏远地区奖励计划》等。以昆士兰州的《偏远地区奖励计划》为例，计划指出对乡村教师实施补偿性现金支持，给予适当交通补助，那些低于本市最低收入的教师配偶也可以获得该补贴。[2] 如根据学校"移动比率"TR分等级补贴（Transfer Rating，比率值从1到7，其中7又分为C/B/A，分值越高，代表学校位置越偏远），TR为5的学校补贴标准为1200澳元，6的学校为2100澳元，7C的学校为3000澳元，7B的学校为4800澳元，7A的学校为最高6000澳元（约29.2万元人民币）；实施刺激性现金奖励，鼓励高素质教师到乡村任教，工作年限至少为三年，为教师发放的补偿金最高每年可达6000澳元，还可以额外带薪休假；给予乡村教师一定住房补贴，对于在土著社区

---

[1] Pay rates for all teaching classifications and school psychologists（https://www.education.act.gov.au/_data/assets/pdf_file/0020/307613/Pay-rates-for-teaching-staff-and-school-psychologists.pdf）.

[2] Remote Area Incentive Scheme （RAIS）（https://www.qtu.asn.au/application/files/4315/6643/7979/Remote_Area_Incentives_Scheme_RAIS_Oct2018-link-updated.pdf）.

里的教师及其成员还给予每年两次的飞机待遇或者同等价位的现金补贴。①

三是健全政府审核监管制度，鼓励非政府组织参与合作。除了充足的经费支持外，澳大利亚政府在发展乡村教育中还非常重视对政策执行的审核监管。在澳大利亚，各级政府教育经费和基金使用都有非常严格的审核制度，需要对使用过程进行详细记录，各州政府按时上报，联邦政府再次审查，最后由联邦政府根据调研和审核的情况决定是否追加拨款。此外，除了政府组织部门参与发展乡村教育外，政府还鼓励并欢迎非政府组织积极参与和配合。如联合隔离学生家长协会，共同保障乡村和边远地区学生接受公平的教育，帮助师生摆脱处于不利境遇的制约。

（3）日本：综合经济和行政手段激励乡村教师留任

日本教育家小林哲也先生曾说过："教师薪金应大幅度提高，才能吸引隔离的人才参加这一工作。"在提升乡村教师生活待遇方面，日本政府高度重视报酬性工具和命令性工具的选择和使用，综合经济手段和行政手段来加以治理。

一是通过灵活多样的经济手段，吸引和挽留优秀教师。日本政府曾出台文件明确教师工资的基本构成要素，即中央基准与地方灵活性相结合。教师工资待遇额度的计算需要考虑基本工资、调整额度、抚养津贴以及偏僻地区等级等影响因素。按照前面所提到的偏僻地区等级分别给予4%、8%、12%、16%、20%、25%的比例，偏僻等级越高，补助津贴比例越高。② 如新进教师岗位的教师月平均工资为20

---

① 曾俊霞、龙文进等：《澳大利亚农村和边远地区中小学教育支持政策》，《世界农业》2016年第3期。

② へき地手当—熊本県教育情報システム（http://sakura1.higo.ed.jp/ws/asijimuw/siori/kobetu%20kyuuyonosiori/hekititeate.pdf）.

万日元左右，比普通国家公务员月工资高出3万日元左右。① 日本政府还采取了多种类、高额度的津贴、补贴发放政策，吸引和挽留优秀教师为乡村教育服务。如为偏远地区工作的乡村教师发放住房津贴、特殊地区津贴、通勤津贴等。② 偏僻地区教师还有餐补、保健管理等多维度的补助。除政府履责之外，日本还鼓励非政府组织参与教育资助，如"公立学校互助协会""私立学校人员互助协会"等，在医药费、妊娠补助、保育津贴、丧葬补助、病残补助等方面给予资助。在日本做老师，曾有"一人为师，全家受益"的社会评价。

二是强化行政手段，保障乡村教师权益有法可依。在发展乡村教育方面，日本政府最突出的举措就是制定相对完善、系统的法律法规体系。如以中央政府名义出台的《学校教育法》《社会教育法》《偏僻地区教育振兴法》《公立义务教育各学校教育职员待遇等的特别措施法》等；③ 还有以都、道、府、县名义出台的地方规则，如《学校教职员地域津补贴规则》；另有专门针对某一地区的法律法规，如《奄美群岛振兴开发特别措施法》《小笠原诸岛振兴开发特别措施法》《冲绳振兴特别措施法》等。④ 这些法令加大了对乡村地区学校的教学投入，提高了乡村教师的生活待遇。中央政府向地方政府提供所需的财政补助，中央政府制定具体的交付条款和使用过程。中央政府负责跟踪调查和实施效果评估，认定学校级别、待遇额度以及享受待遇的对象资格。如果出现违规行为，地方政府则需要如数返还给中央政府。⑤ 地方政府是以文部科学省的法律要求为基准向所属的偏僻地区

---

① 職員の平均給与月額初任給などの状況（http://www.pref.miyagi.jp/uploaded/attachment/254488.pdf）.

② へき地教育振興法（http://law.e-gov.go.jp/htmldata/S29/S29HO143.html）.

③ へき地教育振興法施行令（http://law.e-gov.go.jp/htmldata/S29/S29SE210.html）.

④ 陈君、闫静：《日本偏僻地区教师倾斜待遇政策探析》，《比较教育研究》2017年第6期。

⑤ へき地教育振興法（http://law.e-gov.go.jp/htmldata/S29/S29HO143.html）.

教师支付一定额度的津贴和补贴。与此同时,日本政府意识到仅仅依靠财政不能完全解决问题,因此在环境创设等方面也采取了一些具体举措,如提高校长领导力,保障教师民主参与权,加强学校文化建设,扩大返乡宣传,帮助乡村教师制定未来发展规划,等等。本着学校位置越偏僻,教师津贴额度越高,教师工作条件越艰苦,补贴倾斜额度越大的教育发展思想,日本政府将提高乡村教师待遇作为一项长期性国策。

(4)韩国:健全法律法规保障乡村教师福利待遇

韩国也是世界上教育较为发达的国家之一,民众对教育的呼声和期望较高,这主要得益于韩国政府在保障教师生活待遇方面做出的不懈努力。韩国政府高度重视命令性工具、报酬性工具和权威重组性工具的选择和使用,主要通过健全教育法律法规和行业相关组织部门来保障乡村教师的生活待遇。

一是通过完善相关法律法规,保障教师待遇有法可依。例如,颁布《教育公务员法》《关于公务员津贴等有关规定》《公务员年金法》《教师地位特别法》《关于进一步改善教师地位的谈判和协商的规章规定》《教师优惠待遇准则》等相关文本。[1] 通过立法,明确了教师的身份和社会地位,教师的薪酬待遇也得到了法律的保障。根据相关数据统计,韩国新任中小学教师第一年月收入可达150万—200万韩元(合1.1—1.6万元人民币),在韩国能够成为中小学教师是很多大学生的梦想。[2]

二是协同其他组织,通力合作保障教师福利待遇。为改善教师福利,提供永久的经济保障,韩国还专门成立了韩国教职工共同基金会、韩国教职工工会、韩国教师团体总联合会等组织。韩国政府一向

---

[1] 《聚焦外国教师公务员制度》,《教育》2005年第5期。
[2] 钟名诚:《韩国:制度保障优秀教师从教》,《人民教育》2007年第12期。

重视偏僻地区教育的发展，规定全国义务教育经费先保障偏僻地区，再保障其他地区；先保障农村，再保障城市。《岛屿、偏僻地区教育振兴法》中规定对在此工作的教师进行额外补贴，以弥补工作带来的不便和困难。

综上所述，美国是典型的分权制国家，州政府和学区在教育政策系统中处于核心地位，联邦政府的作用较小。美国乡村教师生活待遇政策注重教育经费投入以及政策主体的权力调整，通过完善组织系统功能保障政策的有效执行。澳大利亚也是联邦制国家，联邦政府扮演着引领和决策的重要角色，各州政府具体执行政策要求，高度强调政策权力的合理配置、政府组织与非政府组织之间的相互协调合作。澳大利亚乡村教师生活待遇政策内容只在乡村教育系列计划、方案中有所体现，并未单独列出。日本和韩国虽地处亚洲，但经济发展水平较高，本国教师拥有很高的社会地位。教师被列为国家公务员系列，享受较高的福利待遇。尤其是日本，教师补贴项目十分多样，偏远和岛屿地区教师也有专门的法令加以保障。在注重经济因素的同时，日本政府也非常关注乡村教师的日常工作和生活环境，通过多方努力以激励教师留任。韩国政府则侧重于鼓励非政府组织的积极参与，协同社会各方力量保障乡村教师生活待遇，增强乡村教师职业吸引力。

（二）国外乡村教师生活待遇政策执行对中国的启示

1. 政策制定基础：厘清区域教育边界

纵观国外乡村教育发展及乡村教师队伍建设系列政策，其基本前提是区域界定清楚，城乡划分标准明确，这是政策得以有效实施的基础和保障。如美国在各种教育资助项目开展之前，都进行了大量的调查研究。将乡村城市化程度、与城市的邻近程度、人口规模、人口密度等进行详细划分。明确的划分标准和翔实的调查研究数据为政策制定提供了有力支撑。日本也对偏远地区进行了等级层次的划分，不同等级区域乡村教师补贴标准不同,工资福利待遇也不同。与上述发达国家相比,中国缺乏有关城乡区划的合理政策,城乡边界不清,对政策的实施有不利影响。① 边界清楚则政策法规适用范围清楚,各方责任划分也清楚,这对于提升政策执行的有效性来说至关重要。

2. 政策实施标准:明晰政策实施对象及细则

为提高乡村教师留任率,吸引大批优秀人才到乡村任教,各国政府积极立法,制定相关保障性政策以促进乡村教师队伍建设。从具体政策文本内容来看,各国对不同区域、不同工作环境下的乡村教师进行了种类和等级划分,根据实际工作情况、艰苦程度等给予不同的工资待遇、差别化的津贴补助。各国基本政策思路较为一致,即越偏远、越贫困,福利待遇越高,政府关注度越大,给予的帮助越多,这样激发了乡村教师工作的积极性,让他们主观上愿意留任,为乡村教育服务。例如,日本和韩国为偏远和岛屿地区的乡村教师单独立法,出台详细标准;澳大利亚对在不同移动率学校任教的乡村教师进行差别化补助;美国通过设立各种发展项目有针对性地对乡村教师进行资助,鼓励各行业优秀人士获得职业资格进而到乡村从教,并且在职业资格的审核标准上也非常严格,以确保优秀人才的引入。与上述发达国家相比,中国目前尚未出台关于乡村教师生活保障的专门法律,相关政策文本还不够完善。

3. 政策效果保障:合理使用多种政策工具

从政策工具角度来分析,国外乡村教师生活待遇政策实施更加注重报酬性工具、职能拓展性工具以及权威重组性工具的使用。报酬性工具的优势在于通过货币激励从业人员更加积极主动地工作,以物质激励提高劳动生产率。提高乡村教师工作积极性,首先应该提高其工

---

① 党国英:《关于乡村振兴的若干重大导向性问题》,《社会科学战线》2019年第2期。

资待遇水平，满足其基本生活所需。在这一点上，各国政府的认可度是高度一致的，没有哪个国家不重视给予乡村教师物质激励的。马斯洛的需要层次理论认为对于个体而言，满足基本生存需要是第一位的，只要满足了第一层次的需要才会有更高层次需要的满足。乡村教师处于生活的不利境地，需要更多的资源和帮助。如日本各级政府采取了多样化的补贴形式，澳大利亚对偏远地区教师进行更高额度的财政补贴和奖励等，这些报酬性工具的使用在一定程度上确实起到了积极的作用。当然报酬性工具的使用也有一定限制条件：一方面在于需要较高的成本作为代价。如美国阿肯色州西北的教师可以比其他紧缺地区教师多赚 15000 美元，于是很多教师开始主动流入到该区域，这样无疑会加重州政府的财政负担，因为它需要这个货币工具来吸引更多优秀人才。相比较下，其他区域的同级教师也会产生心理抵触情绪，对于自己无法获得公平对待而消极怠工。另一方面在于货币激励易产生短期效应，难以全面解决乡村教师流失的问题。教师流动问题不仅受到工资等相关待遇因素的影响，还与教师对工作环境、学校管理的满意度有关。

　　管理学中"社会人"人性假设观点认为人不仅是经济人，更是社会人。这就意味着人不仅需要物质激励，更需要一定的精神激励。为有效规避报酬性政策工具的弊端，政府则需要注重长期效应，激发教师的敬业奉献精神、创造和谐的人际关系等。政府需要改变职能管理方式，采取更有效的手段激发乡村教师的从业积极性。此外，双因素理论也指出如果保健因素得不到改善，员工就会产生不满的负面情绪；当然即便是满足了这些保健因素，也只能防止人们产生不满的情绪，但并不会必然带来对工作的满意；只有满足一些激励因素，才会真正激发员工的主动和积极性。[①] 如上面提到的国外"TFA""KIPP"

[①] 郭咸刚：《西方管理思想史》，北京联合出版公司2014年版，第169页。

项目（Knowledge is power Program）主要是为乡村教师提供专业发展机会，进行专业培训；"家乡教师"（Grown-your-own）项目倡导乡村教师要服务家乡、服务社会；"军转教"（Troops to teachers）项目鼓励退伍军人通过职业后培训获得从教资格证书，扩充乡村教师师资队伍。当然非货币激励手段也存在一定的弊端，虽然关注了对个体的精神支持和情感交流，但是无法满足个体生活所需。人不可能生活在精神世界和真空中，个体必然要与整个社会产生各种各样的社会关系。个体想要在这个世界上生存，就必须满足基本生活所需，必要的物质需求是前提和基础，不可或缺。

综上所述，与国内研究相比，国外高度重视乡村教师生活待遇及社会地位的提高，大多数国家均将教师列为国家公务员或地方公务员，并制定相关政策文本，加大各级政府投入力度，以保障乡村教师的生活待遇。对各国政策实施的具体举措进行统计分析（见表6-1），不难发现各国在激励乡村教师积极从教、提升其生活待遇水平上既有共同点又有独特性。无论是欧美国家还是亚洲国家在乡村教师生活待遇政策执行中都很重视报酬性工具的使用，如免税、给予住房和交通补助、发放安家费以及签约奖励、减免学费、提高工资标准等；在使用报酬性工具的同时也关注其他工具的配合使用，如出台专门性法律法规以强制手段保证政策的依法落实和教师的合法权益，各部门通力合作以完善社会保障制度体系等。

表6-1　　　各国乡村教师生活待遇政策执行对比情况

政策措施＼国家	美国	澳大利亚	日本	韩国	中国
提供周转住房	√			√	√
免税政策	√				
改善工作和生活环境	√	√	√	√	√

续表

政策措施＼国家	美国	澳大利亚	日本	韩国	中国
完善社会保障制度	√	√	√		√
给予家属福利	√		√		
给予住房补助	√	√			√
给予乡村教师津贴	√	√	√	√	√
提高工资标准	√	√	√	√	
培训专项经费	√	√			√
发放安家费或签约奖励	√	√	√	√	
减免就读学费	√	√			√
住房建设支持	√	√			
工资等级与职务等级挂钩					√
提供交通补助	√		√		
改善膳食条件			√	√	
专门性法律法规		√	√	√	

当然受制于各国历史、经济、区域、文化等因素的影响，各国在具体执行举措选择上还是有所不同。毋庸置疑的是各国都在一种高度的政府责任意识影响下，积极推进本国乡村教育的发展和建设。国外乡村教师生活待遇与城市地区差异并不大，有些国家乡村教师生活待遇甚至要高于城市教师，这与中国目前乡村教师生活待遇状况相比还有一定差异。对于国外乡村教师生活待遇政策执行的相关举措，应结合中国实际情况有选择性地加以借鉴，学人所长补己之短，将对中国乡村教师生活待遇政策执行起到积极影响。

二 明确政策目标，科学选择政策工具

古人云："工欲善其事，必先利其器"，这里的"器"就是所谓

的工具或者手段。政策工具的正确选择是顺利实现政策目标的基本保证，也是增强政策制定的科学性，改善政策执行过程与效果的重要措施。① 在实践过程中，选择一套有效的政策工具体系不仅能够促进政策目标的实现，也可能会得到政策既定目标之外的"意外收获"；反之，政策工具选择如果出现问题，不仅会阻碍政策目标的实现，也可能导致更为严重的"政策偏差"。政府在选择政策工具时，应考虑到整个社会的公共价值选择，应遵循社会民众的普遍价值诉求，只有这样才能被政策对象理解和接受。当前加强乡村教师队伍建设，保障乡村教师生活待遇，吸引更多优秀人才到乡村任教，对于缩小城乡教育差距，推动城乡教育一体化建设具有十分重要的现实意义。基于政策工具视角分析乡村教师生活待遇政策工具使用情况及其选择特点，有利于进一步完善政策制定并推动政策有效执行。

（一）准确把握政策问题的实质

政策分析是一个政策探寻的过程，主要目的在于进一步改善政策制定。美国著名管理学家邓恩认为，一个完整的政策分析应回答如下问题：我们要解决的问题是什么？采纳的行动方案是什么？被选择的行动方案结果是什么？这种结果有助于方案的解决吗？如果选择其他方案，又会出现什么样的结果？② 可见，政策问题是政策分析的核心，在政策分析中起着关键性作用。做政策分析时我们必须首先弄清楚要解决什么样的问题？只有明确了政策问题，我们才能选择适切的政策工具，进而科学设计备选方案。做政策分析时我们还需要注意政策问题的关联性、主观性、人为性以及动态性等特点，明确政策问题的实

---

① 丁煌、杨代福：《政策工具选择的视角、研究途径与模型建构》，《行政论坛》2009年第3期。

② ［美］威廉·N. 邓恩：《公共政策分析导论》，中国人民大学出版社2011年版，第3页。

质，全面分析其影响因素，及时做好政策效果评估。当然，如果信息不充分、不准确，也将会导致致命的错误，从而影响政策的实施成效。以乡村教师生活待遇政策为例，我们必须首先弄清楚要解决什么样的问题？一直以来城乡二元结构格局拉大了城乡教育差距，广大乡村教师工资待遇低、生活保障不健全导致乡村教师职业吸引力不高，乡村教育发展受阻。为稳定乡村教师队伍，鼓励并吸引优秀人才留任，政府相继出台了加强乡村教师队伍建设的系列政策，有关生活待遇政策的内容也在其中。我们必须清醒地认识到保障乡村教师生活待遇并不是某一个领域的某一个单一问题，它不是一个独立实体，总会与其他领域的问题相互关联，也会受到多因素的影响和制约。

（二）全面分析政策工具的影响因素

不同学者对政策工具有着不同种类的划分及界定。政策工具种类的多样化与分类的多维性决定了政策工具选择是具有复杂性的。按照前面提到的政策工具的选择标准，最好的政策工具应该是能够有效解决公共问题，能在收益和成本之间取得最佳平衡，既满足基本公平要求又能帮扶弱势群体，具有可操作性、合法性和政治可行性的工具。政策工具选择是一个比较复杂的过程，还需要考虑影响政策工具选择的相关因素。影响政策工具选择的因素很多，例如工具自身属性、政策问题性质、决策者的主观偏好以及政策实施环境等。有学者从影响政策工具选择的结构性变量角度进行了研究，提出了政府能力、社会能力和社会异质性三个主要的结构变量。[①] 它们之间的关系如图6-1、图6-2所示。

从政府能力和社会异质性程度二维结构图来看，当政策制定或执行面临结构一状态时，政府虽然具有较强的问题解决能力，但此时社

---

① 曾军荣：《政策工具选择与我国公共管理社会化》，《理论探讨》2008年第3期。

会异质性程度较高，适宜选用命令性和报酬性工具，在政府统一管制约束下，通过市场资源的分配与协调，促进政策的有效执行；当面临结构二时，较高的政府能力完全可以应对较低的社会异质性，此时使用直接的命令性工具较为适用；当面临结构三时，面对较低的社会异质性问题，较低的政府能力也会力不从心，这时适于采取混合性政策工具，如劝告、报酬以及职能拓展性工具等；当面临结构四时，较低的政府能力无力应对较高的社会异质性问题，此时命令性工具已经不再适用，只能采取报酬性或者权威重组性工具，鼓励民间力量的积极参与。

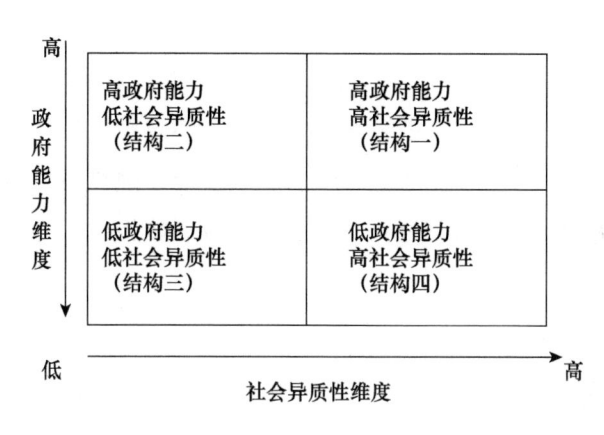

	社会异质性维度	
政府能力维度（高）	高政府能力 低社会异质性 （结构二）	高政府能力 高社会异质性 （结构一）
政府能力维度（低）	低政府能力 低社会异质性 （结构三）	低政府能力 高社会异质性 （结构四）

图 6-1　政府能力与社会异质性交叉示意图

从政府能力和社会能力来看，当政策制定或执行面临结构一状态时，政府和社会均具有较高解决问题的能力，适宜选用综合性政策工具；当面临结构二时，社会问题的解决主要依靠较高的政府治理能力，适宜选用命令性工具；当面临结构三时，政府和社会均没有较高的能力解决社会公共问题，适应选用职能拓展性工具；当面临结构四时，社会具有较高的问题解决能力，政府可以辅助社会力量进行综合治理，适宜选用信息或劝告工具、权威重组工具和报酬性工具。

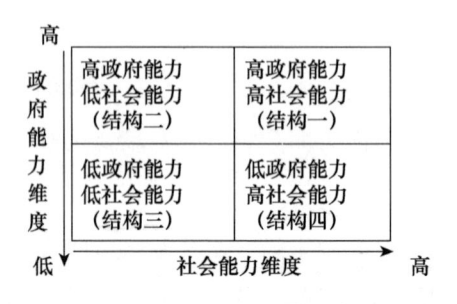

	社会能力维度 →	
高政府能力 低社会能力 （结构二）	高政府能力 高社会能力 （结构一）
低政府能力 低社会能力 （结构三）	低政府能力 高社会能力 （结构四）

图 6-2 政府能力与社会能力交叉示意图

注：以上两图根据学者陈恒钧、黄婉玲《台湾半导体产业政策之研究：政策工具研究途径》相关内容绘制。

乡村教师生活待遇政策在中央政府的统一部署和要求下，通过设定相关执行规则以及政府适当放权，突出了地方政府政策执行的主要责任。从各地方政策文本梳理来看，虽然总体思路大体相同，但在具体执行举措、内容及要求等方面也有很大差异，除受各地客观条件影响以外，也会受到地方管理机构权威、管理者能力及其主观偏好等因素影响。

（三）注重政策工具的优化组合

每一种政策工具都具有它的特殊性及适用性，都有它的优势及不足。例如，命令性工具虽具有一定的约束力和规范性，但过于强硬的行政命令手段不一定能够得到所有人的认可，激励性不高；报酬性工具虽具有直接的经济影响，鼓励个体差异，但过度差异会滋生新的问题；权威重组性工具虽注重机构调整及资源整合，但最终结果难以预测；职能拓展性工具虽注重长远影响，但所需成本较高，效益也具有一定的迟效性；劝告性工具虽注重信息及舆论宣传，但对成本和技术要求也较高。可见，无论哪一种政策工具都各有利弊，应强调政策工具的优化组合，即避免单一政策工具使用所带来的局限性。

乡村教师生活待遇政策也综合使用了多种政策工具，其中命令性工具和报酬性工具使用频率较高，但同时我们也应注意这两种政策工具在使用中还存在着一定问题，其他政策工具也应该有选择性地综合利用，以解决不同层面的现实问题。政策效果的复杂性和难以预测性使得部分政策制定者和执行者更关注政策工具的短期效益，仅仅关心眼前的利益得失。尤其是一些政府机构管理者，为了体现其工作业绩，常常会选择那些会有既定结果的、短期见效的治理举措，如命令性或者报酬性的政策工具。与报酬性工具不同，职能拓展性工具代表着一种长期性投资，注重通过长期投资促进个体或机构实现其功能的永久性变化。从乡村教师队伍的长期建设及发展来看，各地方政府更应注重长期性投资，即不仅帮助乡村教师解决实际生活困难，更应关注他们的心理健康、精神文化及信息等需求。如改善乡村教师住宿条件、均衡营养餐配置，为乡村教师提供心理教育和咨询服务，帮助解决夫妻间异地工作难的问题、完善教育信息化办公条件、建立"乡村园丁关爱工程"等公益项目。

政策工具是促使政策目标转化为政策执行行为，取得理想政策效果的关键要素。要想切实解决教育政策问题，取得理想的政策执行效果，就应该对多样化的政策工具进行恰当的选择、匹配以及优化组合，提高政府治理教育的实效。就乡村教师生活待遇政策而言，无论政策制定还是政策执行都应高度关注政策工具的选择及其使用，既要根据政策问题自身属性选择合适的政策工具，又要根据政策效果的实现程度以及政策环境的变化而适时调整政策工具，确保政策执行到位，以此推动中国乡村教师队伍整体建设及发展。

三　提高生活待遇，加强社会保障制度建设

教师薪资水平影响教师对职业的选择态度，教师薪资的不断增长是吸引和留住教师的重要因素。因此，建立科学、合理并且有竞争力

的乡村教师薪酬体系，完善绩效考核制度，重视乡村教师社会保障制度建设，及时足额发放社会保险、房补、交补以及各种津贴，享受带薪休假、体检、疗养等福利待遇，均有助于提高乡村教师的留任率。

（一）完善乡村教师生活补助制度

为乡村教师发放生活补助是党和国家为乡村教师办的一件大实事。这项政策的有效落实，有利于提升乡村教师生活待遇，一定程度上增强乡村教师的职业吸引力。

1. 扩大生活补助政策实施范围

当前中央层面的乡村教师生活补助政策还仅限于"连片特困地区的乡村教师"，对于不连片的特困地区学校，以及其他一些乡村地区学校教师还没有硬性规定。同为乡村教师，有些人能够获得地方补助，有些人不能，这无疑会使部分未得到补助的教师有所失落和抱怨。这种行为差异如果长时间得不到调整，势必导致政策出现新的问题。另外，中央文件指出乡村教师生活补助政策要按照"地方自主实施，中央综合奖补"的原则来执行。各地方虽然拥有制定补助标准的权限，可以根据实际情况自行调整，但地方究竟承担多大的责任，大部分省份还没有明确说明。如果地区之间差异太大，中央又没有底线标准，长期下来也可能出现新的教师流失现象。为避免出现"上有政策，下有对策"的情况，避免计划流于形式，现行乡村教师生活补助政策对象范围应进一步扩大，明确地方在落实政策中的责任及主要任务，并形成量化指标作为中央综合奖补的有力依据。

2. 明确生活补助政策受益对象

在政策受益对象的确定标准上应该更规范化，明确指出享受补助的条件及不享受的特殊情况。中央政策文件中统一要求受助者必须是在编在岗教师，但在广大乡村学校，尚有诸多特殊情况存在。如下乡支教的特岗教师、城乡交流的教师，还有一些在教学、师德方面考核不合格或受到处分的在编在岗人员等，对于这部分特殊群体，政策应该有明文限定。就现有地方政策文本来看，大部分地区对受补助教师仅有工作区域的限制，而无具体条件标准，出现了部分教师重复获得补助或者一些根本不合格的教师也获得补助的现象。因此，本着公平公正的原则，乡村教师生活补助政策应避免重复给予，对不符合补助资格的教师应坚决排除在外，这样才会保证政策有更大的激励性。

3. 因地制宜提高生活补助标准

每种政策工具都有其自身的表现内容、特点、优势及不足，应综合使用多种工具，以实现政策效果的最大化。政策学领域中没有绝对完美的政策工具，没有包治百病的政策工具良药。例如，命令性工具虽然具有强制性，能够保证所有成员必须执行，但这种政策工具有其独特的适用条件及环境要求。当人们希望并要求某一团体内的全体成员行为一致的时候，命令性工具才是最适合的。如在乡村教师生活补助政策中虽然也有对"连片特困地区乡村教师生活进行补助"的硬性要求，并提出地方要因地制宜地有效开展，并进行了适时的监督，但这种命令并不可能解决所有的现实问题。虽然社会及广大人民群众希望并鼓励广大乡村教师"留得住，教得好"，但乡村教师"孔雀东南飞"的现象却依然存在。任何一项政策都不会也不可能限制师范类毕生必须在一个区域、一个城市或一所学校工作和学习。除了行政命令以外，政策鼓励和提倡广大乡村教师能够持续性地为乡村教育服务，能够甘心情愿、热情饱满地为乡村教育贡献自己的毕生力量。此外，乡村教师生活补助政策主要是从生活待遇方面扶持乡村教师从事乡村教育工作。事实上，从根本上提高乡村教师队伍素质，福利待遇仅仅是其中一项重要举措，此外还需要加大乡村教师的培训力度、鼓励定期轮岗交流、完善职称评定制度等。通过系统的改革举措，改善广大乡村教师的生活和学习环境，激发乡村教师服务乡村教育的热情。

（二）改革乡村教师住房保障制度

为增强乡村教师职业吸引力，使更多的优秀人才愿意在乡村任教，应该制定新的以人为本的激励性政策。除了加大教育经费投入，提高乡村教师工作待遇外，还要关注乡村教师住房保障体系建设，帮助有困难的乡村教师解决住房难的问题。这需要各级政府部门、各职能相关部门通力合作，从供给侧角度来健全乡村教师住房保障制度。

1. 加强政府对保障性住房的干预

政府之所以需要介入住房领域，其主要原因在于住房市场本身会存在市场失灵的现象，因此需要政府介入加以宏观调控。住房具有消费必需品和投资品的双重属性，消费的必需品属性体现了住房的社会性。[①] 住房问题已然成为社会公共问题，住房政策随之进入公共政策领域，政府理所当然地具有"保基本、促发展"的责任。在乡村教师住房保障制度建设中，各级政府应合理确定各自应该承担的主要责任，保证政府住房专项转移资金及时到位。在转移支付的过程中，要充分考虑影响地方财政收入的主要因素，如人、自然以及人均收入、市政建设等，要根据地方发展现状准确推测居民实际收入能力及其住房需求，确定各级政府间的财政专项转移支付范围和额度，确保保障性住房政策的有效落实。[②] 建议地方政府应尽量选择在交通便利、生活便利的地段统一规划、集中建设保障性住房，而且要将乡村教师纳入地方保障性住房享受范围。即便是区划位置有限，也应尽量选择相对远一些的区域集中建设，并改善当地交通状况，可通过改变公交线路或者安排通勤车辆等，完善附近社区文化等配套设施，让乡村教师能够安心生活、专心从教。要合理划分中央与地方财政权力，增加地

---

① 李珍：《社会保障理论》，中国劳动社会保障出版社2017年版，第353页。
② 陈永杏：《浅议农村教师住房保障》，《中国房地产金融》2010年第4期。

方政府的财政能力，允许地方公债用于特定的教师住房项目。

各地政府要制定住房长远发展规划，分阶段制定不同的住房保障目标，通过系列具体举措切实保障乡村教师住房，可以借鉴地方优秀经验。如宁夏银川市把乡村教师纳入限价房、保障性住房范围，根据教龄长短享受不同数额的购房价格优惠；山东省实施"两房"政策，一方面通过优惠政策支持使乡村教师有能力在城市购买商品房，另一方面加强学校周转宿舍建设，特别关注青年教师住房问题；湖南省怀化市大力实施"乡村教师关爱工程"项目，实行货币补贴的办法，将闲置校舍改造成教师周转宿舍，将教师住房列入公共租赁住房建设规划，为乡村教师提供限价商品房等；湖北省应城市实施"双百工程"，通过新建周转房宿舍和维修改造教师宿舍等手段逐步解决乡村教师"居无定所"的问题；湖北省恩施州注重在政策上给予乡村教师有力支持，出台了专门针对乡村教师的经济适用房管理办法。因此，建议各省市县在解决教学用房、学生宿舍、学生食堂三类重点校舍的加固改造工作后，将重点放在规划建设与学校规模相适应的教职工宿舍，以逐步解决部分乡村中小学教师在学校工作期间的生活用房问题。地方教育主管部门及相关部门对于乡村教师住房建设应有整体设计和规划，加强相关组织机构间的资源共享和任务分配，因地制宜地改造或者新建乡村学校教师周转宿舍。对于确实有建设困难的地方或者学校，也应认真分析困难原因，财力不足解决资金投入问题，人力不足加强人员配备，物力不足寻求政府支持，力争为有住房困难的乡村教师解决实际困难，使他（她）们住有所居，能够安心从教。

2. 激发私营开发商的参与热情

虽然住房的消费必需品属性体现了住房的社会性特点，但住房产品并不是纯粹的公共产品，它本身具有私人产品的属性，也就是说市场也可以发挥更大的作用。政府提供保障性住房的范围比较有限，受益群体相对来说比较少，要想让更多的乡村教师享受到住房政策的优惠，还应激发私营开发商的主动性和积极性。政府要给予开发商一定的政策倾斜，适当提高政府补贴标准。如给予财政补贴或降低土地销售价格，要求其按照政府规定标准建设房屋，通过公平配给，使得更多低收入者也能够购买到较为理想的住房。在这一方面，可以借鉴美国的做法，早在20世纪60年代，美国《住房法案》中就提到要"鼓励私营金融机构按照比例以低于市场水平的利率向租赁性住宅项目提供贷款，差额由联邦政府补贴"，而后的《住房和城市发展法案》中又进一步提出："政府鼓励私营开发商从私营金融机构获得贷款，为非营利及私营的廉租房开发商提供利息补贴。"① 政府通过直接或者间接的补贴方式，使部分住房消费能力较低的人群及时获得住房贴息、贷款担保以及购房和租房优惠等。此外，要求开发商允许乡村教师使用住房公积金购买商品房，并适当对乡村教师实行优惠政策。

3. 创新住房公积金及住房贷款制度

住房公积金制度是国家法律规定的住房保障制度，它具有保障性、强制性和互助性的特点。个人及所在单位必须依法缴存住房公积金，实行专户存储和管理制度。住房公积金的缴存比例主要是根据地方经济社会发展状况及人均购房能力来确定的，国家规定住房公积金的缴存比例应该在5%—12%。当职工要自建房或者自购房时，可以提取和使用住房公积金。对于乡村教师来说，要积极发挥住房公积金制度的应有作用，提高住房公积金缴存比例。地方部门应适当简化提取公积金的审批手续和办理流程，加强与私营房地产商的合作，扩大其使用范围。建立乡村中小学教师住房公积金账户，扩宽乡村教师建房购房的资金来源渠道。保证在职教职工住房公积金的及时上缴，规范提取和有效发放，并在财力允许的范围内适当地提高乡村教师住房

---

① 李珍：《社会保障理论》，中国劳动社会保障出版社2017年版，第364页。

公积金的补贴标准。同时，可以帮助自购房屋的乡村教师通过公积金贷款来购买限价商品房以及经济适用房。当前国内各大银行均没有专门针对乡村教师贷款的相关优惠政策，但乡村教师工资福利待遇总体水平偏低，在购买能力方面确实存在比较大的障碍。在购买商品房的过程中，使用公积金贷款或者商业贷款成为乡村教师购房的"救命稻草"。因此，除了提高乡村教师住房公积金比例外，还可以尝试专门针对乡村教师的住房贷款优惠政策，以解决乡村教师住房的后顾之忧。

4. 建立健全住房保障审核及监督机制

住房保障是政府行为，由政府来分配公共资源，因此必须做到公开、公平和公正。政府资源是有限的，要让有限的资源发挥最大的效用，需要严把审核环境，确保政府资源投入能够真正用于贫困家庭。要增加保障性住房的评审透明度，减少政策实施的暗箱操作，对违法违规行为加大惩戒力度。落实住房保障责任制，把保障乡村教师住房建设与学校领导政绩考核相挂钩，引起学校领导的高度关注。建立健全监督检查机制，包括政府监督、企业监督、社会监督以及个人监督的完整的监督保障体系，确保在公平公正透明的环境中解决乡村教师住房难问题。

（三）规范乡村教师社会保险制度

风险是普遍存在的，人们在生产生活中难免会遇到各种风险。保险是分散风险的一种机制。[①] 保险可以在一定程度上降低风险带来的损失。乡村教师作为社会边缘阶层，也将面临无法规避的各类风险。为了稳定乡村教师队伍，保障乡村教师的身心健康发展，必须规范乡村教师社会保险制度，使其发挥应有的效用及价值。

---

① 赵曼：《社会保障学》，高等教育出版社2018年版，第8页。

1. 统一基本养老保险

中国自2015年起将事业单位人员养老保险与企业职工养老保险正式"并轨",统称为城镇职工养老保险。从表面上来看制度"并轨"了,但机关事业单位人员与企业职工依然是不同的养老保险方式和不同的管理系统。近几年为了建立多层次的养老保险体系,事业单位还建立了职业年金制度。这样一来,不同人群的养老保险费用来源不同、标准各异,使得广大劳动者对自己所享受的养老保险待遇存在认识上的模糊,对不同保险项目也缺乏清晰的认识。因此,有必要建立全国统一的基本养老保险制度。一是要尽量加大国家基本养老保险的比重。在国家可以接受的投入比例范围内,加大政府的财政保障力度。有研究者曾对改革前后的事业单位员工养老负担财政支付压力进行了模拟测算,发现改革后的财政支付压力依然在可以接受的范围内,且随着年份的增加而呈现下降的趋势。当到达一定年份后,改革后的财政压力明显会小于改革前的压力。在加入职业年金投资收益率进行测算后,结果依然符合上述发展变化规律。可见,只要养老保险并轨改革及职业年金做实程度增加,政府的财政压力就会随之减少,改革成效才会有所体现。[①] 二是要进一步完善个人账户。避免地方政府的克扣和挪用,进行养老保险制度整合,确保从事不同工作的劳动者享有平等的待遇和保障。事业单位养老保险制度改革涉及的问题较多,需要各方面的配套改革,也会受到工资、编制、退休等因素的综合影响,因此核算时需考虑这些影响因素。此外,要加大对职业年金的宣传及管理。职业年金作为基本养老保险的补充项目,应充分发挥其保障作用,适当提高职业年金的保障比例。可以借鉴国外先进经验,建立弹性灵活的职业年金制度,一方面设定单位和个人的最低缴

[①] 黄振廷:《机关事业单位养老保险改革对于财政支付压力的影响分析——以中小学教师为例》,《社会保障研究》2016年第5期。

费率，另一方面在最高上限的基础上个人可以根据自身实际情况调整缴纳比例。① 对于职业年金的管理也要更加规范化，明确各管理机构的基本职责，保证信息的公开透明。

2. 给付生育保险

生育保险是为在职怀孕和分娩的妇女提供医疗服务、生育津贴和产假的保险制度。② 生育保险的覆盖范围比较窄，给付项目比较多，给付标准也比较高。③ 目前生育保险缴费主体是教师所在单位，国家和职工不缴纳相关费用，导致单位负担过重，个别单位会出现浑水摸鱼的现象，对员工有所承诺，实则并没有按时缴纳。乡村中小学校女教师居多，为适龄生育的女教师缴纳生育保险是学校的法定义务。要保障乡村教师生育保险的及时到位，扩大保险的覆盖面，改变筹资方式。可以尝试建立国家、单位和个人共同筹资的方式，以强化个人的费用意识，减轻单位的经费压力。为生育保险单独立法，用法律形式将其固定下来，以保证其强制执行。要加强对生育保险基金的管理和监督，对于不能按照政策法律要求缴纳生育保险的单位，要及时给予惩处。根据各地实际情况，实行属地化管理模式，提高生育保险的社会化程度，保障乡村教师能够及时享受生育保险，获得应有的福利待遇和经济补偿。

3. 关注工伤保险

工伤保险主要是劳动者在工作中遭受意外伤害或者患有职业病导致暂时或者永久性丧失劳动能力以及死亡时获得物质帮助的一种社会保险制度。可见，工伤保险是一种与职业相关的保险，既包括工作中的意外事故又包括职业性伤害。1975 年《职业病范围和职业病患者

---

① 杨洋：《欧美国家公务员职业年金制度比较研究》，《社会保障研究》2016 年第 3 期。
② 王德高：《社会保障学》，武汉大学出版社 2018 年版，第 222 页。
③ 刘晓梅、邵文娟：《社会保障学》，清华大学出版社 2018 年版，第 195 页。

处理办法的规定》首次将职业病纳入工伤保险范围。职业病主要是指劳动者在生产劳动中因职业性有害因素而引起的相关疾病。① 教师这一群体在工作中所面临的风险也不小，同时也有与职业相关的特定风险。如从事教师职业的人员往往患有静脉曲张、颈椎病、腰椎间盘突出、肩周炎、慢性咽炎等健康风险；教师在从业过程中，在教学活动范围内也会发生伤害等意外风险。相比较城市教师而言，乡村教师的生活和工作环境还比较差，尤其是偏僻的村小学校，教师生活用水、住房、交通等都存在较大的困难，加之乡村教师医疗保障和服务不到位，很多教师存在不同程度的身体问题。有些老教师身体状况令人担忧，有些甚至危及生命。然而当前教师身体上所呈现出的这种亚健康状态并不属于"法定职业病"，尚未受到工伤保险的保护。事实上，在很多发达国家，如德国、法国、挪威等已经开始尝试将教师群体也纳入工伤保险的范围。从世界发展趋势上来看，工伤保险的范围也在不断扩大。② 因此，建议中国政府部门应尽快完善立法，将教师职业也纳入工伤保险的范围，关注教师群体的职业康复，加强疾病预防，重视自身健康状况，增强其维权意识。对于确定患有职业病的乡村教师应该给予一定的医疗救治和经济补偿，促进其职业康复，降低单位的工伤风险。对于教师而言，要提高对亚健康的认识，保持积极乐观的心态，合理锻炼，劳逸结合；学校要组织乡村教师参加定期体检，做到早预防早治疗；政府层面应该加强立法保障，完善社会保障制度体系，用行政命令手段强化各级政府的行政责任。

4. 重视商业保险的补充性作用

人们在社会生活中总会遇到各种各样的风险，风险无处不在。对

---

① 刘晓梅、邵文娟：《社会保障学》，清华大学出版社2018年版，第164页。
② 刘晓梅、邵文娟：《社会保障学》，清华大学出版社2018年版，第195页。

于某些风险，人们虽然不能避免但却可以通过一些方法来转移风险，降低由于风险带给自己的各项损失。除了社会保险以外，商业保险也可以在一定程度上减小因风险而造成的损失。受工作和生活环境的影响，当前乡村教师的保险意识普遍较低，对商业保险内容及种类的了解少之又少。因此，对于乡村教师来说，应尽量多了解一些不同的保险类型及其保障作用，以应对生活中可能出现的各种风险。例如，教师职业责任保险就是职业责任保险的一个险种，主要是教师由于职务行为中的过失造成学生人身伤害依法应承担相应民事责任时，可以根据投保合同转由保险公司予以赔付。[1] 责任保险的必要性体现在教师职业责任风险客观存在。学生人身伤害中有一些是由于教师职务行为中的过失行为导致的，仅仅依靠教师个人及其家庭的赔付能力难以全部承担，可以采取多种分担的方式，如转嫁或者分散等，以缓解教师的经济压力，保障学生在人身伤害事故中的经济利益。此外，保险公司也可以定期组织工作人员到学校去进行宣传和讲解，让更多的乡村教师了解保险的重要作用，学会科学投保和理财，提高抗拒风险的预判能力，将个人风险转嫁给保险公司，减轻家庭负担。如重大疾病险可以选择中国平安、太平洋保险等；意外险可以选择上海人寿、华夏人寿等；医疗险可以选择人保健康、众安保险等。对乡村教师个体而言，要认真学习好有关政策和法规知识，增强个人投保意识，借助网络、电视和新媒体等媒介渠道，获取更多的保险专业知识，也可以尝试撰写保险计划书，根据自身的实际需要选择适合的保险项目。

（四）健全乡村教师医疗保障制度

健康经济学家迈克尔·格罗斯曼曾指出，健康既是一种消费品，

---

[1] 吴郁芬：《教师职业责任保险——学生人身伤害赔偿的一条出路》，《教育导刊》2006年第4期。

也是一种投资品。① 健康的身体会让个体感觉良好，会以饱满的精神状态投入工作，创造更大的社会收益；反之，由于身体疾病会影响工作效率，进而影响福利待遇的享有。确保国民健康是提升国民素质的基础环节，也是人力资本投资的重要途径。为了应对疾病风险，降低由于疾病所带来的经济损失，人们在长期的社会生活和实践中不断探索，医疗保险制度也就应运而生了。中国医疗保障体系主要是由基本医疗保险和补充医疗保险构成，其中基本医疗保险包括城镇职工基本医疗保险（城镇就业人员）、城镇居民基本医疗保险（城镇非就业人员）和新型农村合作医疗（农业人口）。乡村教师属于城镇就业人员，享有城镇职工基本医疗保险待遇。

1. 了解基本医疗保险项目

调研中大部分乡村教师对医保政策相关内容不够了解，如医保的对象、范围、获取及使用条件等。因此，对于政策直接受益者，广大乡村教师必须首先明确基本医疗保险的缴纳额度及标准。按照相关规定，纳入城镇职工基本医疗保险的在职人员，应按个人缴费基数的2%按月缴纳职工医保费用，用人单位也需要按月代扣代缴。个人应在符合参保条件的3个月内办理参保缴费手续，缴纳费用的第二月起即可享受医保待遇。如果期间未参保或者连续3个月未及时缴纳参保费用，就会被视为中断参保。在中断办理参保手续并连续缴费满6个月的，才可以享受医保待遇。② 也就是说，医保缴费一旦中断或是未按时缴纳，就会影响职工享受基本的医保待遇。如果用人单位未按照规定及时缴纳或者中断，用人单位应及时补缴，将所欠费用补清，保证职工享受医保待遇。职工一旦在此期间发生任何医保费用，都应由用人单位和个人共同承担。其次，要了解医疗保险服务的基本项目。

―――――――――――

① ［美］舍曼·富兰德、艾伦·C.古德曼等：《卫生经济学》，王建、孟庆跃译，中国人民大学出版社2004年版，第128页。

② 郭清：《中国医疗保险政策解读》，人民卫生出版社2015年版，第31—32页。

基本医疗服务中政策内的服务可以走医保费用,而政策外的费用则需自费缴纳。一些非基本医疗所需的、价格比较高的药品以及其他一些医疗服务设施等。参保人员有权利提前知晓自己患病期间所使用的一些非基本医疗费用,并在征得本人同意后方可使用。例如,在就医过程中,最为熟知的就是治疗过程中的"甲类药"和"乙类药"。前者是国家统一规定、治疗必需的,使用广泛的、疗效好的、同类药物中价格较低的药品,100%医保报销;后者是治疗选用的、疗效好的、同类药物中价格较高的药品,需要自费。基本医疗诊疗项目是除药品和医疗设施以外的项目,如检查、化验、材料等。① 目前各地的诊疗项目和支付费用有所不同,但都需经过当地定点医疗机构的层层申报和上级部门的审批,流程也较为严格。基本医疗服务设施是入院后的床位、被褥等基本设施,但若高于限额部分则需自费。对于转诊需要的车费、入院陪护费、护工费、膳食费以及其他特需生活费用等也需要自费。再次,应正确使用医保卡就医。要将基本医疗保险基金纳入社会保障基金进行专户管理,经费单列。为缴费个人发放医保卡以便其需要时及时就医。要对受保人员进行医保卡查询和使用方面的宣传和讲解,如可以通过网络、电话和现场等方式进行查询,掌握个人医保卡信息及账户余额,加强对基本医疗保险基金的监管与服务。最后,要实施慢性病综合防控战略,保障基本医疗服务项目,提升服务质量,加强全民健康教育活动。

2. 鼓励多种形式的医疗救助

当前中国基本医疗保险已经覆盖了城乡所有企业、事业单位及其职工。除了基本医疗保险外,国家还建立了医疗救助制度。所谓的医疗救助主要是指由政府提供经济、政策及技术上的支持,通过慈善行为对有特殊经济困难而无法进行及时治疗的群体,实施专项帮助和经

---

① 郭清:《中国医疗保险政策解读》,人民卫生出版社2015年版,第58页。

济上的支持，使这些人群获得必要的医疗服务，改善其健康状况的一种医疗保障制度。① 为目标人群提供医疗救助是有法律依据的，《宪法》第45条规定："中华人民共和国公民在年老、疾病或者丧失劳动能力的情况下，有从国家和社会获得物质帮助的权利。"为了保障医疗服务的公平性，缩小不同阶层人群在医疗服务享有等方面的差距，及时的医疗救助还是非常必要的。中国自2003年开始实施农村医疗救助制度，2005年又将医疗救助制度范围扩大到城市地区，建立了城乡一体化医疗救助体系。

从筹资方式上来看，以政府财政拨款为主，社会捐助等多渠道筹措为辅。为建立乡村教师帮扶机制，资助那些因患重大疾病而生活特别困难或者因家庭遭受自然灾害损失巨大的乡村特别困难教师，各地教育厅应积极联系当地教育基金会，联合设立救助项目。在这一点上，广东和湖北两省的做法值得借鉴。例如，广东省实施了"乡村教师园丁关爱工程"项目，该项目是由广东省扶贫基金会与广东省教育厅联合举办的，每年投入1000万元的救助金用于救助贫困乡村教师，每年将有200名贫困乡村教师获得最高5万元的救助金。在救助对象的选择上，也有明确的规定。申请者一旦获得该项目救助，日后将不允许重复申请。湖北省教育厅和湖北省教育基金会设立"乡村教师关爱基金"对大病、特困教师提供救助，每年投入400万元的救助金用于救助贫困乡村教师。获得该项资助的乡村贫困教师将获得每人1万元的一次性资助资金。该项目自实施以来，每年将有400位乡村特困教师获得最高1万元的救助金。被调查的J省也在2015年出台了《J省医疗救助实施意见》，努力建立具有地方特色的医疗救助制度。目前J省在做好特困供养人员、城乡低保人员的医疗救助基础上，也将低收入家庭成员和因病致贫家庭的重病患者纳入救助范围，并为其建

---

① 郭清：《中国医疗保险政策解读》，人民卫生出版社2015年版，第59页。

档立卡。另外，J省还建立了"一事一议"特情救助制度和"一站式"即时结算服务，为救助对象提供更为方便快捷的医疗救助服务。

健康是个人成长和实现幸福生活的基础。对于工资收入不高、地处偏远学校的乡村教师来说，一旦身体患有重大疾病，不仅自身苦不堪言，其家庭也会背上沉重的经济负担。因此，要因地制宜地扩大重大疾病救助范围，给予患病乡村教师更大的经济支持，帮助其家庭渡过难关。应建立省、市、县三级一体的乡村教师重大疾病救助基金，切实解决乡村教师的实际困难，实行"政府领导、民政牵头、部门合作、社会参与"的工作运行机制。各级政府部门应精心组织安排，认真部署，为乡村教师大病救助工作提供充足的经费和必要的人员。乡村教师大病救助工作，不是单一组织部门能够解决和完成的，需要其他相关组织机构积极配合政府的统一要求，为乡村教师疾病救助工作提供必要的支持，做好组织间的有效沟通。例如，民政部门需要制定受助对象的范围、申请标准以及相关审核流程；财政部门需要加强对救助资金使用的监管，确保经费足额到位，保证救助工作的正常运行；医疗卫生部门需要提供必要的医疗服务，加强对定点医疗机构的管理，提高医疗机构人员的服务意识和诊治水平；审计和监察部门需要对乡村教师大病救助工作进行跟踪监督与监察，确保政策执行到位。

3. 完善医疗服务体系

从严格意义上讲，医疗服务体系属于医疗保险制度范围，但其是医疗保障体系中必不可少的重要一环。医疗服务质量及水平的高低，直接影响个体对医疗保障待遇的享有情况。根据当前乡村医疗服务的现实条件，政府应优化医疗机构整体布局，推动医疗服务模式改革。要建立上下联动、目标一致、功能相符的医疗服务体系。健全医疗定点机构，加强对定点药店的规范管理。尤其是对于广大乡村地区，要完善乡村医疗服务网络，规范就医秩序和转诊流程。

改善就医环境，增加乡村医疗卫生日常必要设备，提升乡村医生从业资格水平，对其进行业务培训和职业道德教育，提高医务人员的服务素质和质量。要健全乡村社区医院服务条件，积极发展社区卫生服务中心，合理进行医疗资源配置，使得乡村教师能够做到小病进社区、大病进县城，分层提升医疗服务质量。要加强乡村教师健康信息跟踪服务，为患有重大疾病的乡村教师建档立卡，提供跟踪医疗服务和专门性服务。保证乡村教师享受每年一次的定期健康体检，有针对性地增加体检项目，也可以尝试有选择性地进行体检套餐设计，以便乡村教师可以根据自身实际情况了解个体健康情况，早发现早预防早治疗。要积极开展健康知识教育讲座，也可以不定期选派医疗专家下乡巡诊、坐诊等，在学校设立教师心理咨询室，设专门的心理咨询教师，除做好学生心理咨询工作以外，还可以全面关注乡村教师的身体和心理健康。

4. 发挥商业医疗保险的补充作用

医疗保险主要是为因疾病风险而造成损失的劳动者提供医疗费用和医疗服务的保险项目。根据相关规定，所有事业单位在职员工都应依法享有基本医疗保险项目。除基本医疗保险外，还可以向事业单位人员提供补充医疗保险，如大额医疗费用补助、大病保险、商业保险等，以建立多层次多形式的适合中国国情的医疗保险制度。乡村教师这个职业比较特别，他们通常是早出晚归，往返于城市和乡村之间，由于意外交通伤害而引发的损失应该引起教师们的注意；此外，一年两次的寒暑假期，乡村教师们也会选择与家人一起出游，出门在外就难免会遇到各种意外风险。购买一份意外伤害保险不仅可以对自身的安全加固保障，而且当风险变为危险时，还可以通过保险获得一定的经济补偿，以减轻家庭的经济负担。除了意外伤害险外，教师还可以为自己添加一份意外医疗险，假如发生意外也有医疗保险金保障到位。重大疾病和癌症都是教师群体的隐形杀手，调研中也有教师谈及这一问题。对于教师职业来说，长期的站立和黑板的书写都是造成教师职业病出现的主要原因，或许在教师们年轻的时候并未感觉到不适，但随着年龄的增长，疾病的困扰就会慢慢地浮现出来，症状也会越来越明显。因此在没有进行定期体检的时候，及早购买重大疾病保险就非常重要。教师们可以依据自身的收入情况适当增加保费，合理控制。当身体出现重大疾病现象时，可以凭疾病诊断证明进行赔付，与本身享受的基本医疗保险无任何冲突，相当于"双重保险"。对于经济拮据或者手头积蓄较少的乡村教师来说，选购保费低廉保障全面的定期寿险也是一个可供参考的选择。教师投保定期寿险，需格外关注保险公司的品牌、售后、赔付能力以及赔付效率等，建议定期寿险与长期寿险相结合的方式比较好。

四 增强责任意识，均衡配置组织权力

现代组织的出现是一个历史范畴，是人类追求有序生活的必然选择。组织的出现，必然伴随着组织管理及领导行为的产生。[1] 人们对于权力的认识和理解，不仅包括宏观层面上的，还包括中观和微观层面上的。米歇尔·福柯认为，"权力不是给予的，不是被交换，也不是被补偿，而是被实践的，并只存在于行动中"[2]。可见，权力是无处不在的，每个人都时刻生活在各种权力笼罩下的管理和制约中。在乡村教师队伍建设中，宏观权力被看作中央政府及其相关组织机构的治理工具；中观权力则是各地方政府及其相关组织机构的治理工具；微观权力是学校组织机构层面的治理，具体涉及人与人之间、人与物之间的相互作用及其相互影响。

---

[1] 彭忠益：《政府领导力与政府责任》，中国社会科学出版社2012年版，第1页。
[2] [英]詹姆斯·D. 马歇尔：《米歇尔·福柯：个人自主与教育》，于伟、李珊珊等译，北京师范大学出版社2008年版，第109页。

(一) 以责任上移凸显中央政府的领导力

政府也是一种组织，是国家机器的重要组成部分，可以划分为不同的层次。中国中央政府具有绝对话语权与决策权，各地方政府需服从中央政府的统筹安排和部署。中央政府掌握着大量的教育资源和政策手段，应该有效使用其公共权力解决教育问题，合理配置教育资源，确保教育公平。在现代社会中，市场失灵现象在所难免，为确保社会公平需要政府的介入，并发挥积极的导向性作用。领导力本质上是一种核心影响力，需要不断加固提升。政府组织的领导力高低取决于政府组织的行为类型及其运行机制。中国中央政府的领导行为主要是服务型领导，多元利益主体的诉求需要形成多元参与的治理体制，促进政府组织与相关部门的分工合作，以提高政府治理的实效。保障乡村教师生活待遇，不仅是教育部门的责任，也需要其他部门的相互配合。责任是一个多层次的概念，责任是义务的前提，服务是责任的宗旨。[1] 对于政府组织来说，不仅需要明白"如何承担责任"，还应该明确"为什么要承担责任"。政府履行责任的过程就是政府为民众服务的过程，建立社会保障制度是政府的重要责任所在。目前中国执行的是典型的政府直接进行社会保障制度管理和运行的模式。政府直接设立社会保障部门，负责社会保障政策的制定、资金的筹集、待遇的发放以及监督调控等。例如，人力资源和社会保障部主要负责城乡群体的医疗、养老、失业、工伤、生育等社会保险项目的政策制定和实施管理；民政部主要负责城乡低保、医疗救助等社会福利和社会救济工作；卫生部主要负责医疗卫生服务市场等监督管理工作；[2] 住房和城乡建设部主要负责规范住房建设、规范房地产秩序、拟定城市建

---

[1] 彭忠益：《政府领导力与政府责任》，中国社会科学出版社2012年版，第41页。
[2] 许琳：《社会保障学》，清华大学出版社2018年版，第286—290页。

设以及监管工程质量等管理工作。社会主义市场经济体制下，政府应明确自身在社会保障制度建设中的重要角色，即设计者、建立者、管理者和实施者。在社会保障制度变迁中，政府应该凸显其主导作用。诚然，政府不可以解决所有的问题，政府也有失灵现象产生，需要市场的积极参与和配合。因此，政府在履责的同时，也需要考虑市场的重要作用，变"全能"为"限能"，变"人治"为"法治"，确保政策的有效落实。

（二）以责任分担增强地方政府的执行力

按照管理权力划分来看，中国执行的是集权制和分权制相结合的管理模式。地方政府受中央政府的统一管辖，具有制定地方政府和执行中央政策的基本权力。地方政策的制定其实质是地方政府对于社会利益的一种分配和协调，不同利益主体为了各自利益的最大化而不断相互博弈，最终获得相对满意的政策方案。地方政府是地方政策决策的主体，理论上要求政府必须保证政策制定过程的公平、公正和公开。然而政府也是一个利益主体，也有利益的诉求和期许，有时政府自身的这种利益诉求与社会公共利益诉求也会存在矛盾冲突。一方面，地方政府政策制定需要政府官员在个人价值判断基础上做出一种集体或者群体决策，这种决策难免会受到主观因素的影响，如业绩、胆识和待遇等，使得政府利益与公共利益存在偏差。另一方面，由于各地方政府在经济、科技、文化等方面存在一定历史性差异，地方政府利益诉求也会存在较大差异。当前中国社会保障的管理权力主要集中在中央政府，其下的社会保障机构是执行机关，统一领导着地方的社会保障工作，地方需要根据中央的政策要求行事。例如，人力资源和社会保障部下设省市社会保障厅，再到县市社会保障局，最后到街道社会保障所。自上而下地形成立体式的组织机构，分别承担着不同的行政责任。在中央政府的统一基准要求下，各地政府也可以在规定的权限范围内进行自主决策并行使权力，以提高工作效率。落实乡村教师生活待遇政策，其主要责任主体在于地方政府。各地方政府应该在明确中央政策文本的基础上，制订出详细的具体实施方案，全方位解决本地乡村教师住房难问题，适时提高乡村教师生活补助标准，落实各项社会保险项目等，有计划地分步实施。

（三）以责任下移提升学校自身的行动力

学校是教育政策的微观执行主体，在执行政策的过程中发挥着不可或缺的重要作用。为了避免出现因维护自身利益而导致的政策执行失真现象，学校管理者应强化管理意识，提升学校自身的行动力，切实提高学校管理实效。首先，学校管理者应积极为乡村教师营造良好的工作环境，提升员工归属感。归属感是个体与群体之间的内在联系，是个体对所属群体的一种认同和维系的心理表现。心理学家认为归属感越强的人，工作越有动力，责任感越强，人际交往越畅通。对于乡村教师队伍来说，应该首先让广大乡村教师对所在学校有认同感和归属感，只有这样才会激发他们的工作激情，增强其工作责任感，他们才会全身心地投入到自己的教学工作中去，与学校荣辱与共。其次，要切实提高教师福利待遇。衣食住行是人类生存的基本需求，这些都需要通过劳动付出才能实现。要想让每位教师都满意现行福利待遇是一件非常困难的事情，不可能一蹴而就，也不可能彻底解决。但是适时提高福利待遇来满足乡村教师的基本生活所需，实现差别化补助，越偏远贫困补助级别越高，留任时间越长补助标准越高，工作业绩越大福利待遇越高等举措在现实中还是有能力有条件实现的。最后，要激发教师个体的主观能动性，实现教师个人期望。马克思主义哲学观点认为，事物的内因是自身运动的动力和源泉，是事物发展的根本原因。外因是条件，外因通过内因起作用。尽管福利待遇在人才领导中是非常重要的因素，但并不是决定人才留走的唯一因素。保证乡村教师继续留任，增强乡村教师职业吸引力的关键因素在于激发教师个体意识，让教师意识到个人的重要性。任何人都希望得到他人的尊重、信任和喜欢，自身价值的体现有些时候是在他人的认可和评价中得以体现的。每个人都会考虑自己在整个组织机构中的位置与价值，也更关注自己未来的发展空间。对于乡村教师来说，在有限的教育资源和教学环境中通过实现自身价值以获得满足感是影响教师留任的重要因素。作为学校管理者，要提供机会帮助教师增强其专业技术能力，提供更为广阔的交流平台和发展空间。

五　注重政策宣传，创设良性政策信息舆论环境

随着信息社会的不断发展，政府及其所属公共部门已经成为信息最为密集的组织机构。如何便捷地获取信息？如何有效地加以利用？这些已成为政府完善其职能行使的"瓶颈"问题。政策环境的不断变化，使得政策制定和执行中所需处理的政策信息也在瞬息万变，对政策工具选择也会提出更高的要求。[①] 新时期教育发展具有更强的时代性及复杂性，单靠政府组织的单一权力来进行治理，其成效往往难以达到预期目的。要想让政策工具发挥实际效用，不仅要依赖于政府的行政手段，还需要社会的综合治理和公民的普遍参与，需要创设积极的社会政治环境和信息环境。

（一）确保公正以增强政策信息的透明度

政策信息的公开和透明是确保政策执行成效的重要保障。利益主体需要获得与自身利益相关的有效信息，只有对政策信息有了较为充分和全面的理解，才能激发各利益主体参与的积极性和主动性，如实

---

① 顾建光：《公共政策分析学》，上海人民出版社2004年版，第204页。

表达各自的愿望及利益诉求，积极参与政策执行过程。中国《宪法》规定公民有知情权，保障公民知情权是公民有序政治参与的基本条件。要想将乡村教师生活待遇政策落实到位，各级政府部门应该首先在第一时间内通过各种途径及时解读相关政策内容，向广大政策对象宣传政策宗旨和目标，明确政策标准及要求，鼓励政策对象认同政府决策，防止各种政策误解和误导。地方教育行政部门应在中央政策的统一部署下，根据地方实际情况制定地方性执行方案和具体要求，并逐级做好相关宣传和讲解，保证政策信息的公开和透明，确保政策内容能够及时上传下达。将政策目标进行细化，将政策任务进行分解，在中央政策的基本要求下制订出政策执行的具体计划，提前做好各种应急预案，以确保政策执行能够有条不紊地进行。学校层面也应对上级政策要求进行分析和解读，结合实际情况做好任务分配，对乡村教师做好政策宣讲，提高乡村教师的参与度，鼓励其运用政策法规手段维护自己的合法权益。

（二）规范引导以创设良性的政策舆论环境

政策环境直接影响着政策工具的选择及其使用成效。落实乡村教师生活待遇政策，应首先将发展乡村教育放在重要的战略地位。从国家层面突出对乡村教育及乡村教师的重视，加大对乡村振兴战略的宣传报道力度，充分利用各类媒体资源，及时提炼出好的经验做法，引导主流媒体进行更广范围的深度报道，营造全社会共同参与关注的良好氛围。在这一方面，发达国家的经验值得我们学习。如在日本、韩国教师拥有较高的社会地位，民众对发展乡村教育的期望很高。政府也积极出台专门性政策法规文本，对处于偏远地区的乡村教师给予政策倾斜。除政府组织外，非政府组织也积极参与其中，为乡村教师提供持续的经费投入。澳大利亚联邦政府也先后出台法案，明确发展乡村教育的重任及推进步骤，注重职前—职中—职后一体化教育改进模式，注重系统革新，关注政策的长期效益。其次，各地、各部门以及学校要深刻领会政策的精神实质，强化舆论引导，使提高乡村教师生活待遇政策深入人心。要加强对乡村教师的职业教育，提升其职业技能，牢固树立为基础教育服务、为乡村教育服务、为学生服务的思想意识，实现提升待遇与科学育人的双重目标。如美国很多州都实行了"家乡教师项目"，在为乡村学校输入合格师资力量前，先对即将要从事工作的高校师范毕业生进行乡村社会、乡村文化等方面的课程学习，定期到乡村学校实地考察。对于已承诺但毕业后不想去乡村任教的学生，在其诚信和就业系统也将有所显示。要正视中国城乡发展的历史差异，努力补齐乡村基础教育设施不足的短板，加强乡村环境的综合治理，为长远发展打下坚实的基础。

六　倡导多中心治理，提升乡村教师职业吸引力

多中心政策执行是相对于政府"单中心"政策执行模式而言的，强调政府、市场和个人等均可以参与政策执行及公共管理过程。美国政策分析研究学者文森特·奥斯特罗姆夫妇提出的多中心理论为现代国家治理提供了一种新的制度安排。[1] 落实乡村教师生活待遇政策，需要满足乡村教师的生活需求，实现供需平衡。在供给主体中，除政府以外，市场、个人和第三部门等都可以积极参与，由自治转向共治，提高共治效率。

（一）注重乡村教师职业发展的内在驱动力

切实提升乡村教师生活待遇，需要关注影响其职业发展的内在诱致性因素。从整个国家层面来说，需要真正提高乡村教师的社会地

---

[1] 张昕、李泉：《公共政策执行》，科学出版社2019年版，第83页。

位，实现宏观社会对于乡村教师的整体性职业认同与职业尊重，要求全社会都应当尊重教师，尤其要关爱乡村教师的生活和精神需求。2018年3月中共中央办公厅、国务院办公厅发布了《关于提高技术工人待遇的意见》，该政策第一次把提高技术工人待遇提到了前所未有的政治高度，抓住了技术工人群体最关注、最现实的利益问题。乡村教师处于社会的边缘地带，工作在最基层，他（她）们的切身利益需要得到国家政府部门的高度关注，他（她）们是提升乡村教育质量的重要人力资源。因此，建议政府部门尽快出台关于提升乡村教师生活待遇的专门性政策文本，从政策源头上确保对乡村教师这一特殊群体的重视程度，对其购（住）房、医疗保障、生活补助等方面给予政策支持，积极探索多重路径解决方案，要切实将提升乡村教师待遇落到实处。此外，鼓励非政府组织参与政策执行，需要政府做的政府必须履责，可以通过市场等解决和提供的，则可以适当放权安排其他组织机构来完成，以便使资源得到有效配置。从各级组织机构来说，为增强乡村教师职业的稳定性，要彻底改善乡村学校的组织及发展环境，为乡村教师提供更多的、更有针对性的专业发展平台，严控乡村教师准入及退出机制，完善乡村教师绩效考核制度，创建公开、公平和民主的决策及奖励机制，确保政策执行到位；从微观学校角度来说，要努力为乡村教师营建良好的学习和生活环境，增强教师个人能力与岗位需求的契合度，减少不必要的干预和阻碍，帮助其提升个人专业技能，实现其职业理想，提升乡村教师的职业认同感、幸福感和满足感。

（二）强化乡村教师职业发展的动态监管机制

政策执行过程总是会受到诸多因素的影响，制定政策并不能保证其执行会与目标完全一致，有些政策行为所带来的后果往往是无法完全预知的，因而在政策行为开始后及时的、必要的监督至关重要。[①]当一项政策被制定并付诸实施后，总是能在政策执行过程中发现一些有价值的信息，或经验或问题，政策分析者会对这些信息进行及时的整理、分析及研究，形成规律性认识，用以指导新政策的制定或者下一阶段政策的执行。实践证明，没有监督的权力必然会导致腐败和罪恶，绝对的权力也会导致绝对的腐败。[②] 乡村教师生活待遇政策在执行中也存在一些现实问题，因此必须通过科学的评价体系对乡村教师职业发展进行动态监管与治理。例如，对在落实社会保险工作中严重失信的单位或者个人，应将其列入社保"黑名单"，根据相关管理办法对其进行严肃处理，坚决杜绝玩忽职守、滥用职权、徇私舞弊等现象，保证做到有权必有责、违法必追究。同时，利用政府部门官方网站、诚信网站等对违规的个人或单位信息进行公示，以起到相应的警示作用。要适时反思乡村教育职业是否真正具有吸引力？相关政策制定是否科学合理？政策执行是否存在偏差？是什么原因导致出现这些偏差行为？要综合分析乡村教师职业的外部竞争度、内部流失率、职业认同度以及人群特征等指标维度，展开系统的指标设计，以确保评价标准的科学性。要选择合适有效的测评方法，如对比分析法、成本—效益分析法、问卷调查法、访谈调查法以及个案研究法等，尝试将定性与定量分析相结合，全面分析政策执行中存在的问题及其影响因素，探索促进政策有效执行的相关策略。[③] 对政策执行进行实时监控并及时提出完善建议，也是增强乡村教师职业吸引力的关键环节。

[①] ［美］威廉·N. 邓恩：《公共政策分析导论》，谢明、伏燕等译，中国人民大学出版社2002年版，第362—363页。
[②] 张民省：《社会保障管理学》，光明日报出版社2010年版，第85页。
[③] 蒋硕亮：《公共政策学》，复旦大学出版社2018年版，第145页。

结　　语

　　随着中国城镇化进程的不断推进，优质教育资源越来越向经济发达和城市地区聚集，乡村教育发展困难重重。乡村教师是发展乡村教育的主角。改革开放以来，乡村教师社会地位逐渐恢复，中央政府曾先后出台多项政策以改善乡村师资状况，有关乡村教师生活待遇的规定和要求也散见于这些政策文本中。2015年6月《乡村教师支持计划（2015—2020年）》发布，计划提出八项具体扶持举措，其中明确指出要切实提高乡村教师生活待遇。乡村教师生活待遇政策是落实乡村教师政策的关键环节。目前国内关于乡村教师生活待遇的专门研究并不多，现有研究也仅停留在现状等表面现象的分析和整理上，对政策目标、政策体系及政策工具选择和使用等问题并未进行深入探讨。本书基于政策工具视角对乡村教师生活待遇政策执行进行系统分析，结合目前中央政策和地方政策文本情况，对政策执行存在的问题进行深入研究，并提出合理化建议，为进一步完善中国乡村教师生活待遇政策提供理论及政策基础。

　　乡村教师生活待遇政策其政策目标在于切实改善乡村教师生活困境，激发乡村教师工作热情，增强乡村教师职业吸引力，让更多的优秀乡村教师能够"进得来、留得住、干得好"。这一政策的制定及其发展经历了一个历史渐进的过程，并逐渐形成政策体系。自20世纪80年代起，涉及乡村教师生活待遇的内容就散见于有关乡村教育改革、人事制度改革、基本医疗保险制度改革、住房制度改革等系列政策文中。政策工具是政府推行、部署政策的具体手段，也是政府执行政策的实际方法。目前政策工具种类繁多，任何一种分类都无法穷尽所有政策工具类型，也不可能解决所有的政策问题。本书依据麦克唐纳尔的政策工具分类，对中国乡村教师生活待遇政策执行进行系统分析和探讨。

基于政策工具视角构建乡村教师生活待遇政策二维结构分析框架，以教育政策工具为 X 维度，以乡村教师生活待遇内容为 Y 维度，对选定的 36 份政策文本内容进行人工编码，并对选择的政策工具进行分类整理。从整体上看，国家政策文本中兼顾了五种政策工具的运用，但在不同的待遇内容中使用情况也有所不同。其中报酬性工具使用频率最高，其次为命令性工具和劝告性工具。相比较而言，权威重组性工具和职能拓展性工具使用频率较低。此外，本书也对《乡村教师支持计划（2015—2020 年）》的地方实施方案进行了内容分析，命令性工具和报酬性工具使用率较高，各地均有使用；权威重组性工具、职能拓展性工具使用有限而且表述内容也不够具体。可见，在乡村教师生活待遇政策文本设计上，政策工具选择倾向于政府的行政命令，侧重于多重路径的教育投入，着眼于政策工具的短期效益，依赖于系统内部资源调配。当然，必须明确的是没有哪一种政策工具是绝对完美的，每种工具都各有利弊，除了要与政策目标相匹配以外，还需要对政策工具进行科学的选择及使用，让政策工具发挥实际效用。

政策制定环节固然重要，但它不起决定性作用，再好的政策如果得不到有效执行，其价值也将无从体现。政策执行是政策过程的关键环节，是检验政策目标是否得以实现的重要阶段。本书对 J 省四个县域乡村教师生活待遇及政策执行情况进行实证调查，以期如实呈现其实然状态。研究显示当前乡村教师工资收入水平有所提高，住房保障得到改善，医疗保障取得进展，社会保险进一步规范，生活补助范围不断扩大，乡村教师整体职业期待正在提升。在正视成效的同时，理应看到政策执行中还存在一些问题及阻碍，与政策目标的要求还有一定的现实差距。如命令性工具在政策执行中权威受阻，报酬性工具在政策执行中作用有限，权威重组性工具在政策执行中形式单一，职能拓展性工具在政策执行中易被忽视，劝告性工具在政策执行中力度不足等问题。究其原因，既有内部因素的直接性影响，又有外部环境的综合性影响，具体表现在政策工具差异性与工具选择复杂性、政府资源有限性与政策对象需要无限性、对组织的权威性期待与低效性现实、政策环境良性需求与现实偏差性影响之间存在矛盾冲突。

  古人云："工欲善其事，必先利其器。"政府在选择政策工具时，应该考虑到整个社会的公共价值选择，应该遵循社会民众的普遍价值诉求，只有这样才能被政策对象所理解和接受。当前落实乡村教师生活待遇政策：一是要他山之石，借鉴国际共识。与国内研究相比，国外高度重视乡村教师生活待遇及社会地位的提高。各国在激励乡村教师积极从教，提升其生活待遇水平上既有共同点又有独特性。毋庸置疑，各国均在一种高度的政府责任意识影响下，厘清区域教育边界，明确政策实施对象及细则，合理使用多种政策工具，积极推进本国乡村教育的发展。二是要明确政策目标，科学选择政策工具。要准确把握政策问题的实质；全面分析政策工具影响因素；注重政策工具的优化组合。三是要提高生活待遇，加强社会保障制度建设。要继续完善乡村教师生活补助制度；改革乡村教师住房保障制度；规范乡村教师社会保险制度；健全乡村教师医疗保障制度。四是要增强责任意识，均衡配置组织权力。要以责任上移凸显中央政府的领导力；以责任分担增强地方政府的执行力；以责任下移提升学校自身的行动力。五是要注重政策宣传，创设良性信息舆论环境。要继续增强政策信息的透明度；创设良性政策舆论环境。六是要倡导多中心治理，提升乡村教师职业吸引力。要注重乡村教师职业发展的内在驱动力；强化乡村教师职业发展的动态监管机制。

乡村教育是中国教育发展的"短板",乡村教师是乡村教育发展的"核心"。一直以来,乡村教师在国家和广大社会民众心中都是被关注的重点对象。当前加强乡村教师队伍建设,提升乡村教师生活待遇,吸引更多优秀人才到乡村学校任教,对于缩小城乡教育差距具有重要的现实意义。基于政策工具视角分析乡村教师生活待遇政策工具选择,有利于进一步完善政策设计并推动政策的有效执行,切实提升乡村教师的社会地位,增强其职业吸引力,进而推动城乡教育一体化建设进程。

附　　录

附录1　乡村教师生活待遇政策执行情况调查问卷（教师）

尊敬的老师：

　　您好！感谢您在百忙之中接受本次调查。此调查旨在深入了解乡村教师生活待遇政策执行的现状，为进一步有效落实乡村教师生活待遇政策提出科学依据。本问卷采取无记名方式，所得资料及数据仅供学术研究所用。我们承诺，仅对问卷所得信息做综合分析，不涉及个人意见分析，并对问卷内容做好保密处理，请您放心并如实作答。衷心感谢您的鼎力协助，祝您工作顺利！

　　答题要求：请根据您的实际情况在符合的选项前画√，或填写。

第一部分　个人基本信息

1. 您的性别：A. 男　　　　　B. 女
2. 您的年龄：_____岁
3. 您的婚姻状况：

A. 已婚　　　　　　　　B. 未婚

C. 离婚　　　　　　　　D. 丧偶

4. 您的家庭成员：_____ 人

5. 您的最高学历：

   A. 初级中学（初中）或以下

   B. 中等专科（中专）或高级中学（高中）

   C. 高等专科（2—3 年制）

   D. 大学本科（4—5 年制）

   E. 研究生

6. 您最高学历的专业：

   A. 思想政治教育　　　　B. 生物科学

   C. 物理学　　　　　　　D. 化学

   E. 地理科学　　　　　　F. 历史学

   G. 中国语言文学　　　　H. 外国语言文学

   I. 数学与应用数学　　　J. 体育教育

   K. 心理学　　　　　　　L. 音乐学

   M. 美术学　　　　　　　N. 教育学

   O. 计算机科学与技术　　P. 其他

7. 您所在的学校位于：_____ 省（自治区、直辖市）_____ 市（自治州、区）_____ 县

8. 您所在的学校所属级别：

   A. 县城（县级市）　　　B. 镇（乡）

   C. 村（屯）

9. 您所在的学校为：

   A. 非完全小学（教学点）　B. 完全小学

   C. 九年一贯制学校　　　　D. 初级中学

10. 您做教师的年限：_____ 年（不满一年按一年计算）

11. 您目前的职称是：

    A. 三级教师（原中学三级教师和小学二级、三级教师）

B. 二级教师（原中学二级教师和小学一级教师）

C. 一级教师（原中学一级教师和小学高级教师）

D. 高级教师（原中学高级教师和在小学聘任的中学高级教师）

E. 正高级教师

12. 您目前所教的年级（可多选）：

A. 1 年级　　　　　　　　B. 2 年级

C. 3 年级　　　　　　　　D. 4 年级

E. 5 年级　　　　　　　　F. 6 年级

G. 7 年级（初一年级）　　H. 8 年级（初二年级）

I. 9 年级（初三年级）

13. 您目前所教的科目（可多选）：

A. 品德（品德与生活、品德与社会、思想品德）

B. 科学（生物、物理、化学）

C. 历史与社会（历史、地理）

D. 语文

E. 数学

F. 外语

G. 体育与健康（体育）

H. 综合实践活动

I. 艺术（音乐、美术）

J. 其他

14. 您目前所教科目与最高学历所学专业是否一致：

A. 是　　　　　　　　　　B. 否

第二部分　生活待遇情况

15. 您每月实发工资大约为：

A. 2000 元以下　　　　　　B. 2001—2500 元

C. 2501—3000 元 　　　　D. 3001—3500 元

E. 3501—4000 元 　　　　F. 4001 元以上

16. 您目前工资收入与本县（区）其他职业人员的收入相比：

A. 高很多 　　　　　　　B. 高一些

C. 持平 　　　　　　　　D. 差一些

E. 差很多

17. 您目前工资收入与本县（区）同级教师的收入相比：

A. 高很多 　　　　　　　B. 高一些

C. 持平 　　　　　　　　D. 差一些

E. 差很多

18. 您每月工资的发放情况是：

A. 按时足额发放

B. 虽按时但不能足额发放

C. 常常推迟发放

D. 很难保证按时足额发放

19. 您目前的工资收入能否支撑家庭的基本开销：

A. 完全够用 　　　　　　B. 基本够用

C. 不够用 　　　　　　　D. 完全不够用

20. 除了工资收入外，您是否有其他收入：

A. 是 　　　　　　　　　B. 否（跳答第 22 题）

21. 您的其他工资收入来源有：（可多选）

A. 务农收入 　　　　　　B. 打工收入

C. 生意收入 　　　　　　D. 课外辅导收入

E. 理财收入 　　　　　　F. 其他

22. 您周围的教师，除工资收入外，其他收入来源可能有：（可多选）

A. 务农收入 　　　　　　B. 打工收入

C. 生意收入　　　　　　D. 课外辅导收入

E. 理财收入　　　　　　F. 其他

23. 您每月工资支出中，占总支出比例较多的有：（可多选）

A. 日常生活费　　　　　B. 子女教育费

C. 医疗保健费　　　　　D. 人际交往费

E. 娱乐费　　　　　　　F. 交通费

G. 其他

24. 您对教师基本医疗保险政策及内容：

A. 非常了解　　　　　　B. 比较了解

C. 不太了解　　　　　　D. 完全不了解

25. 如果让您选择，您倾向于哪种医疗保险方式：

A. 基本医疗保险　　　　B. 商业医疗保险

C. 两者都可以　　　　　D. 不清楚

26. 您目前参加医疗保险的负担方式是：

A. 主要由单位缴纳　　　B. 主要由个人缴纳

C. 单位和个人共同缴纳　D. 财政补贴和个人共同缴纳

E. 不清楚

27. 您所在学校是否为教师及时缴纳医疗保险：

A. 是　　　　　　　　　B. 否

C. 不清楚

28. 生病需要住院时，您的医疗保险是否可以很快落实：

A. 是　　　　　　　　　B. 否

C. 不清楚

29. 您觉得自己的身体状况如何：

A. 很好　　　　　　　　B. 好

C. 尚可　　　　　　　　D. 差

E. 很差

30. 学校是否定期安排教师参加体检：

A. 是 　　　　　　　　B. 否

C. 不清楚

31. 学校安排的体检项目主要是：

A. 常规项目 　　　　　B. 自选项目

C. 套餐项目 　　　　　D. 不清楚

32. 距离上一次学校安排的体检有多久：

A. 不到一年 　　　　　B. 一年

C. 两年 　　　　　　　D. 三年及以上

E. 从未有过

33. 您所在地区是否实现医疗保险定点门诊对乡村地区的全面覆盖：

A. 是 　　　　　　　　B. 否

C. 不清楚

34. 您认为目前乡村教师就医面临的主要问题有：（可多选）

A. 医疗服务及用药费用高

B. 医疗保障及救助体系不健全

C. 政府财政投入不足

D. 就医交通不便利

E. 医护人员服务意识不高

F. 其他

35. 您目前居住的房屋属于：

A. 自建房 　　　　　　B. 自购房

C. 租房 　　　　　　　D. 学校分配住房

E. 学校宿舍 　　　　　F. 其他

36. 您目前房屋居住面积：

A. 20 平方米以下 　　　B. 21—50 平方米

C. 51—80 平方米　　　　　D. 81—110 平方米

E. 111 平方米以上

37. 从您住所去往所在学校，您经常选择的交通方式为：

A. 步行　　　　　　　　　B. 自行车

C. 摩托车　　　　　　　　D. 学校班车

E. 县里班车　　　　　　　F. 出租车

G. 自驾车　　　　　　　　H. 公交车

I. 其他

38. 从您住所去往所在学校，按照上述交通方式，您所需时间为：

A. 5 分钟以内　　　　　　B. 大约 10 分钟

C. 大约 30 分钟　　　　　D. 大约 60 分钟

E. 大约 90 分钟　　　　　F. 大约 150 分钟

G. 大约 180 分钟　　　　 H. 大约 240 分钟

39. 在当前的条件下，您有没有能力买房？

A. 有（跳答第 41 题）　　 B. 没有

40. 如果您没有能力买房，您觉得主要原因在于：（可多选）

A. 工资待遇低　　　　　　B. 无住房公积金

C. 配偶无工作　　　　　　D. 交通不便

E. 子女教育费用高　　　　F. 其他

41. 您所在学校是否及时为教师缴纳住房公积金：

A. 是　　　　　　　　　　B. 否

C. 不清楚

42. 如果您想购买房屋，是否可以顺利办理公积金购买的相关手续：

A. 是　　　　　　　　　　B. 否

C. 不清楚

43. 您目前每月个人公积金缴纳额度大致为：

A. 无　　　　　　　　B. 200 元以下

C. 200—400 元　　　　D. 400 元以上

E. 不清楚

44. 您所在学校是否及时为教师缴纳社会保险：

A. 是　　　　　　　　B. 否

C. 不清楚

45. 目前您在学校享有哪些社会保障待遇：（可多选）

A. 养老保险　　　　　B. 医疗保险

C. 失业保险　　　　　D. 生育保险

E. 工伤保险　　　　　F. 意外保险

G. 住房公积金　　　　H. 职业年金

I. 无

46. 除了学校参保以外，您是否还参加了其他商业保险：

A. 是　　　　　　　　B. 否

C. 不清楚

47. 您是否听说过乡村教师生活补助政策：

A. 是　　　　　　　　B. 否

C. 不清楚

48. 您所在地区是否落实了乡村教师生活补助政策：

A. 是　　　　　　　　B. 否

C. 不清楚

49. 您所在学校是否及时为教师发放生活补助：

A. 是　　　　　　　　B. 否

C. 不清楚

50. 与之前相比，您觉得乡村教师生活补助额度是否有较大幅度增长：

A. 是　　　　　　　　　B. 否

C. 不清楚

51. 您觉得乡村教师生活补助发放标准应该依据：（可多选）

　　A. 教龄　　　　　　　B. 教学工作量

　　C. 学校地理位置　　　　D. 职称

　　E. 科研成果　　　　　　F. 突出贡献

　　G. 其他

52. 您认为每月给予多少补助津贴，您会愿意在这里长期任教：

　　A. 500 元左右　　　　　B. 1000 元左右

　　C. 1500 元左右　　　　　D. 2000 元左右

　　E. 3000 元左右　　　　　F. 4000 元以上

　　G. 给多少都不愿意

53. 您认为在从事乡村教师工作中最需要改善的问题是：（可多选）

　　A. 提高重视程度　　　　B. 提高工资收入

　　C. 解决住房问题　　　　D. 提供良好的工作环境

　　E. 完善医疗保健体系　　F. 规范职称评定

　　G. 解决子女教育问题　　H. 增加生活补助

54. 您认为目前乡村教师的发展趋势如何？

　　A. 很好　　　　　　　　B. 好

　　C. 尚可　　　　　　　　D. 差

　　E. 很差

55. 您认为当前《乡村教师支持计划（2015—2020 年)》政策落实情况如何？

　　A. 很好　　　　　　　　B. 好

　　C. 尚可　　　　　　　　D. 差

　　E. 很差

56. 您对当前乡村教师待遇的满意程度：

题目	非常不满意1	不满意2	基本满意3	比较满意4	非常满意5
（1）对当前的工资水平，您觉得					
（2）对当前的住房条件，您觉得					
（3）对当前的医疗保健条件，您觉得					
（4）对当前的社会保障条件，您觉得					
（5）对当前的生活补助条件，您觉得					

第三部分　其他建议

57. 请用三个词描述您作为乡村教师的真实感受：_____　_____　_____

58. 有关乡村教师生活待遇情况，您还有什么想告诉我们的：_____

非常感谢您的合作！

附录2　乡村教师生活待遇政策执行情况访谈提纲（教师）

问题维度	访谈问题	目的说明
乡村教师基本信息及背景	1. 请您简单介绍个人基本情况。（年龄、教龄、家庭成员、生活待遇情况等）	请被访教师介绍个人基本情况，了解目前生活待遇水平
乡村教师住房保障待遇	2. 您所在学校是否安排教师周转住房？按照什么标准进行分配？ 3. 您每月住房公积金数额多少？单位住房公积金是否按时缴纳？使用公积金购买住房，是否可以及时提取？	配合调查问卷进一步了解学校周转房数量、分配标准；住房公积缴纳额度及其使用情况

续表

问题维度	访谈问题	目的说明
乡村教师医疗保障待遇	4. 您所在学校定期组织教师参加健康体检吗？体检项目如何选择？ 5. 您觉得当前身体状况如何？生病就医时，是否可以及时享受医保？ 6. 学校对于重大疾病者，有何帮助？	配合问卷调查进一步了解教师身体状况、体检情况及就医情况
乡村教师社会保险待遇	7. 您所在学校会按时足额为教师缴纳社会保险金吗？有哪些项目？每项额度如何？	配合问卷调查进一步了解教师社会保险缴纳及其种类情况
乡村教师生活补助待遇	8. 您所在学校是否享受乡村教师补助政策？补助多少？ 9. 与其他区域相比，您觉得当前补助额度是否合适？您觉得多少更合适？	配合问卷调查进一步了解教师生活补助发放、额度及对比情况
乡村教师生活待遇政策执行	10. 您觉得当前的工资收入水平及生活待遇条件是否能够满足现实所需？ 11. 您所在学校对提升教师生活待遇是否重视？重视程度如何？为何会这样？ 12. 您认为教育主管部门对提升教师生活待遇是否重视？对乡村教师的资源分配是否存在厚此薄彼的现象？为何会这样？	配合问卷调查进一步了解政策执行现状、学校及教育主管部门的作为与不作为情况
乡村教师生活待遇政策评价及建议	13. 您知道有关乡村教师从教的系列优势政策吗？有哪些？您是如何了解的？ 14. 您觉得上述政策落实情况如何？有何问题？如何解决？	配合问卷调查进一步了解教师对政策的认知和满意度，政策评价及建议等

附录3 乡村教师生活待遇政策执行情况访谈提纲（学校领导）

问题维度	访谈问题	目的说明
乡村教师基本信息及背景	1. 请您介绍下本校教师的基本情况。（教师数量、结构、生活待遇情况等）	请被访学校领导介绍学校基本情况，了解教师目前生活待遇水平
乡村教师住房保障待遇	2. 贵校教师整体住房情况如何？有多少教师需住校？ 3. 学校是否建有教师周转房？按照何种标准分配？在保障教师住房问题上还有何困难？如何解决？	配合调查问卷进一步了解学校在保障教师住房待遇上的做法
乡村教师医疗保障待遇	4. 学校教师整体健康状况如何？ 5. 贵校定期组织教师健康体检吗？体检项目有哪些？ 6. 对于患有重大疾病的教师，学校是如何帮助就医的？	配合问卷调查进一步了解学校在保障教师医疗待遇上的做法
乡村教师社会保险待遇	7. 贵校为教师缴纳的社会保险项目有哪些？参保人数有多少？具体承担比例如何？	配合问卷调查进一步了解学校在保障教师社会保险待遇上的做法
乡村教师生活补助待遇	8. 贵校教师是否享受乡村教师补助政策？补助标准是多少？对于现行补助额度，教师们是否满意？为什么？	配合问卷调查进一步了解学校在保障教师生活补助待遇上的做法
乡村教师生活待遇政策执行	9. 您认为本地乡村教师与其他区域乡村教师在生活待遇上的差距大吗？您如何看待这一问题？您觉得有哪些影响因素？ 10. 您觉得本地教育主管部门是否重视提升生活待遇？是否能够按照相关政策要求加强乡村教师队伍建设？效果如何？ 11. 请问本地教育主管部门是否有专门人员及机构对教师生活待遇保障条件等进行调研及跟踪回访？	配合问卷调查进一步了解政策执行现状，尤其是学校层面的作为与不作为情况

附录4　乡村教师生活待遇政策执行情况访谈提纲（教育部门主管领导）

问题维度	访谈问题	目的说明
乡村教师基本信息及背景	1. 请您介绍下本县乡村教师整体情况。（教师数量、结构、生活待遇情况等）	请被访领导介绍区域教师整体情况，了解目前生活待遇水平
乡村教师住房保障待遇	2. 请您介绍本县乡村学校周转房建设情况。教育主管部门是否按照相关政策落实教师住房保障待遇？如何落实的？落实情况如何？	配合调查问卷进一步了解教育主管部门在保障教师住房待遇上的做法
乡村教师医疗保障待遇	3. 请您介绍本县乡村教师医疗保健、定期体检、就医条件以及医疗救助等情况。教育主管部门是否按照相关政策落实教师医疗保障待遇？如何落实的？落实情况如何？	配合问卷调查进一步了解教育主管部门在保障教师医疗待遇上的做法
乡村教师社会保险待遇	4. 请您介绍本县乡村教师社会保险缴纳情况。教育主管部门是否按照相关政策落实教师社会保险待遇？如何落实的？落实情况如何？	配合问卷调查进一步了解教育主管部门在保障教师社会保险待遇上的做法
乡村教师生活补助待遇	5. 请您介绍本县乡村教师生活补助范围、补助标准等情况。教育主管部门是否按照相关政策落实教师生活补助待遇？如何落实的？落实情况如何？	配合问卷调查进一步了解教育主管部门在保障教师生活补助待遇上的做法

续表

问题维度	访谈问题	目的说明
乡村教师生活待遇政策执行	6. 您认为本地乡村教师与其他区域乡村教师在生活待遇上的差距大吗？您觉得有哪些影响因素？ 7. 教育主管部门是否对中央政策及地方实施方案内容进行宣传？如何进行宣传的？ 8. 教育主管部门对政策落实是否进行了追踪调查？如何开展的？调查结果如何？ 9. 教育主管部门是否设有专门人员及机构负责乡村教师生活待遇保障及管理？是否有电子档案记录？ 10. 您认为当前乡村教师生活待遇政策执行效果如何？还有哪些问题？应该如何解决？	配合问卷调查进一步了解政策执行现状，尤其是教育主管部门作为与不作为情况

参考文献

中 文

一 图书类

陈学飞：《教育政策研究基础》，人民教育出版社 2018 年版。

陈振明：《公共管理学——一种不同于传统行政学的研究途径》，中国人民大学出版社 2004 年版。

陈振明：《政策科学——公共政策分析导论》，中国人民大学出版社 2004 年版。

陈振明：《政府工具导论》，北京大学出版社 2009 年版。

冯俊：《住房与住房政策》，中国建筑工业出版社 2014 年版。

顾建光：《公共政策分析学》，上海人民出版社 2004 年版。

郭清：《中国医疗保险政策解读》，人民卫生出版社 2015 年版。

郭咸刚：《西方管理思想史》，北京联合出版公司 2014 年版。

黄萃：《政策文献量化研究》，科学出版社 2017 年版。

蒋硕亮：《公共政策学》，复旦大学出版社 2018 年版。

李玉华：《小学教师专业发展概论》，人民教育出版社 2015 年版。

李珍：《社会保障理论》，中国劳动社会保障出版社 2017 年版。

刘复兴：《教育政策价值分析》，教育科学出版社 2004 年版。

刘家顺、王永青：《政策科学研究》，人民教育出版社 2000 年版。

刘世闵、李志伟：《质化研究必备工具 NVivo10 之图解与应用》，经济日报出版社 2017 年版。

刘晓梅、邵文娟：《社会保障学》，清华大学出版社 2018 年版。

刘志林、景娟、满燕云：《保障性住房政策国际经验》，商务印书馆 2016 年版。

马云鹏：《教育科学研究方法》，东北师范大学出版社 2000 年版。

彭忠益：《政府领导力与政府责任》，中国社会科学出版社 2012 年版。

王德高：《社会保障学》，武汉大学出版社 2018 年版。

谢明：《公共政策导论》，中国人民大学出版社 2018 年版。

谢志强、李慧英：《社会政策概论》，中共中央党校出版社 2017 年版。

新华词典编纂组：《新华词典》，商务印书馆 1985 年版。

许琳：《社会保障学》，清华大学出版社 2018 年版。

姚晓迅、元昕：《边缘化的打工者》，社会科学文献出版社 2014 年版。

张金马：《政策科学导论》，中国人民大学出版社 1992 年版。

张乐天：《教育政策法规的理论与实践》，华东师范大学出版社 2012 年版。

张民省：《社会保障管理学》，光明日报出版社 2010 年版。

张昕、李泉：《公共政策执行》，科学出版社 2019 年版。

张跃松：《住房保障政策——转型期的探索、实践与评价研究》，中国建筑工业出版社 2015 年版。

赵曼：《社会保障学》，高等教育出版社 2018 年版。

［澳］欧文·E. 休斯：《公共管理导论》，中国人民大学出版社 2004 年版。

［美］B. 盖伊·彼得斯、弗兰斯·K. M. 冯尼斯潘：《公共政策工具——对公共管理工具的评价》，顾建光译，中国人民大学出版社2007年版。

［美］E. R. 克鲁斯克、B. M. 杰克逊：《公共政策词典》，唐理斌译，上海远东出版社1992年版。

［美］弗朗西斯·C. 福勒：《教育政策学导论》，许庆豫译，江苏教育出版社2007年版。

［美］舍曼·富兰德、艾伦·C. 古德曼等：《卫生经济学》，王建、孟庆跃译，中国人民大学出版社2004年版。

［美］托马斯·R. 戴伊：《理解公共政策》，谢明译，中国人民大学出版社2015年版。

［美］威廉·N. 邓恩：《公共政策分析导论》，谢明、伏燕等译，中国人民大学出版社2011年版。

［美］W. L. 博伊德主编：《教育大百科全书（教育管理）》，高洪源译，西南师范大学出版社2011年版。

［英］詹姆斯·D. 马歇尔：《米歇尔·福柯：个人自主与教育》，于伟、李珊珊等译，北京师范大学出版社2008年版。

二 期刊类

白正府、范先佐：《边远地区农村小学教师住房问题初探——基于河南、山东四县12乡镇24所小学的调研分析》，《中小学校长》2013年第9期。

操太圣、吴蔚：《从外在支援到内在发展：教师轮岗交流政策的实施重点探析》，《全球教育展望》2014年第2期。

陈慧青：《改革开放30年来农村教师待遇问题研究述评》，《教育探究》2012年第1期。

陈君、闫静：《日本偏僻地区教师倾斜待遇政策探析》，《比较教育研究》2017 年第 6 期。

陈燕、黄鸿鸿：《价值取向与工具选择：改革开放以来我国成人高等教育政策的嬗变与逻辑》，《继续教育研究》2014 年第 3 期。

陈永杏：《浅议农村教师住房保障》，《中国房地产金融》2010 年第 4 期。

党国英：《关于乡村振兴的若干重大导向性问题》，《社会科学战线》2019 年第 2 期。

丁煌、杨代福：《政策工具选择的视角、研究途径与模型建构》，《行政论坛》2009 年第 3 期。

丁娟：《澳大利亚农村中小学教育的特点与启示》，《现代教育科学》（普教研究）2012 年第 10 期。

丁社教：《农民工子女义务教育政策工具选择研究综述》，《西南民族大学学报》（人文社会科学版）2010 年第 7 期。

董博清、于海波：《韩国城乡教师轮岗制度及其对我国的启示》，《外国中小学教育》2010 年第 7 期。

董泽芳：《博士学位论文创新的十个切入点》，《学位与研究生教育》2008 年第 7 期。

扶松茂：《我国民族教育的政策工具发展研究》，《复旦教育论坛》2011 年第 5 期。

高飞翔：《农村教师医疗保险存在的问题及对策》，《新西部》2011 年第 11 期。

郭元凯、秦燕燕：《工具理性与价值理性权衡下的教育政策执行分析——以流动儿童教育政策为例》，《教学科学研究》2014 年第 5 期。

何顺红：《美国加利福尼亚州〈特许学校法案〉的实施分析——基于教育政策工具理论的视角》，《外国教育研究》2014 年第 9 期。

胡敬夫：《民族教育问题之一：提高教师待遇》，《广东民族学院学报》（社会科学版）1990 年第 1 期。

黄萃、赵培强、苏竣：《基于政策工具视角的我国少数民族双语教育政策文本量化研究》，《清华大学教育研究》2015 年第 5 期。

黄文伟：《广东省高职教育质量政策的工具选择与评价》，《职业技术教育》2014 年第 1 期。

黄雪娜：《澳大利亚乡村教师入职培训的启示》，《辽宁教育研究》2003 年第 1 期。

黄振廷：《机关事业单位养老保险改革对于财政支付压力的影响分析——以中小学教师为例》，《社会保障研究》2016 年第 5 期。

黄忠敬：《教育政策工具的分类与选择策略》，《国家教育行政学院学报》2008 年第 8 期。

黄忠敬：《美国政府是如何解决教育公平问题的——教育政策工具的视角》，《教育发展研究》2008 年第 21 期。

季飞、吴水叶：《大扶贫背景下西部地区职业教育发展的政策工具选择——基于贵州省 21 份文件的文本量化分析》，《贵州社会科学》2019 年第 1 期。

贾建国：《政策工具的视角：我国民办学前教育发展的政策分析》，《现代教育管理》2017 年第 8 期。

赖秀龙：《义务教育师资均衡配置的政策工具分析》，《教育发展研究》2010 年第 23 期。

蓝洁、唐锡海：《地方加快发展现代职业教育的政策文本量化分析——基于政策工具的视角》，《职业技术教育》2016 年第 12 期。

冷生发：《积极改善民办教师的生活待遇》，《江西教育》1981 年第 4 期。

李波、黄忠敬、陈进林：《内地西藏班民族教育政策执行工具分析》，《西藏大学学报》（社会科学版）2008 年第 3 期。

李钢、郑辽吉：《韩国乡村空间规划的发展经验与政策启示》，《世界农业》2018 年第 3 期。

李津石：《我国高等教育"教育工程"的政策工具分析》，《中国高教研究》2014 年第 7 期。

李科利、梁丽芝：《我国高等教育政策文本定量分析——以政策工具为视角》，《中国高教研究》2015 年第 8 期。

李宁：《乡村教师生活待遇政策演变及相关研究述评》，《湖南第一师范学院学报》2017 年第 2 期。

李运华、王滢淇：《新时代我国职业教育政策分析——基于政策工具视角》，《教育与经济》2018 第 3 期。

刘超洋：《政策工具视角下京津冀职业教育协同发展政策分析》，《职业技术教育》2019 年第 4 期。

刘优良：《政策工具视角下的教育券制度解读》，《比较教育研究》2008 年第 10 期。

吕武：《我国当前学前教育政策工具选择偏向及其影响——基于〈国家中长期教育改革和发展规划纲要（2010—2020）〉以来的主要政策文本的分析》，《教育科学》2016 年第 1 期。

曲洁：《义务教育改革与发展的政策工具研究》，《复旦教育论坛》2011 年第 5 期。

任晓玲、严仲连：《我国特殊教育政策工具选择特点及改进研究——基于麦斯唐纳尔的分析框架》，《中国特殊教育》2018 年第 5 期。

荣利颖：《教育聚集：农村中小学布局调整政策工具分析》，《中国人民大学教育学刊》2014 年第 2 期。

容中逵：《当前我国农村教师住房问题研究——来自浙江、河北、四川 3 省的调研情况》，《中国教育学刊》2013 年第 2 期。

孙海红、李东：《从政策工具特性看现行义务教育师资均衡政策》，《清华大学教育研究》2012 年第 2 期。

孙科技：《教育精准扶贫政策执行中政策工具应用偏差及其矫正——

基于省级政策实施方案的文本分析》,《教育与经济》2019 年第 6 期。

孙科技:《论"双一流"政策执行的阻碍因素及其优化路径——基于政策工具理论的分析框架》,《复旦教育论坛》2019 年第 3 期。

孙科技:《政策工具视角下美国"流动儿童教育项目"执行研究》,《外国教育研究》2017 年第 12 期。

田务寅:《再议按劳分配——兼谈提高知识分子生活待遇问题》,《辽宁大学学报》1992 年第 3 期。

王邦永、黄清云:《民办教育政府扶持的政策工具分析》,《教育发展研究》2013 年第 11 期。

王莉华:《象征性政策工具:美国州高等教育绩效政策的发展和影响》,《中国高教研究》2014 年第 8 期。

王伟哲:《农村教师住房调查》,《湖北教育》2009 年第 6 期。

王文礼:《〈不让一个孩子掉队法案〉对美国科学教育的双重影响——基于教育政策工具理论的视角》,《教育科学》2018 年第 4 期。

魏国、张振改:《我国义务教育师资均衡政策工具研究的新进展》,《教育导刊》2016 年第 3 期。

吴薇、刘璐璐:《政策工具视角下我国民办教育政策研究——基于〈国务院关于鼓励社会力量兴办教育促进民办教育健康发展的若干意见〉的分析》,《教育与经济》2018 年第 3 期。

吴晓蓉:《日本偏僻地区教育优先发展经验研究——以〈偏僻地区教育振兴法〉为鉴》,《当代教育与文化》2009 年第 4 期。

吴郁芬:《教师职业责任保险——学生人身伤害赔偿的一条出路》,《教育导刊》2006 年第 4 期。

熊丙奇:《提高待遇才是解决乡村教师问题的"真招"》,《人民教育》2014 年第 11 期。

严奇岩:《民国时期教师生活待遇研究的回顾与反思》,《南通大学学报》(教育科学版)2006年第2期。

杨华、王会:《"政府兜底":农村社会冲突管理中的政策工具选择》,《国家行政学院学报》2015年第4期。

杨妮:《澳大利亚农村教师招募与保留策略及其启示》,《教育导刊》2014年第4期。

杨洋:《欧美国家公务员职业年金制度比较研究》,《社会保障研究》2016年第3期。

姚海超、王长旭:《当前我国成人教育政策工具选择分析》,《中国成人教育》2019年第2期。

姚俊:《中国高等教育政策工具选择的嵌入性研究——一个解释性分析框架》,《江苏高教》2017年第3期。

姚松、曹远航:《新时期中央教育精准扶贫政策的逻辑特征及未来走向——基于政策工具的视角》,《湖南师范大学教育科学学报》2019年第4期。

殷凤:《近年美国教育中的政策工具探析》,《外国教育研究》2006年第1期。

袁桂林:《农村教师生活补助是美好的政策开端》,《中国农村教育》2014年第4期。

岳经纶、温卓毅:《专项资金与农村义务教育:政策工具的视角》,《深圳大学学报》(人文社会科学版)2008年第4期。

曾军荣:《政策工具选择与我国公共管理社会化》,《理论探讨》2008年第3期。

曾俊霞、龙文进等:《澳大利亚农村和边远地区中小学教育支持政策》,《世界农业》2016年第3期。

张端鸿、刘虹:《中国高等教育改革与发展的政策工具分析》,《复旦教育论坛》2013年第1期。

赵君、顾杰：《我国大学生思想政治教育政策工具研究》，《学理论》2016 年第 1 期。

钟名诚：《韩国：制度保障优秀教师从教》，《人民教育》2007 年第 12 期。

周博文、张再生：《基于政策工具视角的我国众创政策量化分析》，《西南大学学报》（社会科学版）2019 年第 1 期。

周付军、胡春艳：《政策工具视角下"双一流"政策工具选择研究——基于政策工具和建设要素双维度的分析》，《教育学报》2019 年第 3 期。

祝成林、和震：《我国职业教育实习政策工具选择倾向及其影响——基于〈职业教育法〉颁布以来的主要政策文本分析》，《教育科学》2018 年第 2 期。

邹艳辉：《农村教师住房的困境与策略》，《成都大学学报》（教育科学版）2008 年第 6 期。

三 学位论文

金次荣：《中韩行政区划改革比较研究》，硕士学位论文，东北大学，2012 年。

赖炳根：《澳大利亚国家教师专业标准研究》，硕士学位论文，西南大学，2010 年。

刘娟：《乡村小规模学校教师获得感研究》，硕士学位论文，东北师范大学，2018 年。

刘玲：《21 世纪澳大利亚农村学校师资保障策略研究》，博士学位论文，广西师范大学，2017 年。

外 文

Beeson Elizabeth and Strange Marty, "Why Rural Matters: The Need for Every State to Take Action on Rural Education", *Journal of Research in Rural Education*, Vol. 18, No. 1, August 2000.

R. Clarke Fowler, "The Massachusetts Signing Bonus Program for New Teachers: A Model of Teacher Preparation Worth Copying?", *Education Policy Analysis Archives*, Vol. 22, No. 2, April 2003.

Donna S. Mccaw, Robert Freeman, Susan Philhower, "Teacher Shortages in Rural America and Suggestions for Solution", *Illinois Institute for Rural Affairs*, Vol. 13, No. 8, 2002.

Gibbs, Robert, "The Challenge Ahead for Rural Schools", *Forum for Applied Research and Public Policy*, Vol. 15, No. 1, April 2000.

Hobart L. Harmon, "Attracting and Retaining Teachers in Rural Areas", *Beginning Teacher Induction*, Vol. 17, March 2001.

Jimerson, Lorna, "The Competitive Disadvantage: Teacher Compensation in Rural America", *Rural School and Community Trust*, Vol. 18, March 2003.

McDonnell, L. M., Elmore, R. F., "Getting the Job Done: Alternative Policy Instruments", *Educational Evaluation and Policy Analysis*, No. 3, November 1987.

Mitchell L. Yell, Erik Drasgow, Allyn & Bacon, "No Child Left Behind", *Authorsden Com*, Vol. 22, October 2004.

Patricia Cahape Hammer, Georgia Hughes, Carla McClure, "Rural Teacher Recruitment and Retention Practices: A Review of the Research Literature, National Survey of Rural Superintendents and Case Studies of Programs in Virginia", *Appalachia Educational Laboratory at Edvantia*,

Vol. 37, No. 2, December 2005.

Philip Roberts, "Staffing an Empty Schoolhouse: Attracting and Retaining Teachers in Rural, Remote and Isolated Communities", *Online Submission*, No. 2, January 2005.

E. Sharplin, "Rural Retreat or Outback Hell: Expectations of Rural and Remote Teaching", *Issues in Educational Research*, Vol. 12, No. 1, October 2002.

Proffit, Alvin C., Sale, R. Paul, Alexander, Ann E., "The Appalachian Model Teaching Consortium: Preparing eachers for Rural Appalachia", *Rural Educator*, Vol. 26, No. 1, 2004.